1964년 9월 23일,
양동 무허가 건물 철거 현장

힐튼호텔 옆 쪽방촌 이야기
우리는 양동에 삽니다

1판 1쇄. 2021년 11월 22일
1판 2쇄. 2022년 1월 3일

지은이. 홈리스행동 생애사 기록팀

펴낸이. 정민용
편집장. 안중철
책임편집. 이진실
편집. 최미정, 윤상훈, 강소영

펴낸 곳. 후마니타스(주)
등록. 2002년 2월 19일 제2002-000481호
주소. 서울 마포구 신촌로14안길 17, 2층(04057)

편집. 02-739-9929, 9930
제작. 02-722-9960

메일. humanitasbooks@gmail.com
블로그. blog.naver.com/humabook
SNS **f** 🅾 🐦 /humanitasbook

인쇄. 천일인쇄 031-955-8083
제본. 일진제책 031-908-1407

값 17,000원

ISBN 978-89-6437-391-0 03300

이 책은 한국출판문화산업진흥원의 '2021년 인문 교육 콘텐츠 개발 지원' 사업을 통해 발
간된 도서입니다.

힘들호텔 옆 쪽방촌 이야기

우리는 양동에 삽니다

홈리스행동 생애사 기록팀 지음

후마니타스

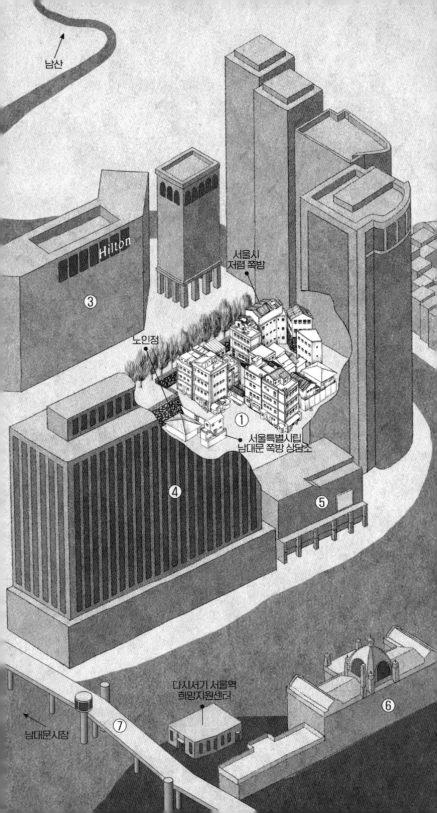

남산

Hilton

③

서울시
저렴 쪽방

노인정

①

서울특별시립
남대문 쪽방 상담소

④

⑤

다시서기 서울역
희망지원센터

남대문시장

⑦

⑥

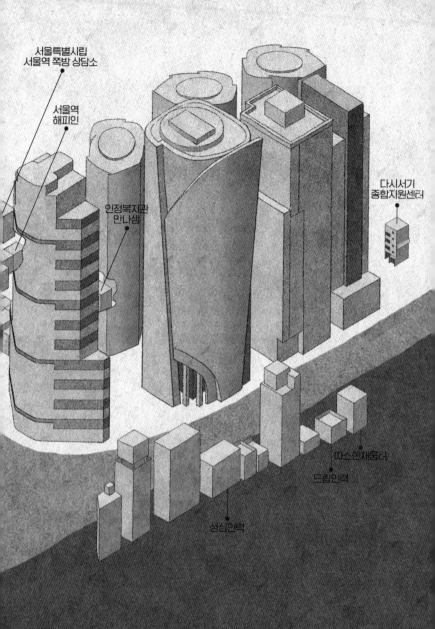

서울특별시립
서울역 쪽방 상담소

서울역
해피인

인정복지관
만나샘

다시서기
종합지원센터

따스한채움터

드림인력

성심인력

① 양동 쪽방촌   ⑤ 남대문 경찰서
② 동자동 쪽방촌   ⑥ 문화역 서울284(서울역 구역새)
③ 밀레니엄 힐튼 서울   ⑦ 서울로7017
④ 서울스퀘어(구 대우빌딩)

일러스트 이재임

차례

미리 알아 두기

쪽방 상담소

노숙인복지법 제16조 규정에 따라 쪽방 밀집 지역에서 "쪽방 거주자에 대해 상담·취업 지원·생계 지원·기타 행정 지원 서비스를 제공하는 시설"을 말한다. 전국적으로는 서울에 다섯 곳(창신동, 남대문, 돈의동, 서울역, 영등포), 부산에 두 곳(동구와 진구), 그리고 대구·인천·대전에 각 한 곳씩 운영되고 있다. 이 책에서 언급되고 있는 쪽방 상담소는 대한구세군유지재단이 서울시로부터 위탁받아 운영하는 '남대문 쪽방 상담소'다.

다시서기

다시서기종합지원센터를 말한다. 이 책의 화자들은 주로 다시서기 서울역 희망지원센터와 숙대 쪽에 위치한 다시서기종합지원센터를 많이 이용한다. 홈리스를 위해 주거 지원, 주민등록 복원, 기초생활보장제도 연계, 의료·자활 관련 정보 제공 등의 역할을 하며 야간 잠자리(월 최대 20일), 무료 급식 등을 제공한다. 용산구 갈월동에 위치한 서울특별시립 다시서기종합지원센터는 대한성공회유지재단이 서울시로부터 위탁받아 운영 중이다.

무료 급식

홈리스가 이용할 수 있는 급식 시설은 외부에서 조달한 음식을 배부하는 실내 급식장(서울 용산구 동자동 소재 따스한채움터, 인정복지관 만나샘), 숙식을 제공하는 다시서기종합지원센터와 일시 보호 시설(서울 영등포구 문래동1가 소재 옹달샘드롭인센터), 급식을 중심 활동으로 하는 무료 급식소(서울 영등포구 영등포동 토마스의집) 등이 있다. 코로나19의 확산 이전에도 이 같은 급식 시설의 양과 질이 충분하다고 할 수 없었으나 코로나 이후에는 '방역'을 위한 급식 제한, 식사 횟수 감소, 식사가 아닌 대체식 제공 등의 문제가 심화하고 있다.

명의 범죄

'명의 도용'과 '명의 대여'로 구분할 수 있다. 명의 도용은 본인 명의와 관련된 서류나 도장 등을 주지 않았는데 나중에 명의가 사용되었음을 알게 된 경우나, 강압에 의해 명의 관련 서류를 떼어 준 경우를 말한다. 가해자들은 식사·주거·현금·담뱃값 제공 등을 미끼로 조직적으로 홈리스에게 접근하고 신분 증명 서류들을 취득한 뒤, 이를 위법하게 (대포폰, 대포차, 대포 통장을 만들거나 대출과 신용카드 발급, 사업자 등록, 부동산 매매 등에) 이용한다. 이로 인해 명의자들은 세금 체납, 채무, 피소, 기초생활수급 신청에서의 탈락 등을 겪는다. 명의 대여는 대가를 전제로 명의자가 직접 관련 서류를 떼주거나 작성한 경우로, 위법행위의 책임이 명의를 대여한 본인에게 있는 것으로 간주된다.

　　피해자는 파산 제도로 해결할 수 없는 세금과 과태료에 대해 과세처분의 무효, 실질과세의 원칙, 피해 당사자가 가진 범죄 취약성 주장, 납세고지서 송달의 효력 등으로 과세처분을 다툴 수 있고, 국세청은 이런 애로 사항을 소송 외적으로 해결하는 '납세자 보호 담당관'이라는 권리 보호 제도를 운영하고 있지만 그 실효성은 미미하다.

사회적 입원

의료적으로는 필요도가 낮은데도 불구하고 사회경제적 이유로 입원하는 현상. 과거에는 주로 서울역·영등포역과 같은 주요 노숙 지역에 병원 차들이 대기하고 있다가 홈리스들을 요양·정신병원으로 유인해 입원시키는 방식으로 이루어졌으나, 처벌과 감시가 강화되자 최근에는 택시로 병원까지 스스로 이동하게 한 후 택시비를 제공하는 방식 등으로 더욱 음성화되었다.

요양병원은 환자의 숫자가 곧 병원의 수익과 직결되는 '일당 정액 수가제'라는 수가 체계의 적용을 받기 때문에, 병원은 이를 악용해 홈리스들을 데려다 불법으로 의료지원비를 챙기고 있다. 홈리스들은 주로 담배와 커피를 제공한다거나 수급자를 만들어 준다는 말에 요양병원에 유인되곤 한다. 의료 급여 수급자의 경우 환자의 의료비용이 전액 정부로부터 지원되기 때문에 병원을 주소지로 해서 수급권을 신청하는 곳도 있다.

수급 제도

1999년에 제정된 국민기초생활보장법에 따르면, 질병·장애·실직·재난 등으로 가난에 처하게 된 사람은 누구나 국가로부터 기초 생활에 필요한 급여를 보장받을 권리가 있으며, 이에 입각해 수급을 받는 사람을 '기초생활수급자'라고 한다. 이를 위해서는 다음과 같은 기준들을 충족해야 한다.

우선 신청자 본인의 소득 인정액이 각 급여별 선정 기준을 충족해야 한다. 급여는 크게 생계 급여·의료 급여·주거 급여·교육 급여로 나뉘는데, 각각 소득이 기준 중위소득 대비 30퍼센트, 40퍼센트, 45퍼센트, 50퍼센트 이하여야 받을 수 있다. 예컨대 2021년 기준 중위소득은 약 182만 원이므로 1인 가구가 생계 급여를 받기 위해서는 소득 인정액이 약 54만 원 이하여야 한다. 가구별 실제 지원되는 급여는 선정 기준에서 소득 인정액을 차감한 금액이다. 이때 주의할 점은 실제 소득과 더불어 보증금·예금 등의 재산을 소득으로 간주한다는 것이다. 따라서 소득이 전혀 없는 상태라도 가용한 재산 대부분을 처분하고 소진해야만 수급자가 될 수 있다.

또한 수급 자격은 크게 '일반 수급'과 '조건부 수급'으로 나뉜다. '18세 이하, 65세 이상'이거나 '중증 장애'가 있는 경우 일반 수급권이 보장되며, 19~64세는 국가에서 제공하는 일자리에 참여하는 조건으로 수급 자격을 보장받는다. 자활 사업 참여는 최근 2개월의 의학적 평가를 기준으로 한 국민연금공단의 "근로 능력 평가"에 의해서 결정된다(하지만 자활 사업에 참여할 수 있는 기간이 제한되어 있으며, 근로기준법이 적용되지 않아, 최저임금에 미달하는 임금을 받는다).

마지막으로 이와 같은 기준을 충족해도 부양 의무자 기준을 충족하지 못한다면 생계 급여와 의료 급여를 받을 수 없다. 이는 수급 신청자의 1촌 직계혈족 및 그 배우자의 (부양 여부가 아닌) 소득과 재산을 기준으로 하는데, 소득 기준을 충족해도 재산이 많으면 수급에서 탈락된다. (부양 의무자인) 1인 가구가 소정 근로시간에 의한 최저임금만 받아도, 또 부채 없이 '집다운 집'에 살고 있어도 수급에서 탈락하기 쉽다.

이와 같이 복잡하고 까다로운 선정 기준과 낮은 보장 수준은 제도의 이용을 권리의 실현보다는 가난을 증명하는 낙인의 과정으로 후퇴시키고, 대량의 사각지대를 만들어 내고 있다.

자활근로와 공공근로

앞에서 설명한 바와 같이, 근로 능력이 있다고 판단돼 조건부 수급을 받을 때 참여해야 하는 것이 자활근로 사업이다. 급여는 자활 사업의 유형에 따라 다르며, 월 평균 65~138만 원 수준이다.

이에 반해, 공공근로는 일할 의사가 있는 구민에게 일자리를 제공하기 위해 지방자치단체 차원에서 실시하는 사업이다. 분기별·반기별로 모집하며 통상 6개월가량 일할 기회를 제공한다. 최저 시급 수준의 급여를 제공하며, 소득이 기준 중위소득 70퍼센트 이상이거나 기초생활보장법 상 생계 급여 수급자, 실업 급여 수급자 등은 참여할 수 없다.

임대주택

주거 취약 계층을 위한 공공 임대주택의 유형은 다음과 같다. 또 장영철 씨의 인터뷰(152-53쪽)도 참고.

구분	건설형				기존 주택 매입형	기존 주택 전세 임대
	영구 임대	50년 공공 임대 (재개발)	국민 임대	행복 주택		
임대 사업자	LH공사, SH공사					
임대 기간	50년(30년/10년)		30년	6년, 20년	20년	6년, 18년, 20년
주택 규모	49㎡ 이하	60㎡ 이하			-	60㎡ 이하 85㎡ 이하
입주 자격	수급자 유공자 한부모	철거민 청약 저축 도시 근로자 가구 소득 70%	도시 근로자 가구 소득 70%	도시 근로자 가구 소득 100%	수급자 한부모 장애인 고령자	수급자 장애인 소년소녀 가정 신혼부부
임대 조건	시세 30%	시세 90%	시세 55~80%	시세 60~80%	(임대료)시세 30%~50%	월 임대료 8~20만 원
매각 여부	불가				해당 없음	

주: 「양동 도시정비형 재개발구역 제11·12지구 정비 계획(변경) 지정(안) 공람·공고」에 따르면 양동에는 영구 임대주택을 건설하기로 했다. 다만, 2021년 11월 현재 임대료 수준은 결정되지 않은 상태다.

재개발 시 세입자 대책

재개발 사업으로 원치 않는 이주를 해야 하는 세입자에게 제공되는 보상으로는 임대주택, 주거 이전비, 이사비 등이 있다.

① 임대주택

재개발 지역에 거주 중인 세입자들 가운데 재개발 지정 공람 공고일 3개월 전부터 개발 사업으로 이주해야 할 때까지 계속해서 거주한 무주택 세대주라면 임대주택에 입주할 수 있다.

② 주거 이전비

사업 고시일로부터 해당 지구 안에 3개월 이상 거주한 경우라면 받을 수 있다. 가구원 수에 따라 통계청이 발표하는 "도시 근로자 가구의 가구원 수별 월평균 가계 지출비"의 4개월분을 보상해야 한다. 2020년 1월을 기준으로 할 때 주거 이전비는 다음과 같다.

산정 기준		기준 금액	산정 금액(기준 금액×4개월분)
도시 근로자 가구의 가구원 수별 월평균 가계 지출비	1인	218만6665원	874만6660원
	2인	336만1766원	1344만7064원
	3인	442만7633원	1771만532원

③ 이사비

주거 이전비 지급 대상 여부와 상관없이 개발 사업으로 이사하게 되는 모든 거주자에게 면적을 기준으로 다음과 같이 지급해야 한다.

주택 연면적	이사비			
	노임	차량 운임	포장비	금액*
33㎡ 미만	3명분	1대분	(노임+차량 운임)×0.15	72만8950원
33㎡ 이상~ 49.5㎡ 미만	4명분	2대분	(노임+차량 운임)×0.15	113만9834원
49.4㎡ 이상~66㎡ 미만	5명분	2.5대분	(노임+차량 운임)×0.15	142만4792원

* 자료: 2021년 9~12월 기준. 한국부동산원

양동 도시정비형 재개발구역 제11·12지구 주거 현황

구분	2019년 9~11월	2021년 1~3월
건물 수	19	19
운영 건물(일부 폐쇄 포함)	17	10
방 개수(실)	455	324
거주 인원(명)	400	230
정비 구역 면적(제곱미터)		3565.9

자료: 「2019 서울시 쪽방 밀집 지역 건물 실태 및 거주민 실태 조사 결과 보고서」(2019/12), 「양동 도시정비형 재개발구역 제11·12지구 정비 계획(변경) 지정(안) 공람·공고」(2021/06/25)

일러두기

× 이 책은 서울시 중구 남대문로5가 542-626번지(도로명 주소로는 후암로58길과 후암로60길 일대)에 사는 8인의 주민과 이들과 함께해 온 2인이 활동가를 인터뷰한 결과물이다. 인터뷰는 2020년 10월 29일부터 2021년 11월 1일까지 이루어졌다.

× 본문에 등장하는 이름들은 실명을 쓰지 않은 경우가 있다.

× '양동'이라는 지명은 일찍이 1980년에 사라졌지만 이 책에서는 화자들의 입에 오르내리는 대로 사용했다. 또 맞춤법에 맞지 않는 표현들 역시 일부 그대로 두었다.

× 홈리스는 노숙인을 포함해 쪽방·고시원 등 최저 주거 기준 이하의 주거에 사는 사람을 뜻하는 말로 사용했다.

× 1쪽의 사진은 서울시 홈페이지 opengov.seoul.go.kr/seoul/1201643에 공유돼 있다.

× 단행본·정기간행물에는 겹낫쇠(『 』)를, 기사나 논문 제목에는 홑낫쇠(「 」)를, 인터넷 매체, 시나 노래 제목 등에는 가랑이표(< >)를 사용했다.

강성호

1961년, 서울에서 태어났다. 어머니와 함께 산 50년간 일을 한 적이 없다. 어머니가 사고로 사망한 후부터 동네 공원에서 노숙을 시작했다. 서울역에 사는 동안 종종 건설 일용직 일을 하기도 했지만 오랜 노숙 생활로 건강이 나빠진 후부터는 10년간 서울역과 병원을 오가며 살았다. 2017년에 수급자가 되어 양동 쪽방에 살고 있다.

권용수

1945년, 경북 안동에서 태어났다. 가난과 배고픔을 피해 여덟 살에 서울로 왔다. 몇 차례 철거와 강제 이주를 겪으면서도 67년간 양동 쪽방촌을 지켰다.

김강태

1957년, 부산에서 태어났다. 해군 입대를 계기로 약 14년간 외항선을 타며 젊은 시절을 보냈다. 1997년, 아버지의 죽음 이후 가족의 배신, IMF 외환위기를 겪으며 빈손으로 서울역에 올라와 거리 생활을 시작했다. 누울 자리를 찾아 장애인 시설, 돼지 농장, 양계장, 재활용 수거 등 부단히 일자리를 찾아다녔다. 2017년부터 양동 쪽방에 살고 있다.

김기철

1958년, 충북에서 태어나 1976년에 서울로 왔다. 이후의 삶은 서울역과 궤를 같이 한다. 역 근처에서 먹고 자며 일해 왔고, 아내를 만나 가정을 꾸렸다. 아내는 정신병원, 딸 은영은 장애인 시설로 가게 되면서 가족과 이별했다. 지금은 양동 쪽방에 살면서 딸과 다시 만날 날을 기다리고 있다.

문형국

1958년, 화순에서 태어났다. 열여덟에 무작정 상경해 처음 양동에 왔다. 평생 비정규 일자리를 전전하며 40년 동안 양동에 살다 나가다를 반복했다. 3년 전 류머티즘으로 중국집 프라이팬을 더 이상 들 수 없게 되면서 수급 신청과 함께 양동에 첫 전입신고를 했다.

이동현

1976년, 충남의 시골에서 나고 자랐다. "동네에서 유일하게 양복 입고 다니던 사람이 교회 목사라서" 신학교에 진학했다. 도시빈민선교회 동아리에서 주거 빈곤 현장 활동을 시작했다. 2002년부터 노숙인 인권 공동 실천단, 전국 실직 노숙자 대책 종교시민단체 협의회, 노숙인 복지와 인권을 실천하는 사람들('홈리스행동'의 전신) 세 조직에 적을 두며 활동해 왔다. 현재는 홈리스행동에 상근 중이다.

이석기

1955년, 경남 거창에서 태어났다. 구두닦이와 넝마주이, 염전까지 열심히 일했다. 사람에게 속고 억울한 일도 많았지만 여전히 사람을 믿는다. 2019년부터 살고 있는 양동 쪽방촌이 첫 내 집이다. 고향을 떠난 후 쭉 혼자였지만 양동에서 만난 사람들과 오래 함께 살고 싶다.

이양순

1950년, 목포에서 태어났다. 결혼 생활 9년 끝에 가정 폭력을 피해 집을 나와 서울에 왔다. 서울역을 배회하다 만난 "아저씨"와 남대문시장, 동자동 쪽방촌, 양동 쪽방촌을 오가며 살았다. 남대문시장 구경을 제일 좋아하고, 같은 층 이웃들의 대소사에 훤하다.

장영철

1955년, 대전에서 태어났다. 아동 보호소, 근로 재건대, 머슴살이, 공장 노동과 일용직을 전전하다 20대 후반부터 서울역 인근에서 거리와 쪽방을 오가며 지냈다. 현재 거주하는 양동 쪽방에는 2017년부터 살고 있다. 언젠가 텃밭을 가꾸며 살기를 희망한다.

신종호

2019년부터 해피인 서울역 위원장으로 활동하고 있다. 매주 양동을 방문해 도시락을 전하며 주민들의 안부를 살핀다.

박내현

노동과 인권의 영역에서 활동 중이다. 한 존재가 오롯이 그 자체로 인정받았으면 하는 바람에서 구술사 작업을 하고 있다.

박소영

작고 연약한 존재들이 제 몫의 삶을 잘 살아갈 수 있는 사회를 꿈꾸며 홈리스야학에 함께 하고 있다.

여름

홈리스야학 한글 교실에서 활동 중이다. 배제당한 존재의 기억으로 공간을 재구성하고 싶다.

오규상

'집'에 관심이 있다. 홈리스 운동의 현장과 장애인 운동의 자리에서 활동 중이다.

이동현

홈리스행동 상임 활동가. 의지와 무관하게 닥치는 일들에 주로 시간을 쓴다. 이런 과정들이 일목요연하게 엮이면 좋으련만 아직은 그저 잘 수습되길 바랄 뿐이다.

이은기

『시사인』 기자. 2018년 가을, 홈리스야학 활동을 시작해 반빈곤운동공간 아랫마을에서 얼쩡거리고 있다.

이재임

빈곤사회연대에서 활동한다.

이채윤

홈리스야학에서 여러 계절을 함께했고, <홈리스뉴스> 편집위원으로 활동했다. 연대의 마음으로 인류학을 공부하고 있다.

최현숙

구술 생애사 작가. 저서로는 『할배의 탄생』, 『할매의 탄생』, 『삶을 똑바로 마주하고』, 『작별 일기』 등이 있다.

홍수경

홈리스야학에서 교사로 활동하고 있다. 성과가 잘 보이지 않는, 더디고 느린 활동이 주는 힘을 믿는다. 저항하는 사람들의 목소리를 잘 듣고 기록하고 싶다.

홍혜은

페미니스트 저술가·기획자. 서른 살까지 기초생활수급자로 지냈다. 여성·주거·빈곤·가족 문제를 연결시키는 작업을 한다.

가난이 고여 든 곳,
양동 쪽방촌

/ 이동현 /

서울역 맞은 편, 남대문 경찰서 옆으로 난 언덕길을 오르면 낮고 낡은 건물들이 나타난다. 세월을 몇십 년은 되돌린 듯 보이는 풍경, '양동'陽洞이다. 볕이 잘 드는 동네라서 붙여진 이름이라지만, 지금은 빌딩숲에 가려 볕이 머무는 건 찰나다.+ '양동'이라는 지명은 1980년, 서울시 행정구역 개편과 함께 남대문로5가동에 편입되면서 폐지되었다. 그런데 요즘 다시 이 오래된 지명이 회자되고 있다. 재개발 때문이다.

사실 양동은 오랫동안 가난한 이들의 삶터였다. 해방 직후만 해도 여느 주택과 상가가 모여 있는 평범한 동네였던 양동은 한국전쟁 이후 난민들이 모여 판잣집을 짓고, 서울역을

+ 권용수의 증언에 따르면 2002년 1월 준공된 서울시티타워(지상 23층 규모)가
들어서기 전까지는 볕이 잘 들었다고 한다.

오가는 사람을 상대로 한 숙박업소가 들어서면서 성매매 집결지로 유명해졌다(동네의 3분의 2를 점했던 성매매 집결지는 1967년부터 철거되는 과정을 거치며 쇠퇴하기 시작했다). 또 1970년대 양동과 도동 일대에는 하루 400원, 500원 수준의 하숙집들이 있어 넝마주이, 구두닦이, 껌팔이 등의 잠자리가 되었고, 1980년대에는 일세 2000원 수준으로 셋방이 운영되었다.

그러나 1960, 70년대부터 주기적으로 이루어진 판자촌 철거와 도심 재개발로 가난의 흔적들은 조금씩 지워지기 시작했다. 1978년 9월 26일, 건설부 장관은 고시 제285호를 통해 양동 2만7000평(8만7868제곱미터) 일대를 '재개발 사업구역'으로 지정했다. 개발을 선도한 것은 힐튼호텔이었다. 이듬해인 1979년, 재개발구역 제7지구(양동 10번지 일대)에 대우개발과 미국 힐튼호텔이 합작해 건설하는 서울 힐튼호텔 건축이 허가되었다. 호텔 건설 과정에서 600여 명의 세입자들은 그들의 삶터를 내줘야 했다. 또 1985년 10월, IMF 총회가 힐튼호텔에서 열리기로 결정되며, 외국인을 위한 임시 주차장 건립을 위해 또 한 차례 철거가 이루어졌다. '양동 세입자 부녀회'는 성명서를 통해 "우리를 먼저 아파트에 입주시킨 후 철거하라" 등 7개 요구안을 내걸고 싸웠으나 받아들여지지 않았다.

그러는 사이 건물주들은 '도동'의 일부가 '양동'에 편입된 것을 계기로 '양동'이라는 동네 이름이 '사창가, 무허가 하숙촌, 우범지대의 대명사'라며 개명 운동을 벌였고, 1980

이동현

년 7월 1일부터 양동은 '남대문로5가동'으로 바뀌었다. 당시 언론은 이를 "오명에 시달린 6000여 주민 개명 운동 … 4년 반 만에 결실"이라고 보도했다.[+]

동네 이름은 바뀌었지만 양동에는 여전히 그늘진 삶들이 모여들었다. 특히 1998년 IMF 경제 위기를 거치며 양동은 도시 빈민 최후의 주거지인 '쪽방'으로 기능하기 시작했다.[++] 양동에서 남대문로5가동으로 법정동이 변하고, 무허가 하숙촌에서 쪽방으로 지칭이 변했지만 양동에 고인 것은 여전히 가난이었다.

그런데 몇 년 전부터 상황이 달라졌다. 2017년 10월, 서울 중구청이 "양동 도시환경 정비 구역 변경 지정(안) 공람 공고"를 통해 개발 계획을 변경하겠다고 예고한 것이다. 그리고 2019년 10월, 서울시가 "양동 도시정비형 재개발구역 정비 계획 변경안"을 가결함으로써 재개발 바람이 다시금 불기 시작했다.[+++]

[+] 한국도시연구소, 1998.11, 『철거민이 본 철거』; 「양동 사창가 철거」, 『동아일보』(1967/10/26); 「양동 등 무허가 백30동을 철거」, 『중앙일보』(1967/10/31); 「20년 불명예 씻어 도동 사창가 정화 끝내」, 『경향신문』(1970/10/30); 「중구 양동·도동 잇단 폭력·도난 … 우범자 들끓는 난장판」, 『동아일보』(1977/12/23); 「낙인찍힌 동명을 바꾼다 '양동' 새이름 붙이기로」, 『조선일보』(1980/03/23).

[++] 양동이 '쪽방촌'으로 불리기 시작한 건 이때부터다. 1998~99년, 경제위기로 급증한 거리 홈리스를 상담하던 중 이들 중 일부가 도심에 밀집한 열악한 무허가 숙박 시설 거주자였음을 확인하고, 이를 '쪽방'이라 호명하기 시작한 것이다. 2000년에는 '쪽방 상담소'가 설치되며 '쪽방'이 정책 대상으로 확정됐다.

40년 넘게 미동조차 없던 쪽방 일대의 재개발이 시작된 건 왜일까? 대답은 단순하다. 공원을 만들겠다는 최초의 계획이 건물을 짓는 계획으로 변경된 것이다. 고시에 따르면 이는 "쪽방이나 저층 주거가 다수 밀집한 현황 여건을 고려"했기 때문이다. 쪽방 주민들 때문에 공원이 아닌 건물을 짓도록 개발 계획이 변경된 것이다.

건물주들은 재빨리 움직였다. 쪽방 대부분은 '관리자'라고 불리는 무허가 임대업자가 건물 내지 층 단위로 건물주로부터 방을 임차해, 이를 다시 쪽방 주민들에게 월세 내지 일세로 임대하는 방식으로 운영된다(보증금은 없지만 단위 면적당 임대료는 강남 고급 아파트의 곱절에 가까울 만큼 턱없다). 이런 운영 방식 탓에 쪽방 주민들은 대개 건물주 얼굴을 볼 일이 없다. 그런데 최근 1, 2년은 달랐다. 건물주들이 쪽방 주민들을 찾아오기 시작한 것이다. 집을 비우라고 독촉하기 위해서다.

이유는 다양했다. "형제들 사업이 잘못돼서 집을 팔아 도와줘야 하는 상황이다", "4월부터 리모델링 공사를 할 예정이다", "게스트 하우스로 업종을 변경하려 한다", "붕괴 위험이 있어 외부 공사할 때까지 일시적으로 폐쇄해야 한다". 공통적인 것은 그 누구도 재개발을 이유로 들지 않았다

+++ 『비마이너』(2020/08/31). 서울시는 당초 "전면 철거 방식이었지만 지역 특성을 고려해 다원적 정비 방식(일반 정비형, 보전 정비형, 소단위 정비형 등)을 도입"한다고 밝혔다.

는 것이다. 게스트 하우스, 리모델링, 외부 공사를 하겠다던 건물들은 1년이 지나도록 그저 폐쇄된 채 아무런 변화가 없었다. 현재 양동 개발 지역(11·12지구) 쪽방 건물 19개 중 9개는 폐쇄되었고, 2개도 일부 층이 폐쇄된 상태다.

2019년 말 400명가량이었던 주민들은 이제 절반으로 줄어들었다. 모두 건물주 또는 건물주의 사주를 받은 관리자들에 의해 쫓겨났다. 그들은 보통 두어 달 치 월세를 면제해준다는 식으로 집을 비웠다. 빈집인 상태로 개발을 시작해야 도시정비법과 토지보상법이 세입자들에게 보장하는 주거 이전비, 임대주택 공급 등과 같은 의무에서 자유롭기 때문이다.

"솔직히 화딱지가 나더라고. 제가 상식은 없지만 이건 도대체 말도 안 되는 소리거든요. 일단 답을 내놓을 수 있는 건 서울시밖에 없다고 생각해요."

올봄 남대문로5가 622-6번지 쪽방에서 살던 김 씨의 이야기다. 그러나 그의 집 역시 폐쇄되었고 김 씨도 어디론가 떠났다. 그의 바람대로 서울시가 개입했더라면 어땠을까. 양동 정비 계획이 고시되고 나흘 후, 국토교통부와 서울시, 영등포구는 기자회견을 열어 영등포 쪽방촌 공공주택 사업 추진 계획을 밝혔다. 쪽방 주민들을 내몰았던 과거의 개발과 달리, 영구 임대주택을 지어 쪽방 주민들이 100퍼센트 재정착하게 하고, 개발 기간 동안 거주할 선先이주단지도 공급하겠다는 것이었다. 더불어, 이날 박원순 시장은 "앞으로 영등포 쪽방촌뿐만 아니라 서울에 남아 있는 네 군데 쪽방촌도

같은 모델로 사업이 시행되면 좋겠다"라고 밝혔다.[+]

하지만 그의 희망은 시정으로 구현되지 않았다. 오히려 서울시는 개발 사업에 따른 쪽방 주민 퇴거에 대한 대책 요구에 '민간 주도 개발에 서울시가 개입하는 것은 적절치 않다'라는 입장으로 일관했다.[++]

그러는 사이 양동 쪽방촌의 건물들은 계속 비워지고 출입구에는 자물쇠가 물렸다. "보증금도 없는 게!"라는 쪽방 관리자의 비아냥대로 쫓겨난 이들이 선택할 수 있는 다음 거처는 뻔했다. 또 다른 쪽방이나 고시원, 그리고 '거리 위'라는 벼랑 끝도 있다. 이렇게 밀려나도 괜찮은 걸까.

2019년, 홈리스 주거팀[+++]의 실태 조사에 따르면 양동 재개발 지역 쪽방 주민들의 83.1퍼센트는 재개발 이후 다시 돌아오고 싶다고 했다. 동네가 익숙하고(24.3퍼센트), 교통이 좋은데다(15.7퍼센트), 이웃들과 계속 함께 지내고 싶기 때문(15.7퍼센트)이다. 이렇듯 소박한 갈망은 건물주들이 그려 놓은 양동의 미래 속에 갈 곳을 잃는다. 하지만 과연 타워팰리

[+] 『연합뉴스』(2020/01/20).

[++] 서울시는 2021년 10월 21일 제13차 도시계획위원회 수권소위원회를 열어 "양동 구역 제11·12지구 도시정비형 재개발 정비 계획 변경 결정(안)"을 수립했다. 여기에는 쪽방 주민 182세대에 대한 임대주택 공급 계획이 포함돼 있다. 하지만 독립생활이 불가능한 자가 제외됐고, 면적이 14제곱미터에 불과한 등 아직 해결해야 할 쟁점이 많이 남아 있다.

[+++] 홈리스의 주거권 보장을 위한 연대 모임으로 홈리스행동, 동자동 사랑방, 빈곤사회연대 등 12개 단체로 구성돼 있다.

이동현

스보다 높은 월세를 상납하며 양동을 떠받쳐 온 쪽방 주민들에게 아무런 권리가 없는 걸까? 현재 진행형인 쪽방에서의 삶은 왜 양동의 미래를 함께 그릴 자격을 보증하지 못하는 걸까?

이 책은 양동을 지켜 온 이들의 삶의 궤적을 듣기 위해 주민들에게 이야기를 청하면서 시작됐다. 여덟 명이 말하고 열한 명의 작가들이 들었으며, 이들과 함께한 활동가 둘이 이야기를 보탰다.

여덟 살에 양동 쪽방에 들어와 몇 차례 철거를 당하고도 70년 가까이 양동을 지킨 권용수. 늘 "마지막"이라 여기고 방을 잡지만 양동 쪽방촌 내에서 이사를 반복하고 있는 강성호. 오랜 거리 생활 끝에 찾아든 "쪼깨만 한 쪽방"이지만 누구보다 널따란 대인관계를 일군 김강태. 양동에 들어왔다 나가기를 반복한 지 30년, 일하지 못하는 몸이 된 후에야 기초생활수급자가 되어 전입신고를 한 문형국. 이 동네가 좋기만 한 것은 아니지만 염전과 리어카 위 한뎃잠을 지나고 온 "첫 내 집"이어서 머물고 싶다는 이석기. 개발한다고 쫓아내는 게 불안하지만 "안전한 곳"을 찾으려면 "악착같이 버텨야" 한다 말하는 장영철. 임금보다 주거가 다급했던 "머슴살이" 삶의 끝에 양동에 정착해 딸과의 재회를 꿈꾸는 김기철. 가정 폭력을 피해 찾아든 양동에서 "우리 아저씨"와 함께 이웃들을 챙기며 살아가는 이양순.

화자들의 이야기를 따라가다 보면 우리 사회에서 가난

이 어떻게 만들어지고, 그 덫에서 빠져나오기가 얼마나 힘든 일인지, 그리고 이들을 우리 사회가 어떻게 대해 왔는지 선명하게 드러난다. 갈 곳 없는 이들이 아무렇지 않게 감금되고, 착취되고, 누군가의 이익을 위한 재료로 소모될 때 우리 사회는 무엇을 했는가? '재개발'을 명목으로 우리는 이들이 또다시 어디론가 휩쓸려 가도록 내버려 둬야 할까? 이들의 이야기를 들은 작가들은 그렇게는 못 할 일이라고 생각했다. 이 책을 읽는 독자들도 그렇게 생각해 주리라 믿어 보고 싶다.

이동현

처음 생긴 내 집,
여기서 오래 살고 싶어요

이석기

1955년, 경남 거창에서 태어났다. 구두닦이와 넝마주이, 염전까지 열심히 일헀다. 사람에게 속고 억울한 일도 많았지만 여전히 사람을 믿는다. 2019년부터 살고 있는 양동 쪽방촌이 첫 내 집이다. 고향을 떠난 후 쭉 혼자였지만 양동에서 만난 사람들과 오래 함께 살고 싶다.

쪽방 생활

김포에 있는 감리교회에서 2, 3년쯤 먹고 자고 했어요. 거기 목사님이 수급자를 만들어 줘서 수급비 받고 살았어요. 서울역에서 노숙하고 있는데 원장 목사라는 사람이 우리 교회 가실라냐고 하길래 간다고 했죠. 같이 가서 있다가 수급비 받아 갖고 십일조 내고 뭐 내고 하니까 남는 것도 없고 해서 그냥 에라이 하고 나왔어요. 그러고 서울 와서 작년(2019년) 5월에 여기다 쪽방 얻어서 지금까지 있는 거예요.

일하면 수급비가 끊기니까 따로 일은 안 해요. 수급비 78만 원 받으면 월세 25만 원 내고 그 안에 전기세·수도세 다 포함돼 있으니까, 그리 살아요. 보증금은 없어요. 계약서는 있는데 어디 뒀는진 모르겠어요. 어디 있을 거예요. 어따 처박아 뒀는지…. 아마 통장님한테 얘기하면 될 거예요. 쪽방 관리하는 사람이니까. 주인은 아니고, 그 사람이 월세를 현찰로 받아요.

방은 따로따로 있고 같이 쓰는 건 별로 없어요. 개인이 방에서 다 알아서 하니까. 밥도 각자 해먹고 화장실만 같이 쓰는 거예요. 목욕은 쪽방에서는 못 하고 바로 옆에 쪽방 상담소 가서 해요. 샤워 같은 건 거기서 하고 빨래는 각자 알아서 해요. 세탁기가 밖에 있어요. 쪽방은 딱 사람 한 명 잘 만큼이에요. 거기다 1인용 전기장판 하나 깔고. 겨울에 춥지는 않아요. 그거 틀어 놓고 자면 뜨끈뜨끈하니까. 가스는 따로 안 쓰고.

혼자 사니까 자유로워서 좋죠. 외로운 건 없어요. 심심하면 저 남산 올라갔다가 내려왔다가 방에 들어와 텔레비전 보다가 자다가 그런 거죠.

건강은 괜찮아요. 혈압 때문에 병원은 좀 다녀요. 혈압약 한 달에 한 번씩 가서 받는데 그건 의료비 지원이 돼요. 인자 병원에 댕기면 뭐 때문에 병원에 댕긴다 기록을 하더라고요. 동사무소 가서 제출하면 지원이 돼요. 혈압약은 안 빠뜨리고 먹으니까 많이 나아졌어요. 이 세상 떠날 때까지 그 약은 계속 먹어야 해요. 윗니가 하나도 없어서 고기 같은 건 못 먹어요. 소화는 잘되는 거 같은데 씹는 건 아무래도 불편하죠.+

밥은 그냥 전기밥통에다 해서 김치랑 먹고, 국물 있으면 밥 한 그릇 먹으니까 김치찌개도 끓여 먹고 그러죠. 음식 잘

+ 이석기가 수급자가 된 것은 2019년부터로 그 이전까지는 아무런 지원을 받지 못했다. 치과 치료 역시 2021년부터 뒤늦게 받기 시작했다.

못 해요. 그냥 해먹는 거지. 방 안에서 해먹으니까 간단하게 그렇게 먹고 말죠. 술은 많이는 안 해도 소주 한 병 가져오면 하루 먹어요. 하루에 한 병씩 먹을 때도 있고 이틀에 한 병씩 먹을 때도 있고. 밥 먹을 때마다 한 잔 하고, 나갈 데도 없으니까 생각나면 방에서 술 한 잔 먹고 자고, 그게 일이죠. 술 많이 먹고 고생하는 사람도 있는데 그렇지는 않아요. 담배도 사흘에 한 갑씩 피는 거 같아요.

심심하지는 않아요. 그냥 딱 요만큼 살면 돼요. 혼자서 살아 봤자 얼마나 더 살겠어요. 살다가 그냥 가는 거죠. 병이나 안 생기고 그러면. 크게 아픈 적은 없어요. 다친 적도 없고. 신안에 있을 때도 건강에 이상은 없었어요. 여기서도 남산에 운동하러 댕기고, 잘 돌아댕겨요. 걸어가면 두 시간쯤 걸리거든요.

쌀은 한 달에 한 번씩 동사무소서 나오니까 그렇게 한 달 먹고사는 거죠. 근처에 쪽방 상담소가 있어요. 거기서 반찬도 주고 생활 용품도 주고 그러죠. 상담소 사람들이 주기적으로 와서 보고 가고 그래요. 어떻게 사는지, 어디 안 아픈지도 물어보고. 정기적으로 오는 건 아니고 나이 묵은 사람들이 많으니까 가끔 한 번씩 들여다보고 그런 거예요. 상담소 말고 다른 데서 오는 거는 없어요. 교회에서 가끔 도시락같은 거 갖다주는 거 말고는 따로 없어요.

가족

　고향은 경남 거창이에요. 스물두 살 때까지 거기서 살았어요. 서른한 살 땐가 부모님이 돌아가셨어요. 거창 떠나서 염전에 있을 때였는데, 엄마는 고혈압으로 돌아가시고, 아부지는 술에 빠져 가지고 돌아가셨어요. 부모님 안 계시니까 고향엔 가기 싫더라고요.

　고향 살 땐 뭐 농사지었죠. 동생 교통사고로 보상받은 거 갖고 사과밭 하나 사서 형님은 사과 농사 짓고 있어요. 지금은 큰형님 한 분밖에 없어요. 원래는 칠남매에 넷째였어요. 동생은 서울에서 직장 댕기다가 사고를 당했어요. 바로 내 밑에 동생이에요. 병원에서 나와 갖고 집에 있는데 한쪽 머리가 깨져 갖고 움푹 꺼졌더라고요. 그래 살다가 지가 스스로 목숨 끊은 거예요. 자기도 얼마나 답답했으면 그랬겠어요. 지 혼자 살다가 … 서른 몇 살 때 죽었어요.

　동생 하나는 시골에서 식당 하고, 하나는 서울에서 공장 다닌다는데, 어딨는지도 몰라요. 연락 끊기니까 찾을 수도 없고. 동생들한테 신세 질 수도 없으니까 찾을라 생각도 안 했고. 혼자 살다가 깨끗허게 가면 되겠다 해요. 위로는 형님 둘에 누님 한 분 있어요. 누님은 시집가고 형님들도 장가가고. 잊어부리고 사니까 보고 싶지도 않고 걱정되는 것도 없고 이렇게 혼자 사는 게 편해요.

이석기~박내현

"대단해요, 살아 있는 게"

일곱 살 때부터 남의집살이를 했어요. 그래서 키가 안 컸나 봐요. 일곱 살 어린애가 뭘 알았어요. 논에 가서 나락 핀 거 지게 지고 나락 져내고 … 물구뎅이 푹푹 빠지는 데서 … 아휴. 열네 살 때 아부지한테 더는 못 하겠다 했어요. 아부지가 이 일 못 하면 니가 뭘 할 거냐 그러더라고요. 그래서 그냥 나와 버렸어요.

남의집살이는 나만 했어요. 동생들은 학교 다녔고. 나는 학교 갈라면 한 십 리 길을 걸어가야 했어요. 국민학교 3학년까진 댕겼는데 어느 날 선생이 부르더라고요. 잘못한 것도 없는데 왜 부르나 했더니, 퇴학을 시킨다 하더라고요. 내가 왜 퇴학을 당하냐고 따졌더니 공부도 지대로 한 게 없다고 퇴학이라는 거예요. 끝까지 댕기겠다고 했는데 안 된다 하더라고. 그래서 어쩔 수 없이 그냥 알았다고 하고 책보따리 싸서 나왔어요. 책가방도 없었어요. 보자기에 둘둘 말아서 어깨에 메고 댕겼는데 그거 들고 집에 왔더니, 부모님이 저 집 가서 소 풀이나 뜯어 주고 밥 얻어먹고 있어라, 그러더라고요. 산에 가서 꼴 비다가 소 멕이고 그러면서 돈도 못 받고 밥만 얻어먹고 살았어요.

원망스럽죠. 근데 내가 잘못한 거지, 부모 탓해 봐야 뭐하나 싶어요. 학교를 안 댕겨서 글씨를 몰라요. 읽는 건 가끔 되는데 쓸 줄은 몰라요. 손도 떨려서 쓰는 건 잘 못해요. 글

배우고 싶죠.

암튼 그렇게 시골에선 도저히 안 되겠다 하고 있는데 옆집에서 일하는 친구가 서울로 가자 그러더라고요. 서울 가서 벌어먹고 살자고. 갑자기 서울에 어떻게 가냐, 차비도 없는데 어떡하냐 했더니 친구가 남의 집 창문을 뚫고 들어가서 쌀가마를 훔쳐 갖고 나오대요. 캄캄한 밤중이었어요. 그걸 짊어지고 십 리 길을 걸어 나오다 논두렁에 쌀가마니 짊어지고 엎드려 있는데 트럭이 한 대 지나가다 우리 멱살을 잡는 거예요. 어디 갈라고 쌀을 지고 나왔냐고. 그렇게 잡혀갔어요. 그냥 보내 주면 되는데, 굳이 경찰서까지 델고 가서 소년소에 갔어요. 거기서 몇 개월 살고 나와 그때부터 구두닦이도 하고 넝마주이도 하면서 이것저것 먹고살라고 해봤죠. 가꾸(바구니) 큰 거 하나 메고 집게 들고 주워 담고 해서 그걸 넝마주이라 했어요. 근데 도저히 이 짓거리 해서는 못살겠더라고요.

그래서 근처 시장에서 일을 시작했어요. 짐도 나르고 청소도 하고, 허드렛일. 근데 다른 가게 사람이 느닷없이 나한테 빙설기를 훔쳐 갔다는 거예요. 이보쇼, 키도 작은 어린애가 그걸 어떻게 업고 가냐고, 난 본 적도 없다 했는데, 내가 가져갔다고 끝까지 우기는 거예요. 환장하겠더라고요. 난 구경도 못 해본 걸 가져갔다니까 팔짝팔짝 뛰면서 난 모른다 했어요. 근데도 바로 잡아가서 구속시키더라고요. 증거도 없는데, 본 사람도 없는데, 누가 봤다는 거예요. 누군지 대라고 해도 알려 주지도 않고. 결국 또 소년소에 갔어요. 이제 전과자까지 됐는데 가봤자 어디로 가겠냐 싶어서 소년소 나온 뒤에 열차 타고 무조건 서울로 왔어요.

서울 온다고 갈 데가 어디 있어요? 그래서 그때부터 박스를 줍기 시작한 거죠. 고물상에다 신분증 맡기고 래카(리어카) 하나 주쇼 해갖고 파지 같은 거 줍고 살다가 방을 구할래니까 파지 주워 갖고는 도저히 안 되겠더라고요. 그래서 래카에 카바를 딱 씌워 갖고 그 아래 박스 하나 깔고 잔 거예요. 아침에 일어나면 파지 주우러 댕기고 그러면서 이때까지 살아온 거예요. 용케 얼어 죽지도 않고.

한번은 남산 벤치에서 자고 일어났는데 눈이 이만치 수북하게 쌓였더라고요. 근데 옆에 어떤 아줌마가 있는 거예요. "아저씨, 여기서 왜 자요? 눈이 이렇게 오는데, 갈 데가 없어요?" 그래요. "갈 데가 없으니까 여기서 자죠. 갈 데 있으면 이런 데서 자겠어요? 아줌마는 누구세요?" 그랬더니 "전 교회 다니는 사람인데 식사 안 하셨으면 밥이나 드시러 가요" 하더라고요. 그래서 국밥 한 그릇 얻어먹고 속이 뜨끈하니까 살 거 같더라고요.

그날부터 그냥 이 근처를 돌아댕겼어요. 돈이 없으니까 다른 데로 가지도 못하고 추운 줄도 몰랐어요. 첨에 잘 때는 술도 잘 못 먹을 땐데 술 한 병 사갖고 마시고 잤어요. 그래서 안 추웠나 싶고. 내가 생각해도 대단해요, 살아 있는 게. 이제는 방이라도 하나 있으니까 그럴 일 없죠. 그땐 쪽방도 몰랐고 그냥 그렇게 살 줄 밖에 몰랐어요. 수급비 받으면서 쪽방이라는 게 있다는 것도 알았고, 그래서 그걸 하나 얻어 살면 되겠다 했죠.

쉴 틈 없는 삶

스물두 살에 거창 떠나서 첨에는 대구 가서 살았어요. 대구서는 노가다도 하고 이거저거 닥치는 대로 막 했죠. 일 자리가 별로 없어서 오래 안 있고 서울로 왔어요. 서울 첨 갔을 때는 한 3년인가 있었어요. 중국집 주방에서 일했어요. 그러다 목포 가서 소개 받고 신안으로 갔어요. 염전 일인 줄은 알고 갔죠. 정확히 뭔지는 몰랐고 들어 보니까 소금 만든다 해서 그런갑다 했는데, 가서 해보니까 잠을 지대로 못 자고 힘들고…. 염전에서 젤 오래 있었어요. 한 10년 가까이. 소금 밀고 담고 포장해서 차에 싣고 그런 일이죠. 일이 너무 많아서 잠자는 시간을 별로 안 줘요. 일찍 일어나야 하고 저녁에 10시나 돼야 끝나고. 자고 일어나면 또 일하고. 쉬는 시간도 없었어요. 그래도 오래 있었는데, 돈을 잘 안 주니까 줄 때까지 버티다 나온 거예요.

월급도 다달이 안 줬어요. 먹고 그런 거는 주인이 다 알아서 해주니까. 주인은 따로 살고 우리는 집이 따로 있었어요. 거서 살고 먹을 거는 다 갖다주고 하니까 따로 돈이 들 건 없었어요. 10년 동안 아무데도 안 갔어요. 아무도 안 만나고. 세 명이 같이 살았어요. 나이 많은 사람도 있고 나보다 어린 사람도 있고. 나 나올 때 나온 사람도 있고 계속 남은 사람도 있어요.

옆에 염전에서 일하던 사람이 경찰에 신고하면 (체불임금을) 받을 수 있으니까 신고하라고 갈쳐 줬어요. 여름에 경찰이 왔더라고요. 댓 명 와서 조사하고 어떻게 생활하는지 월급은 얼마썩 받고 있는지 다 말하라 하더라고요. 그래서 나도 얼렁 같이 신고했죠. "월급은 한 70만 원 받고 여서 먹고 자고 한다" 그러니까 "알았다, 일단 서로 가자" 해. 경찰서가 어떻게 생겼는지도 모르는데, 달달달달 떨려 갖고 … 죄진 것도 없는데 겁도 나고…. (경찰이) 겁낼 거 없다고 걱정하지 말라고, 가만히 있다가 주인 오면 돈 받아 줄 테니 가면 된다고 그러더라고.

경찰들이 알아서 받아 주대요. 근데 돈 받으니까 경찰이 못 가게 하더라고요. 이 큰돈을 갖고 나가면 쓰리꾼(소매치기)한테 당하니까 택시 잡아 줄 테니 고향까지 타고 가라 하더라고요. 좋은 분이었어요. 고향에 가시라고, 이런 데 있을 데가 못 되니까 다신 오지 말라고. 그래서 경찰서 나와서 택시 타고 바로 그길로 거창으로 갔어요. 한 30만 원 달라 하대요.

얼른 가고 싶어서, 목포 여기 있으면 안 되니까 바로 갔어요.

／ 10년 동안 번 돈이 꽤 컸을 텐데 어떻게 하셨어요? ／ 시골에서 농사지어도 먹고살기 힘들고 그래서 형님한테 다 줘삐리고 차비만 달랑 챙겨서 왔어요. 너무 오랜만에 갔더니 부모님이 다 돌아가셨다 그러더라고요. 몰랐는데, 엄마도 돌아가시고 아부지도 돌아가셨다 하고, 장례도 다 치르고, 밭에 묘를 썼다 하길래 찾아가서 하루 종일 울었어요. 하루 종일 울다가 지쳐서 벌어 둔 거 집에 주고 온 거예요. 한 일주일 있었나. 형제간에 보태 주고 나는 내가 벌어 먹고살자 하고 온 거죠. 그 돈 있었으면 내가 좀 편했을 거 같긴 한데….

그러고 서울 와서 노숙하다가 교회로 간 거예요. 일자리도 마땅한 게 없고 그냥 교회나 들어가야겠다 싶어서 따라갔어요. 수급을 맨들면 괜찮다 그러면서 금방 맨들어 주대요. 동사무소에다 신청해서 맨들었어요. 교회에서 알려 주기 전에는 수급도 몰랐죠. 근데 수급비 받아도 맨날 십일조 내고 헌금 내고 내 손에 남는 게 없었어요. 아침에 일어나면 예배드리고 기도하고, 여럿이 한방에서 지냈어요. 답답하기도 하고 담배는 피워야겠는데 담뱃값도 막막하고. 아무도 몰래 살짝 나와 버렸어요. 옆에 사람들한테 담배 사러 간다고 핑계대고 그길로 버스 타고 무조건 서울로 왔어요.

근데 또 갈 데도 없고 그래서 쪽방을 얻은 거죠. 수급비는 김포에서 신청했지만, 주소지만 확실하면 주소 옮겨도 다달이 통장으로 나오니까. 쪽방에서 산 건 양동이 처음이에

이석기~박내현

요. 그때 그 교회에서 요새도 자꾸 오라고 하는데 내가 안 가요. 인제 여서 살 거니까. 혹시 재개발되면 글루 갈 수도 있는데, 암튼 지금은 안 가요.

대구서 살 때는 수급비도 모르고 고물도 주워 봤는데 그래 봤자 돈도 안 되고 그래서 고물을 주워도 서울 가서 줍자 한 거예요. 서울에서도 고물 장사 하면서 박스를 싣고 다녔는데, 커브 틀다가 차를 긁어 부렀어요. 그거 물어내느라 고물 장사해서 번 돈이 다 글루 들어갔어요.

한 번은 래카에서 자는데 어떤 아가씨가 추운데 왜 여기서 자냐고 그러더라고요, 여관에 가지. 그래서 파지 줍는 사람이 뭘 돈이 있었냐고 그랬더니 여관비를 주더라고요. 내꼴이 이 모양이라서 여관에서 자기는 그렇고 그 돈 갖고 도로 나와서 래카에서 잤어요. 추우니까 술 한 잔 먹고. 아침에 일어나서 고물 갖다 팔고 또 돌아댕기면서 줍다가 이케 저케 생활하다가 그랬어요. 명동 쪽으로 댕기다가 서울역 이쪽으로 댕기다가 온 사방, 안 돌아다닌 데 없어요. 뭐가 있다 하면 갔죠. 여기가 저한테는 그나마 익숙한 장소인 거예요.

지금은 고물 주워도 소득으로 잡히니까, 동사무소 직원 눈에 띄면 이걸로 벌어먹고 살 수 있다 해서 (수급이) 끊겨 버리니까 고물도 못 주워요. 어디 가서 일할래도 인제 누가 써주지도 않아요. 손이 떨려서 숟가락질도 제대로 못 해요.+ 하긴 하는데 막 떨리니까 남 보기 챙피하고.

"내 이름으로는 암것도 못 해요"

등본을 잘못 떼줘서 사기를 당했어요. 그래 가지고 경찰서까지 가서 6개월 살다 나오고. / 사기를 당하셨는데 왜 형을 살고 나와요? / 누가 중국에 가야 하는데 등본을 떼주라 하더라고요. 그래서 그 말만 믿고 동사무소 가서 떼줬죠. 근데 그걸 갖고 그 새끼들이 차를 뽑고 은행에서 대출을 받고 그런거예요. 그게 몇천만 원 나왔더라고. 나는 이거 못 갚는다, 난 노숙잔데 이걸 어떻게 갚겠냐, 돈 없다, 잡아갈라면 잡아가라 그랬죠. 경찰도 아무 말 안 하대요. 근데 나도 그놈들이 사기 치는 걸 도운 셈이니까 6개월은 살아야 한다 그러더라고요. 6개월을 어떻게 사냐, 하루도 지겹다, 가야겠다, 그랬는데 안 된다 그래. 그래서 살고 나왔지 뭐. 빚은 내 이름으로 남아 있어요. 등본 값으로 10만 원 받고 1000만 원 빚이 생긴 거예요. 나를 죽일라면 죽이고 살릴라면 살리고 맘대로 해라, 배짱으로 튕겼죠. 십 원 한 장 없는데 어떻게 갚겠어요.

그러고 나와서 다시 서울역에 있었어요. 또 어떤 사람이 핸드폰 하면 얼마씩 준다 하더라고요. 그래서 내 명의로 선불폰인가 그걸 몇 개 해줬더니 정지가 돼서 내 앞으로는 아

+ 이런 증상은 열일곱 살 때부터 시작되었고 병원에서도 정확한 원인을 알지 못한다. 소주를 반병쯤 마시면 떨림이 덜해서 "혹시 알코올중독인가 걱정"하기도 했으나 병원에서 알코올 문제는 아니라는 진단을 받았고 현재는 떨림을 줄이는 약을 복용 중이다.

무엇도 안 돼요. 다시 살릴라면 돈을 갚아야 한다는데 어떻게 갚아요. 교회에 있을 땐 내 명의로 핸드폰이 있었거든. 근데 지금은 다시 할라 하니까 내 명의로는 안 된다 하더라고. 그래서 다른 사람 이름으로 한 거예요. 내가 전화를 많이 안쓴다 하고, 부탁한 거죠. 내 이름으로는 암것도 못 해요.

나한테 사기 친 놈들 잡히진 않았을 거예요. 그런 일이 서울역에서는 많아요.

쭉 혼자였지만

알고 지내는 사람은 별로 없어요. 누구랑 같이 산 적도 없어요. 신안 살 때는 일하는 사람끼리 같이 살긴 했지만, 쭉 혼자 살았어요. 40년 넘게 혼자 살다 보니 그게 편해요. 만고 걱정되는 거 없고, 허고 싶은 대로 하고, 허기 싫으면 자고. 적적하고 그런 거 없어요. 지금 있는 데가 살기 좋아요. 불편한 것도 없고, 필요한 것도 없고, 딱 좋아요.

재개발된다는 얘기는 사람들한테 들었어요. 첨 얘기 들었을 때는 그냥 어쩔까 싶었죠. 재개발이 되나 안 되나 기다리고 있었어요. 나는 기다릴 수밖에 없으니까. 어디 다른 데 알아보지도 않았어요. 서울역 뒤나 종로에 놀러는 가봤어요. 방을 구할라고는 생각도 안 했죠. 여기 와서 방 얻어 놓고 보니까 재개발된다 뜯긴다 해싸면서 내년(2021년) 봄까지는 결정 난다 하드라고요. 내년 봄부터 이사를 가든지 어떻게 하든지 해야죠. 내년 봄에 이사 가게 되면 한 2년 살고 가는 거예요.

쪽방에 있는 사람들끼리는 얘기 잘 안 해요. 같이 오래 살아도 몰라요. 다 방 안에서 밥들 해먹고, 만나면 서로 인사나 하고 말지. 전화 올 데도 없고 할 데도 없고 그러니까 선불로 만 원씩 충전했다가 다 쓰면 끊기기도 하고 그래요.

내 바로 옆방에 아는 사람 있으니까 술 한 잔 먹자면 먹고. 옛날에 동두천 교회 있을 때부터 알던 사람인데 여기 오니까 옆방에 있더라고요. 그때부터 같이 보고 살아요. 나보다 나이도 많아서 칠십 하난데, 노가다를 많이 댕겨요. 그래도 옆방에 사니까 아침에 일어나면 깨워서 밥도 같이 먹자고 그러니 좋죠. 지방으로도 일하러 다녀서 언제 올라올지 몰라요. 어디 가면 문 잠그고 다니라고 하는데 맨날 열어 놓고 다니고 내가 잔소리를 많이 해요. 그래 봤자 너는 씨부려라, 나는 한쪽 귀로 듣고 흘린다 이래요. 그래도 죽을 때까진 같이 다녀야 할 긴데. 내가 "어딜 같이 갈까? 공동묘지?" 그러면 빙긋 웃어요.

이사도 같이 가면 좋을 텐데, 두고 봐야죠, 어떻게 될지 모르니까. 의정부로 가자는데, 너무 멀고, 난 어디 붙었는지 모르는 곳이기도 하고. 지방 가면 서울하고 달라서 수급비가 덜 나온다고 하니까 나는 가기 싫어요. 의정부 가면 무슨 교회가 있다고, 자기 아는 목사가 있다고 그러더라고요. 그래서 나는, 아 이제 교회는 싫다 그랬어요. 여기 어디 얻어서 같이 살자 하고 있어요. 살아 봤자 얼마나 같이 살지 모르지만 죽을 때까진 같이 살고 같이 다니자 했죠. 옆에 아는 사람이 있으니까 그래도 좀 낫죠.

"첫 내 집"

뭐 더 멀리 가겠어요. 가까운 데다 방 구하든지 해야죠. 근데 요 근처는 없어요. 저짝 서울역 뒤로 가든가 안 그러면 종로로 가야죠. 여기를 철거하고도 우리가 다시 살 수 있게 뭘 만들어 놔야죠. 그러면 지어지는 동안에 우리가 어디 갔다가 다시 오죠. 우린 못 나간다, 이사비라도 주라, 그럼 나가겠다, 그런 얘기들 하고 있는 거예요.

그냥 저는 이 동네가 좋더라고요. 산도 있고. 월세를 좀 더 내게 되더라도 여기 살았음 좋겠어요. 나가서 새로 방을 구할래도 이사 비용은 받아 갖고 나가야죠. 그냥 나갈 수는 없으니까. 정부에서 해주는 건 영세 아파트나 빌라나 그런 거 알아봐서 들어가라는 건데. 저는 장애인은 아니니까 그런 데 들어가기도 힘들어요. 돈도 얼마 받지도 못하니까 이거 가지고 생활할 수도 없고 그러니까 쪽방에서 사는 건데.

화장실도 내 집 안에 있고 그러면 가서 살고 싶죠. 여기가 너무 좋아서 여기 있는 건 아니니까. 그냥 내 집이니까 여기라도 살고 싶은 거고. 안 아프고 내가 제일 편하고 남산도 있고 그런 내 맘에 드는 데서 좀 오래 살고 싶은 거예요. 나한테는 첫 '내 집'이에요. 이 집에서 오래오래 살면 좋았을 텐데….

"사방을 댕겨 볼라고요"

65세 되면 전철도 맘대로 타고 다녀요. 구청에서 다달이 10만 원씩 나오는 거 있거든요. 그거 신청해 갖고 카드(교통카드)는 나왔는데 65세 생일 지나야 사용 가능해서 11월 23일 지나가고 나면 쓸라고 기다리고 있어요. 가고 싶은 데가 있는 건 아니고 무조건 여기저기 돌아다니다가 시간 되면 들어와 자고 그럴라고요.

길은 암데도 몰라요. 안다고 해봤자 청량리, 영등포, 김포, 그런 데밖에 모르죠. 의정부가 어딘지, 23일 지나고 나면 다녀 볼라고요. 교통카드 나오니까 의정부가 어디고 서울이 어딘지 사방을 댕겨 볼라고요. 도봉산은 한 번 가봤어요. 내가 산을 좋아해요. 공기도 맑고 하니까 좋죠. 절에 가서 밥도 먹고. 1호선 타고 쭉 가면 도봉산, 우이동 그런 데는 내가 알아요. 봄 되면 야학에 가서 한글도 배우고 싶어요. 한글을 읽을 줄 알면 표지판도 읽고 하니까 사람들한테 안 물어보고도 여기저기 다닐 수 있지 않겠어요.

올겨울엔 안 쫓아내겠죠. 내년 봄에나 결정 날란가 모르겠는데, 통장님 말 들어 보니까 올겨울엔 안 내보낸다 하더라고요. 내년 봄까지는 괜찮겠죠? 뜯길 때까진 버티고 있어야죠.

듣고 적으며

/ 박내현 /

인터뷰를 마치고 돌아오면 늘 전화가 온다.

"잘 들어가셨어요? 저는 잘 들어왔습니다."

내가 만난 이석기는 늘 그렇게 다정한 사람이다. 앞방에 사는 이에게 선뜻 담배 한 갑을 선물하고, 옆방에 사는 친구에게는 문 잠그고 다녀라, 불 끄고 다녀라, 술은 한 병 이상 마시지 마라, 끊임없이 잔소리를 하며 챙긴다. 누군가와 같이 살아 보지 않아 혼자 사는 것이 외롭지 않다고 하면서도 곁에 누군가가 생기면 반드시 챙기는 그런 사람이다.

그렇지만 일곱 살에 시작한 남의집살이가 너무 힘겨워 함께 도망쳤던 친구와 헤어진 이후로 그는 쭉 혼자였다. 염전에서의 기숙사 생활이나 교회 같은 시설의 공동생활을 제외하고 그가 누군가를 선택해 함께 살았던 적은 없다. 문득 그런 생각을 해본다. 등본을 떼준 대가로 10만 원을 받고 수천만 원의 빚이 생겼을 때, 고물을 주워 번 돈을 가벼운 접촉사고 때문에 모두 날려야 했을 때, 누명을 쓰고 소년소에 가야 했을 때, 그가 혼자가 아니었다면 어땠을까. 자신의 잘못이 아닌 일을 책임지거나 갚지 않아도 되는 빚을 갚느라 고생하는 일은 없지 않았을까. 기초생활수급 제도를 좀 더 일찍 알았더라면 길에서의 생활을 좀 더 빨리 끝낼 수 있지 않았을까. 왜 그에게는 아무도 가르쳐 주지 않았을까.

누명을 쓰고 발을 동동 굴렀던 어린 시절, 뒷배가 없는 가난한 이석기는 소년소에 가서 형을 살아야 했다. 그러고도 그는 두 번의 사기를 당한다. 어쩌면 그러냐고 해도, "그들도 다 사정이 있었겠죠. 나는 믿었어요"라고만 한다. 10년간 염전에서 일하며 간신히 받아 낸 임금을 전부 가족에게 주고 와버린 그에게 대체 왜 그랬냐고 해도, "그냥, 시골에서 너무 힘들게 살잖아요. 나는 혼자니까 어떻게든 또 벌어먹고 살면 돼죠"라고 한다. 나는 그런 마음의 깊이를 짐작도 할 수 없었다.

홈리스행동 사무실에 들어서면 만나는 문구가 있다. "나는 게으름뱅이가 아닙니다. 가난은 가족의 책임이 아닙니다." 나는 이석기를 만나는 내내 그 문구가 떠올랐다. 구두닦이와 넝마주이, 고물과 파지를 주워 이어 온 삶은 한순간도 그에게 게으름을 용납하지 않았다. 그런데도 왜 가난은 온전히 그의 책임이었을까.

아무리 노력해도 벗어날 수 없었던 가난이 계속 자신을 덮쳐 올 때마다 그는 버티고 버티다가 남산을 찾았다. 공기도 좋고 가슴이 탁 트이는 것 같아서 산이 좋다는 그에게 남산은 특별한 공간이다. 다시 서울로 올라올 때마다 그에게는 남산이 있었다. 날이 좋으면 서울 전체가 내려다보인다는 그곳에서, 그는 무엇을 보고 싶었을까. 높은 곳에서 내려다보면 서울은 아파트로 빽빽하다. 그럴 때 우리는 농담처럼 말한다.

"이 많은 집 중에 왜 내 집은 없는 거지?"

주택 공급을 위해서라는 재개발이 그곳에 사는 사람들을 위한 것이 아니라는 건 이제 모두가 안다. 살던 곳에서 밀려난 사람들은 살 곳을 찾아 도시의 가장자리로 떠나고, 높은 전세보증금과 월세를 꾸역꾸역 내고라도 도시에 살아야 하는 사람들이 그 자리를 채운다. 2년마다 살 곳을 찾아 전전해야 하는 불안정한 삶이나 "영혼까지 끌어모아" 간신히 집을 산 후 평생 대출 이자를 내며 살아야 하는 저당 잡힌 삶은 대한민국 주거 정책의 실패를 여실히 드러낸다. 그러나 여전히 '내 집'은 모두의 숙제이며 소망이다.

이석기에게도 '내 집'이 있다. 양동 쪽방촌, 그곳은 그의 첫 '내 집'이다. "혼자 살기에 딱 좋다"는 그 집에서 그는 오래 살고 싶다. 쉼 없이 일했던 지친 몸을 쉬게 하고, 오래도록 혼자였던 삶에 아는 이웃을 들이며, 답답할 때 올라가 크게 숨 쉴 수 있는 남산이 지척에 있는, 내 집. 그 집이 재개발된다. 그는 또 어디론가 몸을 옮겨야겠지만, 언제나처럼 그냥 가지는 않을 거라 했다. 버티고 버티는 삶은 이번에도 버틸 것이다.

인터뷰가 끝난 후에도 나는 두세 번 더 그를 만날 수 있었다. 그가 지하철을 무료로 탈 수 있게 된 후로는 나들이를 나온 김에 내가 일하는 곳에 들르기도 했다. 그러던 그가 2020년 12월, 방을 비우고 사라졌다.

어느 날 갑자기 응급실에 실려 간 이후 어떤 봉고차를 타고 떠났다는 소식에 그의 행방을 수소문했다. 연락이 닿은 것은 몇 달 만이었다. 다시는 가고 싶지 않다던 김포의 교회, 그곳 사람들이 아픈 그를 찾아왔고 그길로 그 차에 몸을 실었다고 했다. 전화기 너머 그가 불러 준 주소로 두 번을 찾아가 봤지만 교회라는 표식조차 없는 그곳의 문은 굳게 닫혀 있었다.

그리고 2021년 11월, 거의 1년 만에 이석기를 다시 볼 수 있었다. 다시 만난 이석기는 바쁜 날들을 보내고 있었다. 남대문시장에 갔다가 만난 여성들의 권유로 그는 요즘 다른 교회에 다닌다. 읽고 쓸 줄 모르는 그에게 한글을 가르쳐 준다고 해서 매주 세 번, 용산에 있는 한 가정집에서 성경 공부를 하고, 주말에는 '자매님'들이 찾아와 한글을 가르쳐 준다. 1년 전에는 문자로 연락할 수 없어 답답했는데, 그 사이 이석기는 새 핸드폰에 메신저를 깔고 교회 사람들과 짧은 인사와 이모티콘을 주고받을 줄 알게 됐다.

양동으로 돌아온 이석기는 이제 한글 공부뿐만 아니라 치과 치료도 다니고 얼마 전에는 통장의 도움으로 영세민 아파트도 신청했다. 지금은 가나다라를 배우지만 조금 더 읽고 쓸 줄 알게 되면 학교도 다녀 볼까 한다. 새로 사귄 교회 사람들도, 새로 얻은 건물에 같이 사는 사람들도, 모두 "참 좋은 사람"이라고 그는 말한다. 남산에 올라가는 것이 유일한 낙이던 그의 삶이 그새 많이 바뀐 것 같았지만, 누구든 잘 믿는 것은 여전했다. 한글을 배우는 것도 치과 치료를 받는 것도 좀 더 일찍 시작했으면 좋았겠다고 말하면서도 후회나 원망은 아니다.

그를 데리고 간 교회도, 지금 그가 만나는 사람들도 혹시나 사람 잘 믿는 그를 속이려는 사람들이면 어쩌나, 나는 걱정했다. 돈을 달라고 하지는 않는지, 이상한 요구를 하지는 않는지 나는 자꾸만 그런 것만 궁금했다. 그러나 지금 와 생각해 보면 나 역시 그의 이야기를 듣는다고 그의 시간을 '빼앗는' 사람이 아니었나 싶다. 가진 것이나 배움이 부족한 사람들은 잘 속을 것이라 생각했지만, 사람을 잘 믿는 것과 속는 것은 다르다는 걸 그에게 배웠다.

중국집 후라이팬이 무거워,
그래서 이렇게 됐지

문형국

1958년, 화순에서 태어났다. 열여덟에 무작정 상경해 처음 양동에
왔다. 평생 비정규 일자리를 전전하며 40년 동안 양동에 살다 나가
다를 반복했다. 3년 전 류머티즘으로 중국집 프라이팬을 더 이상
들 수 없게 되면서 수급 신청과 함께 양동에 첫 전입신고를 했다.

싸완에서 주방장까지

중국집 주방에 딱 들어가잖아. 맨 아래가 '싸완'. 한국말로 세척한다 이거여. 그릇 오면 닦고, 짜장면 나오면 완두콩 올리고, 말하자면 잡일 하는 애지. 쪼끄만 가게는 싸완이 따로 없어, 좀 큰 데나 쓰지. 싸완 위에 면 뽑는 '라면'이 있어 ─ 수타로 뽑는 데도 있겠지만 난 그런 덴 안 다녀 봤고. 라면 위에 양파 썰고 호박 썰고 하는 '칼판', 칼판 위에 후라이팬 잡는 주방장이 있지. 그건 가운 입고 모자도 쓰고 일해. 돈도 많이 받지. 요샌 한 300(만 원) 넘게 받을 거여. 그래 봐야 돈 제일 잘 버는 사람은 사장이것지만. 나는 남대문 중국집 배달로 시작해서 싸완, 칼판, 주방장까지 다 해봤제.

마지막으로 일 다닌 데는 서대문 '미락원'이라고 아주 유명한 데여. 주방장이 막 몇 명씩 돼. 텔레비전 촬영 온다 그래도 사장이 딱 거절을 해. 왜냐면 안 그래도 손님 많은데 촬영해 봐야 귀찮기만 하잖어. 그 가게도 한쪽에 방이 있어 먹고 자고 하면서 일했지. 한 3년 정도. 그러다가 하루는 아침에 일어나질 못하겠는 거여. 일 나가려면 가운을 입어야 하는데 손가락이 이만큼 부어서 단추도 못 잠그는 거여. 가

게 앞 병원에 한 일주일 입원했더니 류머티즘 판단이 나왔
어. 중국집 후라이팬이 이렇게 무거워. 그래서 이렇게 됐지.
인생이 변한 게. 그때가 오십 … 몇인가. 한 3년 됐어. 그길로
수급 만들고 지금 이 방에 온 거여.

40년 전 양동

내가 양동 내막은 잘 알지. 열일곱, 열여덟 … 한 40년
전 그때 처음 서울 도착해서 온 데가 양동이여. 그때 양동은
완전 시골이었어. 판잣집도 그런 판잣집이 없어. 주로 가정
집, 어린 애기들 데리고 가족들이 많이 살았어. 지금은 다 헐
리고 없지만. 난 여관에 살았는데 하루 자고 일어나면 판잣
집들이 헐려 있고, 자고 일어나면 헐려 있고 그랬어.+ 지금
여기 쪽방 건물이 다 벽돌이잖아. 그게 40년 전에도 여관, 여
인숙 하던 건물들이여. 시골에서 인자 막 올라온 젊은 사람
들이 그런 데서 혼자 살았지. 지금이야 노인네들이 많지만
그땐 젊은 사람들이 더 많았어. 애들도 많고.

+ 양동의 판자촌 철거는 1960년대 중반부터 해마다 기사를 확인할 수 있을 정도로
  잦은 일이었다. 여기서 퇴거당한 주민들 가운데 일부는 상계동이나 사당동으로
  갔고, 거기서 또다시 퇴거 위기를 맞았다. 문형국이 말하는 이 시점은 1980년대로
  추정된다.

지금 빌딩 자리들은 40년 전에는, 쉽게 얘기하자면, 청량리 588 고 동네하고 똑같았어. 평택 텍사스촌 그런 데는 화려하게 유리관도 있고 허지만 여긴 그러지는 않고 서민적으로다가 방에서 허고 그랬지. 여기가 무허가 쪽방이고 하니까 그때도 방세가 싸잖아. 저녁 시간 되면 아가씨가 손님을 모셔야 되니까 밖에 나와서 앉아 있었어. 아가씨라고 해봐야 나이도 어리고 간혹 미성년자도 있고 그랬지. 시골서 온 여자들이 취직하기가 그렇게 쉽지 않잖아. 우선 먹고 자는 게 해결되니까 그렇게 와있는데 자기 몸만 망가지지. 거기 있어 봐야 뭐 잘된 아가씨들 있어? 양동엔 결혼 안 한 사람이 80, 90프로여. 아예 여자가 어떻게 생긴지도 모르는 사람이 많지. 그래서 무허가 창녀촌이 당시에는 잘됐어. 외부에서 오는 사람도 있지만 주로 양동에 있는 사람들, 노가다 하고 중국집 일하고 그런 사람이 많이 찾았지. 그때 양동은 지금보다 더 넓어서 저기 남대문 동양고속 자리까지가 한동네였어. 새벽에도 불이 훤하고 사람도 북적북적해. 서울 올라오면 돈 버는 줄 알고 시골에서 죄다 올라왔으니까. 나도 그랬지.

"기술이 있어야
어디 가든 밥은 먹겠더라고"

전남 화순 시골에서 일곱 살엔가 아버지 돌아가시고 중학교는 2학년까지 다니다 말았어. 그 뒤로는 농사짓고 나무하러 다니고 그랬지. 그러고 있으니까 아는 사람이 기술을 배우래. 열여덟 정도 됐을 때여. 그 사람 소개로 광주 명패집에 갔는데 주인아저씨 말이 가방+ 하나로 어디 가서든 밥은 먹고 산대. 가만 보니까 진짜 배우면 괜찮겠더라고. 가게 안에서 먹고 자고 5, 6개월 배웠지. 월급은 정하고 가지를 않았어. 그때 당시에는 거진 그랬어. 사장이 나무에 붓글씨 쓰고 톱으로 모양내면 나는 밑에서 빼빠 치고(사포질을 하고) 광을 내. 또 미싱이랑 자수도 했어. 사장이 자전거 타고 가정집에 가서 문패 주문을 받아 오고 나는 혼자 가게 보면서 모자도 팔고 명찰도 팔고 별거 다 팔았어.

그러다 언제부턴가 서울을 가야 되것다 생각이 드는 기여. 거기서 월급도 없이 종일 모자 같은 거 팔아 봐야 팔리지도 않잖아. 2만 원인가를 가지고 나와 부렀어. 주인이 당연히 신고를 하지, 안 그래? 광주역에서 잡혀서 광주 교도소에 보름 정도 살았지. 나와선 또 그리로 갔어. 갈 데가 없으니

+ 명패를 만드는 도구와 재료가 든 가방을 말한다.

까. 주인이 이젠 월급도 줄 테니 오라는 거여, 허허허. 먹고 자는 건 해결되니까 도로 갔지. 그러다 거기 더 있기가 싫더라고. 그냥 무작정 서울로 올라왔어.

그때 누나가 매형이랑 방학동에 살았어. 전입신고만 누나 집에 해두고 나는 서울을 많이 돌아다녔어. 잠이야 뭐, 여기 양동에서 만난 친구 하나랑 하루하루 방세 주고 살기도 하고, 중국집에서 그릇 닦으면서 가게 2층 다락에서 자고 그럴 때도 있었지. 근데 그렇게 일을 다녀도 놀 때가 많으니 배가 고프잖아 ― 지금은 여기 서울역에 밥 주는 데가 많지만 옛날에는 밥 주는 데가 없었어. 그래서 배가 고프면 누나 집에 가서 하루 이틀 있다가 밥 묵고 나오고 그랬어.

누나랑 매형은 미아리 산꼭대기에 전세 한 30만 원짜리 살았는가 봐. 방이 엄청 쬐끄맣고 방 한 칸에 부엌 하나 그랬어. 결혼하고 사진관 한다더만, 쯧, 매형 이름으로 된 사진관도 없어. 카메라만 덜렁 가지고 길거리에서 몇 장 찍어 주고 남의 사진관 가서 현상하는 거야. 아무튼 내가 서울 와서 취직한다니까 누나가 나를 사진관으로 데려가서 증명사진을 찍어 주더라고. 그거 가지고 회사를 들어갔지.

영등포 신도림동 삼영화학이라고 그 안에 가방 공장이 있었어. 난 미싱을 할 줄 아니까 기술자로 들어갔으면 괜찮았을 텐데, 취직시켜 준 사람이나 나나 들어갈 적에 그 생각을 못해서 시다로 갔지. 딴 사람들 와서 일하는 거 보니까 양복점에서 일하던 사람도 바로 미싱사로 들어와서 일하던데….

아무튼 좀 하다가 그만두고 인천 석정동으로 갔지. 여긴 가방만 만드는 공장이여. 거기선 미싱사로 들어갔지. 그때는 지금같이 손잡이 넣었다 빼는 캐리어라는 것은 없었고, 매는 가방 밑에 바퀴만 달린 것이었어. 그걸 외국으로 수출도 해. 거기선 요만 한 방 하나 얻어 줘서 일곱 명이 지냈어.

몇 개월 하다가 또 성남시 상배원동으로 갔어. 여기도 가방 공장이었는데 얼마 있다 일감이 없어. 그때부터 수출 하향세래. 그래도 회사 입장에선 언제 일감이 들어올지 모르니까 종업원을 다 내보낼 수 없잖아. 우리는 기숙사에서 먹고 자고 사기막골 놀러 가고 산에 밤 주우러 다니고 그랬지. 4, 5개월 허송세월한 거여. 그동안 월급은 반밖에는 안 쳐줬고. 일이 없는 걸 나와야지 어떡해. 거기서 나오고 가방 공장은 안 들여다보고 중국집으로만 가게 된 거여.

서울역에 나가 보면 일은 남대문에서 구한다는 것을 알게 돼. 역에 있는 애들이 말해 주거든. 그땐 맨날 새벽마다 식당 주인들이 서울이고 지방이고 남대문으로 죄다 모였어. 직원 구하려고. 남대문이야 걸어서 십 분이니까 거기 가서 일 구하기가 쉽잖아.

처음부터 중국집에 들어가서 일을 한 것이 아니라, 서울 역에 시골서 올라온 꼬마들한테 가서 취직시켜 준다고 데려다가 파는 일을 했어. 그래 봐야 나랑 몇 살 터울인 애들이지. 그런 애들을 서울역에서 한 열 명 잡아다가 내 방에서 라면 끓여 주고 잠도 재워 준 다음에 새벽에 남대문 소개소에

가. 당시 소개소 일은 건설업이고 뭐고 없고 무조건 식당이여. 식당 주인들이 5000원, 1만 원 나한테 주고 애들을 골라 가지. 그러면 그 애들은 중국집에 그릇 닦으러도 가고, 배달로도 가고. 그러다 보면 경찰이 와서 불법 알선이다 뭐다 하면서 날 붙들어 가기도 하고 그랬지. 그래 봐야 하루 이틀 살고 나오는 정도여.

아무튼 그땐 나가면 그냥 일자리가 있었어. 웬만큼 좋은 직장을 가려면 이력서도 넣고 사진도 찍어야 하지만, 중국집은 그러질 않았어. 그냥 들어가는 거여. 나도 그러고 여태껏 살아온 거야.

북경반점

소개비가 돈이 더 되기야 했지만 그게 잘 안 될 때는 중국집에 나갔어. 중국집에서 일하면 괜찮은 게, 방을 따로 안 구해도 거기서 잘 수가 있거든. 첨에 들어가면 배달하고 그릇 닦고 그런 일을 했어. 그때야 오토바이가 없으니 발로 걸어 다니잖어. 그러면 배달하다 중간에 광장시장에서 친구랑 소주 먹고 그런 재미가 있었어. 그러다가 요리 배우기 시작한 가게가 '북경'이든가…. 내가 처음 간 가게도 북경이라 했나? 몰라, 그땐 오래 일하는 것도 아니고 며칠 있다 딴 데 가고 그러니까 이름이야 기억에 없제. 몇 푼 벌면 양동 이런 데 와서 다 써불고. 지금이야 내가 술을 안 먹지만 예전에는 엄청 마셨어.

내가 스물 몇 살쯤 됐을 때지. 그때 중국집들은 거진 다 중국 사람이 사장이여. 한국 사람이 하는 데는 별로 없었어. 그래서 일하려면 중국말을 좀 할 줄 알아야 돼. 난자완스, 양장피 이런 요리 이름은 기본이고 전표도 중국말로 써야 하는 거여. 나는 주방에서 일했기 때문에 아는 건 그래 봤자 요리 이름 정도지만.

종로5가 중국집에서 일할 땐데, 주인이 중국 여자였어. 일 끝나면 주인은 퇴근을 할 거 아녀. 그러면 나도 거기서 자고, 배달하는 사람도 거기서 자고, 또 주방장도 거기서 자니까 가게 문 닫으면 주방장이 나와 갖고 팔보채를 만드는 거여. 재료를 하나 가득 꺼내 가지고 볶아. 그럼 중국집에 고량주가 좀 많아? 그거 몇 개 빼먹어도 주인은 몰라. 그러고 맨날 마셨지 뭐.

근데 하루는 주방에 있던 애가 주인한테 가불을 좀 해달라 했었는가봐. 돈이라는 것이 있을 땐 있고 없을 땐 없잖아. 그런데 주인이 아주 딱 그냥 거절을 하더래. 그날 밤도 주방장이 팔보채 볶고 해서 술을 먹는데, 그 가불 거절당한 애가 술이 취해 갖고는 금전등록기를 땅에다 내처 불고 의자도 부숴 불고 가게가 한 40평 되는데 거울을 죄 깨놓으니까 다음 날 주인이 와서는 깜짝 놀라지. 신고해서 변상 받는다 뭐한다 하는데, 변상은 무슨 변상. 잡히기나 하면 다행이지.

나하고야 그런 감정은 없었어. 난 주인이 잘 봐줬는가 봐. 일 착착 하고 돈 착착 받아 가니까. 당시에는 돈을 그래도 괜찮게 벌었던 것 같애. 한번은 청계천 금성거리 가서 테레비를 한 14만 원 주고 샀나. 그걸 사서 시골에 부쳤지. 그당시 우리 마을이 80가구가 살았거든. 근데 테레비 있는 집이 한 집이여. 내가 그거 부치니까 우리 집에 동네 사람들이 한 20명 와서 연속극도 보고 그런가 보더라고. 그때 당시에도 내가 나가면 버니까 쓸 땐 썼지. 소고기도 20근 사서 시골 내려가고 그랬으니까.

그 주인아줌마가 나한테 참 잘해 줬어. 나더러 운전 배우라고 학원도 끊어 줬거든. 같이 가서 등록도 해주고 돈도 다 내줬어. 학원비가 4만 원이던가 … 큰돈이지. 그 아줌마가 중국집 말고 재료 상회도 했거든. 운전 배워서 자기 태워다 주고 그러라는 거였지. 근데 운전학원은 세 번인가밖에 못 나갔어. 가게에서 내가 잠자는 방에 30만 원인가를 놔두고 이발하러 다녀왔는데 없어진 거야. 분명 일하던 누가 가져갔을 텐데…. 근데 돈 찾아야겠다는 생각보다는 말이여, 그냥 내가 잃어버린 거 챙피스러워서 말도 하기 싫고, 또 돈 찾는다고 가게에다 대고 싫은 소리 하기도 싫은 거여. 어차피 그 돈은 못 찾아. 중국집은 하루하루 일당으로 쓰는 사람이 많아서 어차피 찾지도 못하는 거여. 거기 있어 봐야 내 속만 더 시끄러울 거 아냐. 에휴 내가 봐야지. 주인이 날 좋게 생각해서 더 오래 종업원으로 쓰려고 했는데, 뭐 그렇게 됐지.

따로 또 함께한 가족

여기는 아주 소문이 지긋지긋해. 뭔 일만 있다 하면 쑥덕쑥덕. 아까도 봐, 나랑 같이 있으니까 "딸이에요?" 묻잖아. 그래서 난 마누라도 이렇게 안 만났어. 와도 저만치 떨어져 걷고 그랬지. 난 이 동네 사람들 사생활도 관심 없고, 내 사생활도 말하기 싫고 그래. 괜히 보이고 말 섞어서 좋을 것 없는 거여.

애기 엄마는 여기 양동에서 만났어. 내가 스물여섯이었고 애기 엄마는 나랑 일곱 살 차이니까 스물 한두 살 됐겠지. 동거를 했는데 지금까지 따져 보면 떨어져서 산 날이 더 많아. 나는 중국집에서 자고 일주일에 한 번씩 집에 오고, 멀리 지방에서 먹고 자고 일하니까. 사이가 나쁘고 그러진 않았어. 그것이 우리헌테는 맞는 식이었던 거지.

양동 상주 여인숙에서 같이 살기 시작했는데 지금은 없어졌어 ― 방 한 칸짜리 여인숙이지 뭐. 양동 안에서 많이 돌아다니면서 살았지. 그러다 만리동 배문고 앞에 보증금 50에 15로 이사를 갔는데 여기는 방이 두 칸인데 한 칸에는 주인이 살고 그냥 쬐끄매. 그때부터 나는 주방장을 다녔어. 일당이긴 하지만. 지금도 남영동 다시서기 앞에 중국집 있지? 거기도 다니고, 신림동에서도 있었고. 그러다 역곡 분식집 주방장으로 일하면서 나 혼자 그 가게에 전입신고를 했어. 그래야 일하면서 예비군 훈련 같은 걸 제때 받잖아. 그때가 서른 살쯤 됐을 땐데 마누라는 쉬는 날에나 보고 그랬어.

마누라는 직장 생활 같은 건 안 했어. 백화점 같은 데서 아르바이트는 조금 했지. 현대 롯데 이런 백화점은 아니지만, 마트가 말하자면 백화점이지, 안 그래? 아무튼 옛날에는 여기 여고가 있었어. 애 생기고는 고등학교 앞 전셋집으로 이사 왔지. 전세가 1500이었던가. 방이 괜찮은 건 없고 그냥 한 칸이야. 그래도 월세보다 전세가 낫잖아. 우리가 들어가서 바닥도 고치고 다 수리를 했지. 아들은 지금 스물하나쯤 됐나 … 정확하게는 모르겠어. 지금도 엄마랑 안산에 있지. 나만 따로 다닌 거여. 가끔 보기야 보지만 서로 별말 안 해. 나하고 성격이 비슷해.

그래도 여자를 안 만나고 나 혼자 몸으로만 돌아다녔으면 돈을 더 못 벌었을 거야. 방탕한 생활만 하고. 번 돈을 잘 굴리는 사람도 있겠지만 나는 다 써버려. 가족이 있으면 아무래도 다르지. 직장 안 나갈 것도 계속 나가게 되고. 일을 해도 돈은 나한테 없었고 월급이고 뭐고 집으로 다 갔어. 돈 관리는 첨부터 마누라가 했어. 나는 돈이 있으면 도박을 해불기 때문에 주머니에 몇백이 있다 그래도 없어져 버리고 그래. 월급 타는 대로 다 보내고 그랬지, 쯧.

저기 힐튼호텔 앞에 예전에는 남산 놀이터가 있었거든. 사람이 엄청 많았지. 마누라가 그 앞에서 다방을 하나 했어. 소개소에서 아가씨 구해 오고, 여기 동네에 알고 지내던 아줌마 하나가 직원을 하고. 다방 크기는 한 25평 정도 될까, 적은 편은 아니지. 근데 손님은 별루 없어. 그러니까 오락기 있잖아, 빠찡코 기계를 또 놨지. 근데 그게 불법이여. 단속이 잘 나오진 않지만, 나오면 언능 숨겨 부러야지. 다방 수입보다야 빠찡코 기계 수입이 더 낫지. 하는 사람 있으면 돈 다 잃고 가는데 뭐. 이것도 다 마누라 아이디어여. 내 아이디어라는 건 눈꼽만치도 없어.

근데 다방 해서 돈도 못 벌고 오히려 권리금만 200만 원 손해 보고 나왔어. 아가씨 인건비 주고 별로 남는 게 없으니까. 마누라는 조그맣게 일수 있잖아, 돈놀이도 쪼끔 했는데 … 그것도 돈이 많아야 돼. 조그만 돈 가지고 시작하니까 벨 재미도 못 보고 그랬어.

삼풍백화점

중화요릿집 일당 다니다가 기술자로 들어간 것이 삼풍백화점이여. 거기선 그래도 월급제로 오래 했지. 한 3년 했어. 우리나라 백화점 중에선 거기가 제일 비싸. 거긴 앉아서 먹고 가는 것이 아니라 포장해서 싸갖고 가는 거여. 짜장면은 없고 짜장 소스만 팔어. 깐풍기랑 오향장육, 해파리냉채도 허고. 무슨 총주방장이 있고 종업원이 있어, 나 혼자 요리며 계산까지 다 허는 거여.

조그만 가게라 해도 주인이 둘이었어. 사장 하나는 현대백화점 상무인가 그랬는데 부업으로 이걸 하는 거였어. 가끔 그분이 오시면 담배도 한 보루씩 사오고 잘해 줬어. 또 한 분은 거기랑 친척이여. 그러다 한 1년 있으니까 취영루라고, 거긴 중국집 회사지, 그게 들어왔어. 지금도 취영루 하면 알아줘. 에스컬레이터 옆에 장소가 좋지. 거기는 하루 매출이 500(만 원)이래. 요리 가짓수도 많고, 가게도 크고, 일하는 아가씨들이 네다섯 명 돼. 우리 가게는 한 달 해야 700(만 원) 그 정도 나오지. 장사가 썩 잘되는 것은 아니었어. 인건비 주고 겨우 먹고살 정도지.

그만둔 건 내가 그러고 싶어서 그런 게 아니라, 주인아줌마가 날 보고 기술도 있겠다 가게를 맡아서 장사를 좀 하래. 근데 돈을 내야 될 거 아니야. 돈을 내가 벌어 놨을 리가 없지. 그래서 "여기는 사무실 눈치 봐야 돼서 싫다" 했어. 매출이 없으면 백화점 사무실에서 와서 뭣이 어쩌고저쩌고 그래. "이것도 닦아라, 저것도 닦아라." 지저분하다 하고. 또 사무실에서 오면 사람들 전부 불러 놓고 관리를 해. 수수료 매장이니까 하루 매출의 얼마를 떼가. 28프로 그렇게 떼갔어. 그래서 나는 이왕 장사할 거면 백화점에서는 안 한다 했어.

그러니까 바로 옆에 있던 사라다 매대 아줌마가 얘기를 들었나 봐. 권리금 내고 인수해서 장사도 한 것이지. 사라다 아줌마하고 나하고는 한 주방을 썼거든. 탁 터져서 서로 왔다 갔다 하니까 나 요리하는 걸 어깨 너머로 보고는 인자 자기가 하겠다는 거여. 주인이 바뀌니까 나는 나와야지. 더 있고 싶어도 있을 수가 없었어.

IMF

하루는 배달하는 사람이 "사장님 빨리 테레비 좀 봐요!" 그래. 주방에서 일허다 말고 나와서 테레비를 봤지. 삼풍백화점이 무너졌어. 나하고 아주 친하던 사람도 많이 죽었을 거여. 일허는 사람들이 한 백화점에만 있지 않잖아. 현대백화점, 뉴코아 여기저기 일을 돌아다니잖아. 근데 통 못 봤어. 마주칠 법도 한데. 거기 인수했으면 나도 죽었지.

그땐 내가 안산 반월동에서 중국집을 했어. 삼풍 그만두고 놀다가 안산 처갓집에 가니까 장사를 한번 해보래. 그땐 모아 둔 돈도 있고 해서 도로가에 가게 전세를 얻었지. 가게가 30평이고 방이 두 개인데 쪼만했어. 거기서 세 식구 살았지. 전세 살면서도 마누라는 아파트를 보러 다니고 그랬어. 그 동네는 시골이라 서로 알고 말해 주는가 봐. 근데 나는 별로 집을 사고 싶은 생각이 안 들더라고. 전세 사는 거나 자기 아파트 사는 거나 뭐. 차라리 돈이 있으면 아파트 말고 후진 동네라도 건물을 사는 것이 낫지 않느냐 이거여. 자기 건물이 있으면 나이 먹어서 중국집을 할 수도 있고, 시장통 같은데 있으면 분식집 튀김집을 할 수도 있고, 아니면 칼국수집이라든지 그런 걸 할 수가 있잖아. 근데 그런 건 아주 더 비싸니까 맘대로 안 되지.

아무튼 장사 4년 정도 하니까 IMF가 왔어. 식용유 한 통에 1만5000원 하던 게 4만 원 하고, 밀가루 한 포 1만7000원 하던 게 3만 원, 4만 원 가고 … 그래 갖고 그냥 포기했어. 내 장사 접고 일하러 다녀야지 뭐. IMF가 안 왔으면 지금도 그걸 하고 있을란지 모르지…. 근데 뭐 사장이라고 다 좋은 것 같아? 아니여. 종업원 있어야 하고 오도바이도 있어야 하고 돈이 많이 들어가. 그렇다고 돈이 몇 억 있어서 홀 장사만 하려고 하면 거긴 가게가 더 비싸지. 장사도 잘 되붙면 괜찮지만 안 되면 양파 같은 것도 싱싱하지 않고 그러면 맛이 또 없어질 거 아녀. 맛이 첫째 중요한데. 난 내 가게 할 때 체중이 엄청 빠졌어. 허리띠를 해도 바지가 줄줄 내려가. 자꾸 마른다고 옆에서 하도 걱정을 할 정도였어. 걱정이야 장모가 했지만. 아이고, 마누라는 생전 내 걱정이라고는 해본 적이 없는 사람이여.

IMF 지나고는 어쩌다 하루씩 중국집에 일당을 갔어. 주방장이 아니고 밑에서 하는, 쉽게 얘기하자면, 칼판이지. 예전에 같이 종업원으로 일했던 사람이 종각 중국집을 차려서 날 부른 거여. 2년 가까이 일했는데 거기도 쫓겨 나왔어. 건물 주인이 나가라 이거여. 재판하고 어쩌고 하다가 지니까 비워 줘야지 뭐. 그 사장은 그 자리에서 한 6년 장사한 건데 지금은 나랑 똑같이 남대문시장에서 일당 다녀. 어쩌다 마주치면 다방에서 커피나 한 잔 하고 그러지.

아무튼 그러니 중국집 하나만 해선 안 되겠다 싶은 거여. 그래서 소개소 통해서 충남 태안에 찹쌀도나쓰, 꽈배기 이런 거 시다로 들어갔지. 그거 만드는 사람 보고 '기사'라고 그러대? 일은 첨엔 잘 몰라도 중국집 경력이 있고 손재주랑 눈썰미가 있어 가지고 금방금방 배웠어. 기술을 배워다가 올라와서 종업원으로 일을 한 것이지. 광명시에도 조금 있었고 충무로 대한극장 있는 데서도 했어.

난 인생에서 좋았던 기억이 별로 없어. 후회되는 기억은, 조금 벌면 다 써버린 거, 또 한 직장에 오래 못 있고 그냥 나온 거야. 이천 중화요릿집에서도 그렇고 광명시 도나쓰 집에서도 오래 못 있었어. 아침 일찍부터 하루 종일 만두, 찐빵, 도나쓰를 혼자서 다 하는 게 쉬운 일이 아니야. 또 시청 앞에 조그만 가게에서는 만두 하나만 하는데도 나가는 숫자는 엄청 많았어. 일이 소화를 시킬 수 있는 정도가 돼야지. 일의 양이 너무 많았어….

병치레

지금 병원 다니는 건 류머티즘이랑 호흡기 내과여. 류머티즘은 평생 약을 먹어야 돼. 한 달에 한 번씩 약을 타. 약 먹으니까 이렇게 돌아다니고 살지 안 먹으면 다리가 막 저리고 그래. 지금도 다리가 덜덜 떨리고 그러는데 심하진 않지. 병원은 한 병원밖에 못 가. 수급자는 국가에서 운영하는 적십자병원 그런 데는 갈 수가 있어도 일반 대학병원은 함부로 못 가. 입원을 안 시켜 줘. 수급자들은 가라는 대로 이리 가고 저리 가고 그러지.[+]

수급은 3년 전에 만들었지. 3년 전에 류머티즘 판정 받고 중국집 일을 그만뒀다고 했잖아. 그때 일주일 입원하니까 팔 안 올라가던 게 올라가고 좀 괜찮아져서 퇴원을 했어. 그랬더니 양동에 아는 사람이 수급을 만들라 이거여. 회현동 동사무소에 병원 기록 떼서 냈더니 구청으로 올려. 그럼 구청에서 내가 살고 있는 쪽방으로 조사를 나와. 사는 방 보고 하나부터 열까지 다 물어봐. 서류 두께가 이만큼 돼. 가족에 대해서는 컴퓨터 서류 떼어 보면 다 나오잖아. 마누라하고는 어떻게 됐냐, 자식하고는 어떻게 됐냐, 아들은 얼마씩 버냐 물어봐. 그럼 통 모르고 산다 이런 식으로 얘기해야지. 사실

[+] 의료 수급자의 병원 이용 절차에 대해서는 이 책 146쪽 각주를 참조할 것.

중국집 후라이팬이 무거워…

이 그런 걸 뭐. 전화 가끔 허고 한 번씩 만나고 그런다는 얘기해 봐야 걔들이 이해를 해? 아무래도 불리하잖아. 내가 소득이 10원도 없고 만날 병원 다녀도 가족이 있다 그러면 수급이 되지도 않을 것 아니여. 구청 여자 직원이 판단을 해서 수급을 만드는 것이여. 그래도 이런 내막은 구청에서 알면 좋지 않겠지.

수급자 생활

수급비는 70몇만 원 나와. 그걸로 방세 25만 원 내고 병원 다니고 그런 식이지. 병원비는 내가 내는 거 있고, 안 내는 거 있고 그래. 쌀은 동사무소에서 나와. 이 건물에는 부엌이 없어서 부르스타 놓고 방에서 밥 해먹고 그래. 설거지는 화장실에서 하지. 화장실은 층마다 하나 가지고 같이 써. 변기랑 수도랑 같이 있는데, 뜨거운 물은 안 나오니까 겨울에는 쪽방 상담소 가서 씻어. 샤워하고 그러는 것도 시간이 있어. 24시간이 아니니까 밤에 문 닫히면 못 가는 거지. 서울역 앞에도 씻는 데가 있어. 세탁기는 건물에 한 개 있는데 고장나서 쓰지도 못해. 상담소에 공공근로 하는 사람 있잖아. 거기 갖다주면 빨아 주고 나는 널기만 하는 것이지. 세탁기는 주인(관리인)한테 고치라 해도 고치지도 않아. 20년 된 세탁기여. 난 한 번도 안 써봤어. 이제는 개발 때문에 회사들한테 건물을 팔았으니 더 잘 안 고쳐 주지.

수급 받아도 방세 내고 50만 원 남은 거 가지고 밥 먹고 담배 피우면 금방이야. 그렇다고 모자라서 노가다 일을 한다 치면 그만큼 까고 나와. 30만 원 벌었다고 신고가 들어가면 30만 원 까고 수급 준다고. 그럼 일을 하나 안 하나 도로 똑같지. 또 잘못하면 수급 잘리고 그러니께 수급자는 일도 못해. 수급 때문에 걸리는 게 많지.

수급 전후를 비교하자면 일할 때가 힘이 들어도 더 나아. 노니까 더 죽겠더라고. 사람이 더 게을러지고. 돈이 적드라도 편안한, 그런 일이라도 해보려 하는데 … 하루 일 나가면 팔도 안 올라가고 손이 팅팅 부어 버려. 수급을 받으면 이런 얘기를 공개 못 하잖아. 근데 누가 실제로 신고하는 사람은 없어. 서로 다 아니까 조심하라고 일러 주지. 컴퓨터에 등록이 안 되면 하루에 몇 억을 번다 해도 모르겠지. 대신에 일을 해도 실업 급여니 산재니 그런 혜택은 하나도 없는 것이여.

"나는 어차피 여기서 살아야 돼"

양동은 20, 30년 전부터 곧 헐린다면서 지금까지 온 거야. 그래도 나는 양동에서 여태 살면서 쫓겨나거나 그런 적

은 없어. 애초에 전입신고를 안 해놨기 때문에 여기서 살긴
했어도 안 산 것이나 마찬가지지. 계속 일을 다녔기 때문에
한두 달 살다가 떠나고 조금 살다가 또 떠나고 했지. 옛날에
판자촌 헐리고 상계동 간 사람도 알지만, 오래 산 사람들이
나 임대주택을 받는 거지 나는 못 받았어. 억울할 것도 없어.
3년 전에 수급 만들면서부터 전입신고 하고 살고 있는 거지.

지금 내가 있는 건물은 어떤 회사에서 산 거여. 우리 건
물만 산 게 아니라 그 옆에 건물도 사고, 몇 군데 샀어. 그러
고 주인아줌마(관리인)를 내보내고 지금 현재는 다른 사람한
테 관리를 시켜. 언제 나가라고 할지 모르는 거지. 근데 여기
사람들은 단합이 잘 안 되는 편이여. 나가라 하면 다 같이
"못 나간다, 여기 아니면 갈 데 없다"해야 하는데, 포기하고
떠난 사람이 많아.

일산 같은 데는 이런 동네보단 단합이 잘되지. 젊었을
때 일산 재개발 철거하는 데 일당 받고 간 적이 있거든. 내
집도 없는 사람들이 거기 가서 똑같이 집 없는 사람들 짐을
막 끌어내는 거여. 가서 들여다보니까 가정집들에 옷이고 뭐
고 살림이 다 그대로 있어. 거기 살던 사람들은 철거 못 하게
데모하고, 건물 옥상에 살면서 밥도 해먹고 살어. 보상을 못
받으니까 그 주민들이 집을 안 내주는 거 아니여. 그런 식으
로 여기도 해야 된다 이거여. 철거 용역이 들어와도 살림 그
대로 놔두고 비우질 말아야지. 쪽방 사는 사람들이 그렇게
단합이라도 잘돼서 죽어도 못 나간다고 해야 되는데 여긴 다

나가 버린 거야. 벌써 비어 있는 건물이 몇 개 있어. 그런 거 보면 일산 거기가 생각나. 못 나간다 그래야지. 버팅기고 있어야지.

영등포는 쪽방 자리에 아파트 짓는다지만 여긴 자리가 좁아서 빌딩 같은 거나 짓겠지. 양동 여기에도 아파트(임대주택) 짓는다면 주민들이 확신이 서서 더 많이 모일 거여.+ 현재로선 (다른 데) 임대주택 그런 건 신청해 봐야 되지도 않고, 돼도 외곽으로 가야 하잖아. 그 대신 세는 더 적겠지, 깨끗하고. 근데 나는 거기 들어가고 싶은 생각이 별로 없어. 임대주택 갔던 사람들을 좀 아는데, 몇 개월 살다 다시 여기로 와. 처지가 비슷한 사람끼리 같이 살아야 하는데, 잘사는 사람하고 못사는 사람하고 같이 있을라니 그것도 좀 안됐고 그래. 없는 사람이 살기에는 여기가 좋아. 가정집 동네는 일 안 나가고 그러면 주인 눈치도 보이고 그렇지만, 여긴 그런 건 없어. 예를 들어서 서초동 아파트 같은 덴 부자 동네 아녀. 거기 없는 사람 혼자 세 들어 살라 해봐, 적응 못 하고 나오지.

또 일자리 때문에 여길 벗어나기가 좀 그래. 수급자라도 일을 해야 돼. 쓰기에 달렸겠지만 수급만 받아서 어떻게 먹고살겠어. 여기 사람들은 남대문에 일당을 많이 가지. 가깝잖아. 걸어가도 되고. 근데 의정부 같은 외곽에선 중국집 일

+ 문형국과의 인터뷰 이후 2021년 10월, 양동에도 쪽방 주민을 위한 임대주택을
  짓기로 결정되었다.

중국집 후라이팬이 무거워…

당 가기가 쉽지 않아. 멀리 가면 교통비 들여야 하는데 여긴 교통비 들일 필요가 없어서 좋지.

헐린다면 이사비라도 받고 나가야지. 당장은 영등포도 쪽방이 많으니 그리 갈 수도 있고. 가족이 사는 안산 반월집으로 가는 고민도 전혀 없는 것은 아니여. 근데 그 집으로 가면 수급이 잘리잖아. 몸이 아프면 병원에 가야 되는데. 그 병원비가 많이 들 거고 그래서 가고는 싶지만 또 못 가는 거여. 나는 어차피 서울에서 살아야 돼.

듣고 적으며

/ 이재임 /

삶에서 좋았던 기억이 무엇이냐는 물음에 문형국은 말없이 고개를 저었다. 대신 그는 후회스러운 점을 찾아냈다.

"끈질기게 일하질 못했어."

세 번의 인터뷰에서 50년간의 노동 이력을 들려준 그가 스스로의 삶에 내린 평가였다.

무일푼으로 상경한 열여덟 문형국은 양동 여관에 하루하루 일세를 내며 오늘 오늘을 살았다. 가방 공장 기숙사에서는 다음 달 월급날을 바라보며 살았고, 아내와 한 칸짜리 전세방에 살던 시절에는 중국집 주방장으로 일하며 좀 더 먼 미래를 그리기도 했다. 차곡차곡 미래를 설계하기 위해 틈틈이 여러 기술을 익혔지만 번번이 넘기 힘든 파도를 만났다. 열일곱에 찾아갔던 명패집에서는 기술을 배우는 대신 6개월간 임금 한 푼 받지 못했고, 미싱 기술을 써먹기 위해 옮겨 간 가방 공장에서는 일감이 없어 "허송세월"만 보냈다. 그릇 닦이부터 시작해 차곡차곡 익힌 중화요리 기술로 마침내 작은 중국집 사장에까지 이르렀지만, 발 뻗고 살 일만 남았나 싶을 무렵 IMF가 터졌다.

중국집 후라이팬이 무거워…

그리고 그는 다시 일당 요리사가 되었다. 중화요리 기술에만 미래를 걸 수 없다고 판단한 문형국은 도넛 기술을 익히러 충남까지 갔다. 그러나 그가 마주한 것은 고된 일과가 버거워진 나이 든 몸이었다. 손재주가 있고 눈썰미가 좋아 금방 일을 배운다는 자부심이 있었고, 가진 건 몸뿐이기에 부단히 움직였지만, 50년에 걸쳐 이어 온 노동이 그에게 남긴 것은 기술도 부도 아닌, 망가진 몸과 가난이었던 것이다. 일을 못 하게 된 순간 가난은 바로 그를 덮쳤다. IMF라는 국가적 위기 상황도, 과중한 업무 지시도, 때맞춰 줘야 하는 가겟세도, 집이 없어 가족과 떨어진 채 가게 한구석에서 쪽잠을 청했던 시간들도 그에겐 모두 스스로 버텨야 했으나 그러지 못한 자책으로 남았다.

문형국은 한 달 70만 원 정도의 수급비를 받는다. 30년간 중국집 프라이팬을 들던 손목에는 류머티즘이 찾아왔다. 일하지 못하는 몸이 되었음을 공식적으로 인정받고 나서야 문형국은 기초생활수급자가 되어 양동 주민이 되었다. 3년 전 일이다. 수급자가 된 그는 공동 화장실에서 찬물로 샤워와 손빨래를 하는 방에 매달 25만 원의 월세를 내며 수급비의 3분의 1을 들이붓는다. 매년 주거 급여가 오르는 딱 그만큼 방세도 귀신같이 따라 오르기 때문에 수급비 인상 소식이 반가울 새가 없다. 하지만 문형국은 "우리 같은 서민이 살기에는 여기가 좋"다고 한다.

미래를 꿈꾸는 것이 번번이 좌절될 때마다 가난한 이들

이 당장 내일이나마 그릴 수 있는 곳이 남대문 일당 소개소다. 예순 넷이 된 문형국은 요즘도 가끔 새벽이면 남대문시장을 찾는다.

"이런 이야기를 구청에서 알면 좋지 않지."

그는 인터뷰 때마다 가명으로 참여하겠다는 의사를 거듭 밝혔다. 소득이 잡힐 경우 수급비에서 차감되거나 아예 수급에서 탈락할 수도 있기 때문이다. 수급자의 노동은 보통 '부정 수급'으로 손쉽게 요약되지만 대부분은 생계를 위한 일일 뿐이다. 문형국이 그 '부정한' 방식의 노동과 단추조차 잠그지 못하는 손을 뒤바꾸면서까지 남대문을 찾는 이유는 몇 끼니 배를 채우고 어쩌다 비급여 병원비라도 내면 증발해버리는 수급비 때문이다. 그래서 문형국을 비롯한 많은 양동 주민들은 어서 빨리 65세가 되길 기다린다. 65세 이상 수급자는 근로소득의 일정 부분을 공제받을 수 있기 때문에 차라리 나이 먹기를 바라는 것이다. 이런 일이 무척이나 흔한 점을 상기한다면, '몰래 일하는' 이들이 아니라 일을 하지 않고는 최소한의 삶조차 꾸릴 수 없는, 빠듯한 수급비에 그 화살을 돌려야 할 것이다.

의심과 누명은 그를 지독히도 따라다녔다. 인터뷰 내내 꾸밈없이 담담해 때로는 심드렁해 보이기도 했던 문형국이 드물게 감정을 실어 들려준 이야기들이 있다. 열일곱, 처음 얻은 일자리에서 도둑으로 몰렸던 일화를 들려줄 때가 그랬고, 복지 제도를 이용하는 그를 향한 의심의 눈초리에 대해 말할 때가 그랬다. 문형국과 아내는 함께 산 날보다 따로 자기 몫의 삶을 처리하며 산 날이 많은 가족이었다. 쪽방으로 수급 자격 조사를 나온 구청 직원은 문형국의 가족 관계가 해체되었다고 판단해 수급 적격 판정을 내렸다. 서로의 경제적 궁핍을 해결해 줄 수는 없으나 이따금 얼굴을 보고 안부를 물으며 정서적 지지와 교류를 나누는 것이 이 가족의 방식이지만, 그는 직원에게 구태여 이를 해명하지도 가족의 '해체'를 부정하지도 않았다.

"말해 봐야 걔들이 이해를 해?"

말해 봐야 이해할 수 없는, 그 간극만큼 '부정 수급'을 의심하는 시선이 그에게 돌아올 것이기 때문이다.

문형국은 일생을 양동에 적을 두고 떠돌았으나 양동 주민인 적은 없었다. 하루하루 일자리가 바뀌는 탓에 전입신고를 하지 않았기 때문이다. 양동 일대를 흔들고 지나간 개발의 역사도 '주민'이 아니었던 그에겐 비껴가는 일일 뿐이었다. 쪽방 주민으로 산 지 3년, 또다시 전해진 재개발 소식 앞에서 그는 몇 가지 선택지를 가늠해 보지만, 돌고 돌아 다시 양동으로 왔던 이전과 같은 이유로, 여전히 남대문 새벽시장을 나갈 수 있는 양동에서의 삶을 꿈꾼다.

거리에서 우리끼리
그 좋은 법을 만들어 놨어요

김강태

1957년, 부산에서 태어났다. 해군 입대를 계기로 약 14년간 외항선을 타며 젊은 시절을 보냈다. 1997년, 아버지의 죽음 이후 가족의 배신, IMF 외환위기를 겪으며 빈손으로 서울역에 올라와 거리 생활을 시작했다. 누울 자리를 찾아 장애인 시설, 돼지 농장, 양계장, 재활용 수거 등 부단히 일자리를 찾아다녔다. 2017년부터 양동 쪽방에 살고 있다.

겨울바람이 조금씩 매서워지던 날, 생각보다는 가파른 동자동 언덕을 오르고 다시 적잖은 계단을 내려와 '해피인'에 도착했다. 모든 게 낯설기만 한 우리와 달리 그곳이 내 집처럼 익숙해 보이는 남자가 부산 사투리가 한껏 묻어나는 말투로 물었다.

"다른 데 커피숍 가는 것보다 여기 오는 게 훨씬 안 낫습니까?"

그의 물음에 고개를 끄덕일 수밖에 없었던 건 정갈하게 정돈된 공간과 그 속에서 느껴지는 온기 때문이었다. 벽면 한쪽을 가득 채운 사진과 한쪽에 마련된 커피 믹스와 티백, 전기 포트는 그 누구라도 쉬어 가도 좋다고 말해 주는 것만 같았다.

날이 추워 미리 보일러를 켜두었다는 그의 말에 우리는 유난히 웃음이 나고 마음이 풀어졌다. 그의 첫인상과는 사뭇 달랐기 때문이었다. 인터뷰 전에 있었던 예비 모임 자리에서 우리는 그의 연락처를 받은 후 당연히 이렇게 물었다.

"저희 번호도 알려 드릴까요?"

"됐으예. 필요하면 (당신들이) 전화하면 되지. 난 번호 필요 없어요."

새로운 사람을 만나는 일에 무심해 보이던 첫인상과 달리, 해피인에서의 따뜻한 환대는 우리가 전혀 예상치 못한 모습이었다. 그는 어떤 사람일까, 조금 더 커진 궁금증을 안고 그의 이야기를 듣기 시작했다.

음 … 양동에는 … 3년 전이면 어떻게 되노. 2017년 5월부터 살았어요. 전에는 노숙도 하다가 양계장에도 갔다가. 돼지 농장에도 갔다가 … 해줄 얘기가 많아요. 요즘은 해피인에도 나오고, 아니면 서울역 아는 형들이랑 "얼굴이나 보자"해서 서울역에 나갔다가 소주 한 잔 묵고 오고 그래요. 그것도 나가기 싫으면 방구석에 앉아 가지고 성경 필사하고 있는 거지. 구약만 쓰니까 재미가 없네. 지금 한 150쪽 썼으니까 3분의 1은 넘어갔어. 누워 있는 것도 어느 정도껏이지, 맨날 그리 못 누워 있습니다.

넓은 세계

어렸을 때는 살 만했어요. 아버지는 건설 회사 상무로 있다가 나와 가지고 무역 회사 대표이사를 했어요. 그때 회사에서 지프차로 저희 데리러 오고 데려다주고 그랬으니 뭐, 잘살았죠. 1973년만 해도 가정집에 연탄보일러가 있을까 말까 했는데 우리 집은 기름보일러였어요.

그러다 오일쇼크 맞고 나니까 무역도 잘 안 되고, 아버지 하던 일도 잘 안 되더라고요. 그래도 괜찮았어요. 벌어 놓은 게 있었기 때문에. 나이가 차서 해군에 들어갔는데, 그때 우리 삼촌이 해군에서 쓰리스타(해군 중장)로 높은 자리에 있었어요. 아버지도 해군 중령 출신이고. 그러다 보니 내 명찰만 봐도 "어, 누구 집 아들 아이가?" 했죠. 삼촌 덕분에 편하게 군 생활 하다가 후반부에는 군함들에 기름 넣어 주는 기름배를 탔는데 그게 내 배 타는 시작이었지.

어영부영 제대하고 나왔더니 삼촌이 전화를 하드만. "이제 어떡할래? 사우디 갈래? 배 탈래?" 이래 되는 기라요. 그때 배를 타면 공무원 월급 두 배는 벌 수 있었습니다. 그래가 해군 제대하고 1985년부터 1년6개월 동안 이란·이라크, 1989년에 1년1개월 동안 오대호·몬트리올에서 나이아가라로 해서 시카고까지 들어가는 외항선을 탔죠. 기름배도 탔고, '제너럴 카고'라고 잡화 싣는 배도 탔고. 우리나라가 화강석 같은 게 많으니 일본에 경계석 파는 배도 탔었고요. 몬트리올, 시카고, 나이아가라, 캐나다 퀘벡, 브라질, 일본 … 많이도 다녔어요.

일본 가는 배 탔을 때는, 서점에 가서 『현대 일본어』 같은 책 있잖아요, 그거 사가지고 시간만 나면 공부를 했어요. 그래가 큰 지장 없이 어느 정도 얘기를 주고받을 수 있었죠. 일본 선장하고 일항사(일등항해사)하고 술을 먹기도 하고 그랬어요. 또 시간이 남으면 한국 선원을 가르치기도 했고. (기름배에서) 기름을 풀어 주려면 다 순서, 라인이 있거든요. 펌

프가 돌아가고, 뭘 뽑아야 하고, 파이프는 뭐가 돌아가는지 이런 걸 잘 알아야 하는 기라요. 내가 시간 나면 항해 끝나고 조타수 데려와서 가르치고 그랬죠.

그래도 배는 위험하고 힘드니까 일본에서 돌아와서는 잠시 쉬려고 했는데, 들어오자마자 8일 만에 상무님이 내한 테 술 사주면서 배 탈 사람이 없으니 내보고 한 번만 더 나가 달라 이거라요. 걸프전 때 중동에 가면 기름배가 왔다 갔다 하는데, 근처에 조그만 배들이 많이 있어요. 거기다 기름 퍼 주고, 다 퍼주면 우리는 다시 안으로 들어가서 30만 톤짜리 유조선 다시 채워 오고 이런 식이었지요. 이란·이라크 전쟁 때도 미사일 날라 다니고, 어떤 배들은 (미사일을) 맞고 그랬 어요. 그래도 대부분 상황을 알고 원유를 많이 실은 배들은 잘 안 때립니다.

거기가 위험한 만큼 월급이 곱하기 2입니다. 예를 들어 월급이 1650불 같으면 3300불이 나오다 보니까 그때는 큰 돈이었죠. 위험하고 힘들어도 월급만큼 수당이 나오니까, 그 때 워크맨도 사고, 카메라도 사고, 독일제 선글라스 사도 돈 이 남았어요.

집을 잃다

배 안 타고 한국 들어와 있을 때는 아버지 집에서 큰형 내외랑 함께 지냈는데, 내가 큰형 내외랑 사이가 그리 좋지 않습니다. 배에서 내려서 집에 있으면 내보고 빨리 좀 나갔으면 하고 눈치를 주고 그랬어요. 그게 왜냐면 … 저그들도 내가 바다에 나가야 자기들 마음대로 돈도 빼쓰고 할 텐데, 내가 집에 있으니 눈치만 보이는 거지. 그래도 아무 소리 안 하고 배 타러 나가고 했어요.

배를 한 14년 타니까 배는 보기도 싫고 진절머리가 나더라고. 그다음에는 양산 쌍용 정비사업소 도색부에서 주임으로 있었어요. 그때 아버지가 돌아가셨어요. 그렇게 한순간에 돌아가실 분이 아닌데…. 형제들이 이제까지 아버지 모시고 살았던 큰형한테 집을 주자 해서 집은 큰형 명의로 해뒀어요. 근데 명의 바꾼 지 3개월도 안 돼 양산서 일하다가 집에 내려가니까 어떤 모르는 여자가 나오더라고요. "이거 이제 우리 집이지, 당신 집 아니다" 하는 기라. 집 팔아먹고 내 옷이란 옷은 다 마당에다 팽개쳐 두고, 연락도 안 하고 내 없을 때 저그들끼리 경기도 안양으로 싹 올라가 버렸어요. 나는 내 몸뚱어리 하나뿐인데. 벌어 놓은 통장에 돈도, 내가 배타고 있을 때 아버지가 빚이 생겼는지 내 돈으로 막았나, 아님 큰형이 지 주머니에 넣었나, 다 빠졌더라고.

하던 일도 손에 안 잡혀가 쌍용을 그만뒀는데, 좀 있으니까 IMF가 딱 터지더라고. IMF가 그때 일어나는 걸 감지 못했지. 모르고 그만뒀는데 가진 것도 없고, 갈 데도 없고. 내 마음에 비수를 차고 올라가서 '저거 큰놈 잡아야지, 잡아서 결판을 내야지' 하며 서울로 올라왔지. IMF 터지고 12월에 몇 만 원 들고 서울역에 딱 올라오니 형도 꼴 보기 싫고 부산으로 내려가기도 싫더라고.

그래 서울역에 앉아 가지고 사흘 동안 잠을 안 잤어요. 담배만 피우고 멍하니 앉아 있으니 사람들이 "아이고 아저씨, 여기 있지 말고 내려가라"하며 2만 원도 쥐어 주고 3만 원도 쥐어 주고 이래가 돈이 많이 생기더라고. 거기서 덩치 큰 형을 하나 만나서 같이 팩소주 하나에 군만두로 간단하게 한 잔 하기도 하고. 서울역 중앙 통로 지하도에서 신문지 한 장 깔고 자기도 했는데, 나 참 신문지 한 장이 그렇게 뜨거울 줄 몰랐어요. 그렇게 사람들을 만나서 7명 정도 같이 용산 가서 밥 먹고, 서울역 와서 밥 먹고, 참 바빴어요. 저녁에 돈 생기면 소주도 한 잔 하고. 그렇게 서울역에서 지내게 됐죠.

누울 자리를 찾아

1998년 5월쯤인가 … 이제 돈을 주는 사람이 없어요. 그래가 내가 이래서는 안 되겠다 싶었어. 그때 무슨 사회복지관에서 나온 여자 분이 나한테 "○○센터 3층에 내 찾으러 온나"이거라. 봉사나 하러 가볼까 싶어 가지고 그분을 찾아 갔지. / 일이 아니라 봉사를요? / 배 타고 나서는 더는 돈 벌기가 싫대요. 그러니까 뭐 형제들한테 "저 미친놈이다" 소리 들었죠.

며칠 기다리니까 연락이 왔는데 내보고 고양시로 오라, 이거라. 부산 놈이 고양시가 어딘가 압니까. 버스 몇 번 몇 번 타가지고 그리로 가서 어디서 내리라 하더라고. 가보니까 이기 무슨 이런 데가 있노. 비닐하우스에다가 컨테이너 엮고 차광막 쳐가지고 팻말은 장애인 시설이라고 해놨더라고요. 몇 달 있으니까 "어디 갔다 온나, 어디 갔다 온나" 심부름 시키면 갔다 오고. 쉽게 말해서 먹고 자고 하는 상주 봉사자가 된 거지. 일단은 누울 자리가 있어야 되니까 있은 기라. 근데 내가 돈 없이 그러고 있으니까 거기 오는 봉사자들한테 "저 어디서 온 걸뱅이고" 이래 들었어요. 그래 데미지가 엄청나게 많아, 내 마음속에.

그래도 우리 원장이 참 좋은 일 하는가 보다 했는데, 알고 보니 그게 아니더만. 도둑놈 중에 쌍도둑놈이라요. 장애인이 53명 있었는데, 1인당 수급비가 40만 원씩 한 달에 2000만 원이 들어오는 기라요. 원장이 통장 다 가지고 있으면서 싸그리 다 빼묵는 기라.⁺ 나도 원장이 장애인 수급비 손대는 줄은 몰랐습니다. 그리고 "생활비가 많이 들어간다, 돈 없다"해서 같이 재활용도 줍고 그랬어요. 쓰레기 내놓은

데 가서 프라이팬 줍고, 신문 줍고, 쪽팔리니까 모자 덮어쓰고 그렇게 서너 시간 하니까 10만 원이 생기더라고. 또 노래방에 맥주캔 쓰레기가 많이 나오잖아요. 그러니께 노래방 사장들한테도 (장애인 시설을 도와달라는) 팸플릿 주고 "좀 도와주세요, 맥주캔 좀 모아 주세요" 하니까 모아 주겠다 이거예요. 벌이가 괜찮았어요.

내가 또 푸드뱅크 라이센스를 보건복지부에서 얻어서 그 차를 몰았어요. 트럭에 냉동이 될 수 있는 거, 마이너스 25도까지 내려가는 차가 푸드뱅크 차입니다. 얼마나 일을 많이 했으면 목이 안 돌아갈 정도로 했어요. 내가 푸드뱅크 차를 몰고 댕기믄 구청에서 한 달에 150만 원 지원이 나오드만요. 그것도 내 앞으로 올려놓고 돈은 지가 다 가져갔어. 푸드뱅크를 하믄 구청에서 월급하고 기름값을 얼마 정도 책정해 가지고 돈을 주기로 돼 있어요. 물론 그 돈은 내한테 안

+ 국가인권위원회는 2007년, (김강태가 머물렀던) 고양시 A 장애인 복지시설의 전직 시설장과 현 시설장을 상대로 진정한 사건에 대해 시설장을 검찰에 고발하고, 보건복지부장관과 경기 지사에 행정 조치 권고를 내린 바 있다. 해당 시설에서는 생활인의 개별 통장으로 입금되는 기초생계비(약 34만 원), 장애 수당(약 17만 원), 경로 연금(4~5만 원), 교통비(분기당 약 3만 원) 등을 매월 일괄적으로 인출(월 1275만 원 정도)해 사용했는데, 시설 통장에 전액 입금해서 사용하는 것이 아니라 현금으로 보관하거나 출금액 일부만을 입금했다. 그러나 사용 내역에 대한 증빙 자료는 없었고, 자금의 일부가 피진정인의 자녀에게 지급되는 등의 사실이 드러났다. 이외에도 전 시설장의 상습적인 폭행과 성폭행, 기초생활수급자 등록을 위한, 정신 장애인의 허위 혼인신고, 생활인들의 명의 도용 등이 고발되었다(국가인권위원회 보도 자료. 2007년 10월 24일).

김강태~박소영·이채윤

돌아왔지요. 그 인간이 가져갔죠. 푸드뱅크는 면허만 있어도 기부금이 엄청나게 들어옵니다. 기탁금 영수증 끊어 주면 그 사람은 그걸 가지고 100퍼센트 세금 감면을 받잖아요. 그래 가 장난질 많이 했어요.

그때부터 이불 빨래 같은 것도 (시설에서 직접) 안 하고 세탁소에 맡겼어요. 장애인들 일 쌔빠지게 하고, 수급비는 수급비대로 다 튀끼고, 우리는 월급도 안 받았죠. 그래도 장애인 먹여 살린다니까 그러려니 일했는데, 알고 보니 도둑놈이었던 거지. 그래서 그냥 소주고 막걸리고 진탕 먹고 보따리 싸서 서울역으로 나온 기라.

거리의 "좋은 법"

여름에 거리에 있으면 덥잖아요. 서울역 앞에 연세빌딩 쪽에 있으면 은행나무들이 많아 항상 그늘이 져있어요. 그리고 빌딩 앞에 돌로 된 큰 판 같은 게 있어 다 같이 앉아 있기도 좋고, 누워 있기도 좋아요. 그런데 건물 경비가 9시부터 5시까지는 눕지 말래요. "앉아는 있어도, 눕지는 말아라" 이거라. 회사 직원들 왔다 갔다 하는데 누워 있는 거 보기 싫다 해가지고.

그래도 그때는 재밌었어요. 연세빌딩에 어림잡아 열 명

정도 있었는데 한 여섯 명은 일 나가고 네 명은 놀았어요. 일 나가는 사람만 일 나가는 게 아니라 로테이션으로.

나는 노숙하다가 양계장에도 갔다가 돼지 농장도 가고 그랬죠. 양계장은 상당히 힘든 일이지. 한 10만 마리 닭장에 알 줍는 아지매가 두 사람 있고, 남자 세 사람이 사료 손질하고 뛰어다니면서 사료 주고 그래요. 닭들이 사료 기계로 뿌려 주면 먹지를 않아요. 사료를 손으로 딱 골라 주면 그제야 뭐 새로 온 줄 알고 쪼아 먹어. 아침저녁으로 사료 두 번 주니까 힘들지. 일주일에 4일을 5톤 트럭이 서울로 올라가야 하는데, 그걸(계란을) 4명이서 나르거든, 트럭 꼭대기까지 올리려면 힘들지요. 4300판 싣는데, 한 번 딱 잡으면 열 판이니까, 430번을 옮겨 가지고 차에 올려야 된다는 소리입니다.

하다가 양계장은 힘들어서 다시 서울역에 왔는데, 서울역에서 만난 형님이 사람 필요하다고, 오라고 전화가 왔어. 그래서 구미 돼지 농장 가서 한 1년 있었어요. 거기서는 돼지 방 치우는 거는 기본이고요, 제가 용접·절단을 좀 할 줄 알았는데 ― 구미 거기는 완전 재래식입니다 ― 문이나 이런 게 고칠 게 많아서 자꾸 일머리가 구상이 나는 기라요. 그런 걸 찾아서 하니 사장도 좋아라 하고, 농장장이나 사장도 일한 만큼 또 돈을 주네? 첫 달에는 자기네들이 정한 월급을 주드만, 그다음부터는 뭐, 돈을 시도 때도 없이 주머니에 자꾸 넣어 주대요. "차에 보면 담배 있으니까 가져가요" 하면서 담배도 사주지, "날 뜨거우니 막걸리라도 좀 마셔요" 하면서 짝으로다가 사서 주지. 그때 한 달에 한 360~380만 원 받았어요.

구미에 있던 생각이 최고로 많이 남아요. 마음도 편하고. 잘 자리가 있다는 게 마음이 편하잖아요. 먹여 주고, 재워 주고. 돼지고기 먹으라고 냉장고에 넣어 주고, 회 먹고 싶다 하면 회도 사다 주고. 다른 곳은 먹을 것도 별로 신경 안 쓰고 컵라면 몇 개 넣어 주고 그랬는데, 구미는 임금도 확실하게 잘 줬지. 거기 있으면서 내만큼 돈 많이 번 사람도 없어요. 그래도 1년 있으면서 고생 너무 많이 했지요. 그 집 사정에 따라서 일을 해줬으니, 몸무게가 75킬로그램 나가던 게 올라올 때는 52킬로그램 됐으니. 더 이상 일할 수 없으니까 올라왔어요.

올라와서는 다시 서울역, 연세빌딩으로 왔지요. 일하면서 돈 좀 모은 거 식당에도 맡겨 놨다가 식당 와서 밥 묵고, 친구들도 사주고, 동생들도 사주고, 농장 댕기던 사람도 같이 술 한 잔 먹고 … 원래 그라던 데입니다. 내가 (일을) 갔다 오고 나면 내가 돈 주고, 그 사람이 갔다 오면 내한테 돈도 주고 먹을 것도 사주고, 그래가 다 씁니다. 옛날부터 내려오는 법입니다. 대한민국에 그런 법은 없지만, 그 안에서 자체에서 그 좋은 법을 만들어 놨어요. 그래서 거기 있다 보면 돈은 안 떨어져요. 막걸리 값 안 떨어지고, 담뱃값 안 떨어지고요. 농촌 품앗이처럼 생각하면 맞죠. 내가 놀게 되면 다른 친구가 내한테 돈도 주고, 맛있는 것도 사주니까요. 그때는 노가다판에 일이 많았어요. 일 나가면 6만 원 정도는 벌었거든요. 그래가 일하고 싶으면 일하고, 놀고 싶으면 놀고, 벌어 오면 다른 사람들이랑 같이 쓰고.

병원 생활

돼지 농장에서 올라온 게 2013년쯤이었는데, 그때 또 사람들 정신병원 데려가는 게 유행했어요. 서울역에 있을 때 술이 떨어지면 누가 와서 술을 사줘요. "병원에 들어가면 일주일에 담배 다섯 갑 주겠다, 한 달이 지나면 여섯 갑 주겠다. 밥도 나오니까 여 추운 데 있지 말고 내려가자." 거짓말 해가면서 이래 조건을 거는 기라. 돈 없고 뭐 이러다 보니까 꾀여 넘어간 거지. 따라가니 병원 직원이 카니발 승용차를 대기시켜 놓고 있더라고. 그 차에 타고 내려가는 사람이 나 말고 일곱 명이나 더 있었어요.

안동하고 사천 두 군데를 다녔는데, 병원 도착해서 간단한 검사를 하는데 한 곳은 엑스레이 기계가 고장 났다며 찍지도 못하고 입원했어요. 두 병원 모두 병명이나 약 이름, 효능, 부작용에 대해서는 전혀 설명이 없었어요. 야간 당직 의사도 없었고요.

안동에서는 별로 문제가 없었는데 사천에서는 나도 한 20일 감금당했어요. 안동에서는 의사 회진하고 "나 좀 나갔다 올래요" 하면서 나갔다 오고 그랬어요. 병원 위에까지 가서 사과밭 사과도 몰래 하나 따먹고. 근데 사천에서는 술 한잔 먹고 내가 정신을 잃었나, 저혈당이 왔나 봐요. 그래서 이 새끼들이 나를 폐쇄 병동에 가둬 놨지. "나 여기 있기 싫다. 내보내 줘라. 나 저 가고 싶다" 해도 20일을 그렇게 애를 처먹이더라니까요.

거기서는 약을 안 먹어도 되는데도 억지로 먹였어요. 그래야지 돈을 뜯어낸다 이거라요. 약을 안 먹으면 자기네들이 돈을 못 받으니까. 그게 신경안정제인데, 쉽게 말해서 머리 눕히는 약입니다. 잠을 재우는 약. 그래가 올라오면 그 약 때문에 한 보름 정도는 후유증이 좀 있었어요. 먹을 때는 부작용을 몰라요. 한 3개월 있다가 서울 올라와서 술 한 잔 먹으면, 몇 잔 안 먹었는데도 훅 가요. 몸이 확 달라진 게 느껴지는 거죠.

안동은 3개월, 사천에서는 한 달 만에 올라왔어요. 겨울에 추우면 갔다가 오고. 3년 걸쳐서 한 세 번, 네 번 갔다 왔지. 그 새끼들은 나 붙잡고 있을라 하지. 우리가 내려가면 거기서 한 100만 원, 80만 원씩 받고 수급자들은 150만 원씩 받고 그런대요. 나는 "올라가겠다. 차비 안 줘도 된다" 해서 내 차비 내가 내고 올라왔어요. 거기는 도둑놈들입니다. 정신 병원이라는 게 전부 다 그래요.

병원과 거리를 오가며

정신병원에서 나와 올라와서는 춥지 않을 때는 서울역 연세빌딩에서 지내다가 무료 급식소도 왔다 갔다 하고, 농장 좀 댕기다 말다 그랬어요. 언제는 인력 사무소에서 이천에 가보라 해서 갔는데, 컵라면 몇 개 갖다 놓고 그거 먹고 일하라니, 무슨 말이나 됩니까. 다른 데 가면 보편적으로 쌀하고 김치하고 고기 이런 기본적인 거는 다 갖춰 놔요. 그리고 저녁에는 일이 피곤하니까 소주 먹고 싶은 대로 먹으라고 짝으로 갖다 놔요. 근데 여기는 그런 것도 없고, 한 달에 120만 원 준다 하길래 "에이 새끼야, 니 혼자 다 해먹어라" 하고 나왔죠. 일은 너무 고단한데 내 몸 혹사해가 일해가 뭐하겠어요. 이천에서 한 23일 했나…. 그러고 또 아는 형이 "야, 광천에 내려온나" 그래. 또 가보니까 거기도 뭐 사장놈이 영 형편없어. 그래서 일하고 싶은 마음이 안 나대요. 연세빌딩에서 여름에는 구정물(막걸리)이나 갖다 놓고 먹고 놀다가 굶고 자고 그랬죠. 밥도 잘 안 먹으러 갔어요.

/ 건강이 많이 안 좋아지셨을 것 같아요. / 2014년 10월 말경에, 결핵 검진을 해보니까 결핵균이 좀 비친다 이거예요. 그래 가지고 서북병원으로 갔어요. 내 병도 낫고, 내가 나아야 남한테 안 옮긴다 해가지고. 근데 그 생활이 참 무기력한 생활입니다. 밥만 먹고 약만 먹고, 담배 피우는 데 가가지고 콩이야 팥이야 떠들고 놀다가…. 다른 사람들은 한 4개월 되

니까 퇴원하고 이랬는데 저는 당뇨가 살짝 있어서 8개월 정도 걸렸어요.

거기서 나와 가지고 농장에 얄궂은 데 잠깐 왔다 갔다 하다가 연세빌딩에 있으면서 같이 지내고 했지. 농장일 하러 예산도 갔다가 강천도 갔는데 몸도 안 따르고 해서 그만두고 올라와서는, 먹는 거는 무료 급식소를 주로 많이 이용했고요. 서부역 뒤에 '참좋은친구들'+이라는 데가 있었어요. 그 이사장이 "야, 우리 급식소 와가지고 일 좀 도와줘" 그래. 도와주니까 담뱃값 걱정은 없어. 자는 거는 밖에 나와 잤는데, 문 번호도 알고 하니까 새벽 4시에 문 열어 놓고 샤워장 가서 일등으로 씻고 그랬죠. 거기 뜨신 물 항상 있으니까. 아침에 밥그릇 닦고, 저녁에 오후 한 4~5시나 되어서 솥이나 한두서너 개 닦고, 식사 준비만 해놔주면 끝이고. 봉사자들 없을 때는 그 동생하고 내하고 실장하고 다 붙어서 밥 퍼야 되는 거고. 그러다 보면 나중에 밥그릇 닦는 건 우리 둘이서 한 380개 닦나? 그러면 5만 원을 줘요.

+ 무료 급식소. 노숙인을 위한 샤워 부스와 빨래 시설 등도 마련돼 있다. 1988년, 서울역 광장에서 시작됐으며, 2021년 현재 서울역 서부 교차로 쪽에 위치한다.

거리에서 우리끼리…

양동에 오기까지

2017년 3월인가 됐을 겁니다. (다시서기의) 이○○ 팀장이 "형님, 커피 한 잔 하자"이래요. 그러고는 내보고 농장일 계속 하지 왜 돌아왔냐고 하대. "야 이 사람아, 일거리 없다. 그리고 내 당뇨 때문에 몸이 안 좋다"그랬어요. 그 사람이 다시서기 센터에 내 이야기를 했는가 봐요. "저 형 보니까 다리도 좀 절고, 몸도 안 좋은데. 어떻게 (수급) 안 되겠나?"내가 2015년에도 수급 신청을 했었는데 부산에 할아버지가 샀던 야산이 있다고 해서 수급이 안 됐습니다. 근데 2017년에는 법이 바뀌어서 가능할 거라 하대요.+ 그래가 "아이고 김선생님, 방 얻어 줄게요. 이제 방 생활도 조금 해보지요"해서 6월 27날인가 수급 신청을 했어요. 근데 7, 8월이 돼도 소식도 없고, 돈 없다 보니까 기가 푹 죽었어요. 8월 21일에 밖에서 놀다가 소주 한 잔 묵고 일찍 들어왔는데, 동사무소에서 수급 됐다고 전화가 왔어요.

고시원보다는 쪽방이 낫죠. 대부분 고시원에는 안 들어갈라 합니다. 노숙하는 사람들이 10명 중 8명은 담배를 피워

+ 2017년, 기초생활보장법 수급자 선정 기준의 변화로 소득 및 재산 평가 시 조사 대상에는 포함되지만 수급 가구에는 포함되지 않는 사람 명의의 재산을 수급 보장 가구원이 사용하거나 갖지 않는다면 소득 및 재산으로 반영하지 않게 되었다. 김강태의 경우, 조사 대상에 포함되었던 가족 소유의 임야에서 수익을 얻고 있지 않았기 때문에 수급 대상으로 선정될 수 있었다.

김강태~박소영·이채윤

요. 고시원에서는 담배를 피울라믄 지정된 장소에서 피워야 하는데 여 쪽방에서는 재떨이에다 담뱃재만 제대로 놓으면 되니까요. 담배 연기가 뽀얗니 어쩌니 누가 그런 소리 할 놈도 없고예. 내가 담배를 워낙 좋아하기 때문에 쪽방에서 자는 게 편해요.

"안에서 밥 해묵고 편하게 산다"

밥은 내 방에서 해묵지. 밥통 하나 쓰는 거는 방세에 포함돼 있어요. 밥통을 하나 더 쓴다 그라믄 (집주인에게) 돈(전기세)을 더 내야 하는 기라. 그래서 전기밥통 하나에 라면을 끓여 먹는다든가, 국수를 삶아 먹는다든가 하지요. 음식을 해먹으면 돈이 작게 들어가. 쌀값은 그거 얼마 안 들어가는데, 왜냐? 우리가 7킬로그램짜리 쌀을 받아서 1400원만 주면 돼.⁺ 그래서 그 좁은 방에서 억지로 요리를 해먹고 그라지. 두부 한 모를 구워도 양념을 딱 무쳐가, 양파를 딱 까가 얇게 썰고 조그만 냄비에다가 물 조금 붓고 두부 위에 양파 얹어

+ 농림축산식품부에서 기초생활수급자나 국공립 시설 등에 제공하는 정부미를 말한다. 가격은 매년 변동되는데, 2020년 기준 10킬로그램당 생계 급여·의료 급여 수급자는 2000원, 주거 급여·교육 급여 수급자는 1만100원에 구매할 수 있다.

가지고 그래 놓으면 먹기가 좋다고. 일반 가정집 같으면 아무리 맛있는 반찬 같아도 세 번 나오면 질리잖아요. 그런데 우리는 어쩔 수 없이 하나 해놓으면 그거 하나 가지고 떨어질 때까지 먹어야 되지.

근데 요새는 내가 다리가 안 좋아서 시장을 못 보다 보니까 잘 안 해먹어요. 그래서 고모한테 전화 걸어 가지고 "정부미 받은 거 있는데 갖다 줄까?" 이랬는데, 고모가 "니 안 먹으면 갖다주라" 이거라. 쌀 갖다주면서 고모하고 내하고 사이가 참 좋아졌습니다. 그전에는 내가 가지도 않았어요. "비록 쪼깨만 한 쪽방이지만 그 안에서 밥 해묵고 편하게 산다. 병원에 가도 병원비 안 들어가 괜찮다" 이래 이야기하다 보니까 사이가 좋아졌어요.

그리고 길벗(길벗사랑공동체)에서 도시락 두 개 갖다주는 것이 엄청나게 도움이 됩니다. 한 끼라도 그거 무시 못 하는 돈입니다. 반찬 아껴 먹으면 (도시락 한 개로) 두 끼를 먹어요. 도움이 많이 되지. 겨울에 김치도 줘요. 길벗에서 안 쓰는 플래카드로 보온 가방을 만들었어요. 그 가방에 가져오면 밥이 뜨끈뜨끈 하니까 길벗 도시락은 욕하는 사람이 없어요. 근데 구청 같은 데서 갖다주면 주고도 욕 들어 먹어요. 다 식어서 오고 그러니까. 한 번은 생선을 갖다 줬는데 비린내 나는 거 뚜껑 여니까 다른 반찬에서도 비린내 나더라니까요? (길벗에서) 도시락이 두 개씩 나오제, 저 위에 천주교 사랑의집(가톨릭사랑평화의집)에서도 내한테 도시락 하나 갖다 줘요. 요새 코

김강태~박소영·이채윤

로나라고 길벗에서 원래 도시락 두 번 주던 거를 한 번은 도시락을 주고, 나머지는 대체 식품을 줘요. 카레하고 햇반하고 라면, 김, 두유 이런 거.

이번(2020년) 추석 때는 추석 다음날에 여기 해피인에서 목살 파티를 했지. 초복날에도 수녀님이 닭을 50마리 주는 바람에 삼계탕도 같이 먹었어요. 바다도 한 번 같이 갔고, 며칠 전에는 궁평항으로 단풍 보러 갔다 왔고.

"우리 병원에 올 생각 말고
가까운 데 가라고 하대"

다리가 당뇨 합병증 때문에 불편해요. 근데 다리 아픈 거 그짓말이라고 수급 자른다 그러더라고. 며칠 전에도 심사하러 왔다 이거라.[+] 내 짝대기 짚고 나가서 "야 참 해도 해도 너무 하신다. 나 100미터 가면 주저앉아요. 무슨 근로 능력이 있겠능교" 그랬지.

전번(2020년) 5월에는 다리에 괴사가 났어. 성경 한 권을

[+] 수급 대상자의 근로 능력 평가는 병원 진단서, 진료 기록지 등을 기초로 심사하는 의학적 평가와 대상자를 방문해 대면 심사하는 활동 능력 평가 등 2단계로 진행된다.

쪼그려 앉아 가지고 10개월 만에 다 썼는데 너무 욕심을 내서 하다 보니까 복숭뼈 있는 데 괴사가 났어. 다리가 썩어 들어가는데 이틀 만에 팅팅 붓더라고. 국립(중앙)의료원 정형외과에 아침 11시에 갔는데 발에 깁스만 해놓고 4시까지 잡아 놓고 있더라니까. 그래서 내가 정형외과 과장 보고 "선생님. 적십자(병원) 한 번 알아보고 그리로라도 보내 주세요. 의뢰서 좀 해주세요" 그래서 적십자 병원에 들어갔어.+ 병원비가 564만 원 나왔는데 내가 9490원 췄어요. 그러니 그거 이상 좋은 게 어디 있어요. 국립의료원에서 의뢰서를 끊어서 적십자에 갔으니까 국립의료원하고 똑같은 혜택을 받는 거지.

근데 12월에 다시 재발해서 갔더니 그때도 입원 안 된다고 하드만.++ 의사가 우리 병원에 올 생각 말고 동네 가까운 데 가라고 하대. 일주일에 두 번 왔다 갔다 치료받다가 대충 낫는 거 보고 더는 안 갔어요.

+ 의료 급여 수급자의 경우 (건강보험 환자와 달리) 전원을 원하는 경우에도 의뢰서가 필요하다. 2021년 현재 의료 급여 제도에 따르면, 의뢰 절차를 밟지 않고 임의로 원하는 병원으로 전원할 경우 입원비 20퍼센트, 약값과 외래 진료비 30퍼센트를 본인이 부담하도록 하고 있다.

++ 국립중앙의료원은 2020년 1월부터 코로나19 대응 중앙감염병병원의 역할을 하기 시작했다.

쪽방살이의 불편

불편한 점은 이루 말로 할 수가 없어. 난방은 그냥 전기 장판으로 하지. 내 방에 창문이 요만 한 게 있는데 나는 활짝 열어 놔. 햇빛도 안 들어오는데, 담배 냄새나 빠지라고. 여름에는 죽지 못해서 사는 기지. 사람들 문 여는 것부터 꼬투리 잡으려면 다 잡아야 해. 방문 여는 것도 한 번만 열어 놓고 왔다 갔다 해야 하는데, 닫았다 열었다 닫았다 열었다 꽝꽝대니까 짜증 나지. 밤에 잘 때도 옆에 있는 사람 때문에 열두 시 되면 깨. 한 번 와봤는가 몰라도 옆방이랑 가운데 합판 하나뿐이야. 말하면 입 아프고 그러려니 하고 사는 거지.

또 집주인이 내한테 갑질을 많이 했어. 시끄러운 사람들한테 지가 (조용히 해달라고) 얘기를 해야 되는데 자기는 가만히 돈만 받아 챙기고 그런 이야기는 내가 하도록 만드는 기라. 그럼 내만 나쁜 놈 되는 기라. 예를 들어가 여기 쪽방에서 집주인이랑 2층 사람 한 명이 고양이를 키웁니다. 고양이가 두 마리 있으면 새벽이고 밤이고 푸닥거리고 싸움하잖아요. 그럼 자던 사람 짜증 나지. 근데 주인은 그냥 가만히 있어요.

그리고 뜨신 물이 2층에만 안 나오거든. 2층에 암 걸린 사람이 있는데 1층에 내려와서 씻는 기라. "임마, 뜨신 물 안 나온다고 내려와서 씻는데 양치질까지 하면서 깩깩 거리면 듣기 좋을 놈이 누가 있노. 양치질은 2층에서 하고 내려와"

그랬어. 2층 사람들이 밤에 9시고 10시고 아무 때나 내려왔다 가는 기라. 근데 집주인은 뜨신 물이 안 나오면 뜨신 물을 달아 주면 되지 안 달아 줄 게 뭐 있어.

쪽방 주인들이 죽은 사람 지갑 빼서 돈만 챙기는 인간들이야. (세입자가) 오줌 누러 가는 것도 안 보이고 그러면, 쪽방 주인이 "어이 누구야 누구야" 깨워 보면 가만있어요. 죽으면 112고 119고 신고를 해야 되는데 주인들은 지갑에서 돈 빼기 바빠요. 주인이 그런 짓거리를 얼마나 오래 했는지 시체 알기를 우습게 압니다. 나도 지금 택시 타고 오든가 이래서 동전 생기믄 꼬박꼬박 약 봉달이에 모아 놓고 있는데, 만약에 내가 죽게 되면 나도 지갑도 없어지고 그 돈도 없어지는 기라. 그런데도 왜 내가 이사를 안 가는가? 이사는 가고 싶은데 이주비 받고 나가려고 기다리는 거지. 그래서 내가 악으로 버텨서 늦게 나가 가지고 돈 다 받고 나갈 기라.

양동을 떠난다면

이번에 재개발 말 나온 이후에 보니까 (사람들) 말과 행동이 다 달라요. 돈 주니까 그거에 혹해 가지고 나가 버리고, 시끄럽다고 나가 버리고. 뭐 이러다 보니까 다 나가 버리던데 뭐. 이주비고 뭐고 다 개인플레이입니다. 단합된 모습은

김강태~박소영·이채윤

하나도 안 보이던데요.

나는 전세방 얻어 갈까 아니면 임대주택 갈까 여러 가지 생각 중입니다. 전번에 LH에서 문자가 왔더라고요. 도봉구에 방 비어 있으니까 그리로 이사 가라고. 거기는 안 갔어요. 며칠 전에도 신청하라고 주민센터에서 연락이 들어왔어요. 근데 접수는 안 했어. 너무 멀잖아요. 병원 왔다 갔다 하는데 택시비도 생각해야지. 지금 여기서는 택시로 왕복에 1만5000원이면 갔다 오는데.

그래서 일단은 서부역, 중림동 쪽으로 갈라고. 중림동에 가놓으면 첫째 병원 가는 게 수월하잖아요. 국립의료원이 가깝잖아요. 또 중림동에도 약현성당에서 운영하는 무슨 공동체인가가 있어. 그리고 바로 옆에 시장이 있어요. 새벽 한 4시쯤 나가면 살 만한 거 간단하게 사먹을 수 있고, 마늘장아찌 같은 거는 거기서 다 만들어 팔아요. 내가 이쪽에서 시장까지 왔다 갔다 하면 다리가 굳어져서 너무 힘들어요.

/ 영등포에도 쪽방촌 있잖아요. 거기는 재개발하면서 쪽방촌 사시는 분들이 잠시 살 수 있게 임시 거주지도 마련해 주고, 다시 돌아와서도 임대주택에 살 수 있게 해준대요. 이런 건 어떻게 생각하세요? / 참 좋은 생각인데, 그게 말대로, 뜻대로 될는지 내가 모르겠네요. 말 같이 그대로 되면 그거 이상 좋은 게 어디 있어요. 떠돌라 하면 옆으로 가서 좀 살다가, 다 짓고 나면 들어오라는데 그거 이상 좋은 게 어디 있어요.

포근해진 어느 봄날, 5개월 만에 다시 그를 만났다. 그간 그에게 일어난 여러 변화가 궁금했기 때문이다. 그는 양동의 재개발과 관련해 더 목소리를 높였고, 양동 주민들의 공영 장례에 참여했으며, 해피인의 공식적 문지기가 되었다. 또 정부미를 나누며 가까워진 고모의 부고 소식도 들었다고 했다. 걱정스러운 마음으로 찾아간 그의 얼굴엔 오히려 옅은 평안함이 깃들어 보였다. 그는 이렇게 말했다.

"고모 장례식에서 25년 만에 형제들을 만나서 오해를 풀었어요. 이제 편안하게 잘 먹고, 잘 산다고 맨 마지막에 적어 줘요."

필사를 하거나 요리를 하며 작은 쪽방에서 부단히 하루를 채워 가던 그는 이제 해피인을 관리하고, 양동 사람들을 만나며 일상의 반경을 넓히고 있었다.

해피인 문지기가 되다

/ 해피인 일은 언제부터 하셨어요? / 올해(2021년) 들어서 했는데, 100일은 넘었어요. (길벗에서 배달해 주는) 도시락 그냥 받아먹기가 미안해 가지고 그 시간에 내가 (해피인) 앞에 (먼저 가서) 기다리다 보니까, 방지거+ (신종호) 위원장이 신부님한테

+ 방지거는 '프란치스코'라는 세례명을 한자식으로 발음한 것이다.

이야기한 것 같아. 해피인에 있으면서 방 좀 지키라고. 그래 가지고 일은 많이 해놨지. 저기 벽에 페인트칠 한다고 2주 동안 고생했고요. 앞에 지금 깨끗하게 해놨잖아요. 사람이 지나가다 보면 페인트가 떨어지고 옷에 묻고 하다 보니까, 그라인더랑 칼날 내 돈 주고 다 사가지고 페인트칠을 다시 했지. 오늘은 6시 20분에 와서 락스로 청소 대충 해놓고. 움직여야지 시간이 잘 가요. 이거라도 해야지만 시간이 가고.

퇴근하고 안 하고는 내 마음이고. 아침부터 한 3시까지는 사람들 이야기하는 데 안 그르칠 정도로만 찬송가를 조용히 틀어 놓고. 여 출입부 명부 보면 알겠지만, 사실 여기 거의 혼자 있어요. 그래서 "혼자서 못 살겠다, 고독사 하겠다, 테레비 놔달라" 했더니 신부님이 길벗에 얘기해서 테레비 놔주라 한댔어요. 사람 얼굴 그림자로라도 한번 보든가 해야지.

이번 달에 해피인에 돈을 한 18만 원 썼나 그래. 저 운동기구(로잉머신) 12만8000원 하지, 회무침 해가지고 회국수 만들어서 같이 먹다 보니까. 라면이고 뭐고 또 사다 놨고. 돈은 한 30만 원 받았어요. 여기 있다 보면 더 살 게 있을 거고. 그거 쓰라고 돈 주는 거지 뭐. 여기서 나도 운동하고, 또 사람들도 운동하러 한 번씩 왔다가 커피 한 잔 먹고 갈 수 있는 거고. 아무리 코로나지만 사람들이 왔다 갔다 하면 좋죠. 여기서 모임 한다는데 얼마나 좋아요.

양동 주민 김강태

/ 요즘 양동은 어때요? 이사 가시는 분도 많고, 주민분들 부고 소식도 계속 들리더라고요. / 지금도 부고 하나 더 붙여야 돼. 3월 5일날 죽은 사람이 있어. 저 요양병원에 있다가 온 사람들은 우리도 모릅니다. 그 사람에 대해서 아는 사람이 없어요. 서울시 공영 장례 나눔과나눔에서 연락이 와서 공영 장례 가는 거지. 근데 나는 (평일에 해피인에서 일을 하니까) 월요일부터 금요일까지는 참석을 못 하고 토요일, 일요일은 내가 필히 참석하겠다고 이동현 활동가한테도 이야기를 했어요. 그래서 월요일부터 금요일까지 아침에 (승화원으로) 갈 때는 내가 배웅만 하고 일로(해피인으로) 넘어옵니다. 미안해, 내가 미안하지 뭐.

/ 양동 주민분들이 많이 이사 가셨다고 들었는데, 선생님한테도 집주인이나 관리인이 퇴거하라고 안 하든가요? / (우리 골목에서) 안에 하고 밖에 하고 다 나갔고, 우리 집만 남아 있어요. 관리인이 한 120만 원 주면 얼른 나오겠구만 나가라 소리를 안하네. 돈 없다고 방세 먼저 달라 소리만 하네. 이사야 뭐 박스 한 두서너 개 있는데, 그거 들고 오면 되지. (현재 양동 상황 보니) 뭐 지금 사는 데서 7월에 나가야 될 것 같아요. 병원 때문에 중림동으로 갈라 했는데, 해피인 오고 하려면 양동이나 동자동 요 부근으로 와야지 뭐. 그러면 또 한 2~3년 개긴다 안 해요? 2023년에 개발한다 하는데 뭐, 지켜봐야지.

듣고 적으며

/ 박소영·이채윤 /

그의 삶은 참으로 촘촘했다. 김강태와 인터뷰를 마치고 해피인을 나서는 길이면 우리는 그의 부지런함을 곱씹으며 감탄을 금치 못했다. 그는 꼭 임금노동이 아니더라도 이곳저곳에 자리를 만들어 가며 꾸준히 일해 왔다. 일평생 열심이었고, 오래도록 가난했던 삶. 우리는 그의 부지런함과 가난을 어떤 접속어로 이어야 할지 고민스러웠다. 부지런함을 강조하는 것이 혹여 가난하지만 착한 빈민을 강조하거나, 가난을 도덕화하는 말로 들릴까 걱정스러웠다. 그의 부지런함을 우리는 "가난에도 불구하고" 혹은 "그럼에도 가난한"이라는 말로 잇고 싶지 않았다. 그것은 취약하고 불확실할 수밖에 없는 인생 속에서도 하루하루 일상을 이어 가려는 의지에 더 가까웠다.

당시에는 흔하지 않던 기름보일러를 가진 집에서 "먹고 살 만했다"고 기억하는 그의 삶을 뒤흔든 것은 가까운 이들의 배신이었다. 바다 위 좁고 흔들리는 배 안에서 보낸 시간과 노동에 대한 대가를 가족들은 몰래 빼앗아 갔다. 큰형은 함께 살던 집을 팔고, 이제는 남의 집이 된 집 마당에 그의 짐을 부려 놓고 가버렸다. 얄궂게도 비슷한 시기에 IMF가 터져 생계의 밑천도, 일자리도 구할 수 없었다. 순식간에 발생한 일련의 예측 불가능한 사건들은 그의 삶을 지탱하던 관계와 경제적 조건들을 무너뜨렸다. 그 사건들이 가져다준 마음의 고통과 경제적 궁핍 속에서 그가 안정적인 삶을 다시 영위할 수 있도록 돕는 사회적 안전망은 없었다.

그가 서울역에서 지내며 여러 일자리를 찾아 전국 곳곳을 다닌 것은 "누울 자리"를 찾는 여정이기도 했다. "일단은 누울 자리가 있어야 하니까" 상주 봉사자가 되었다던 고양의 장애인 시설도, 고된 일을 하면서도 "잘 자리가 있다는 게 마음이 편하잖아요"라고 회상하던 구미의 돼지 농장도 그에게는 단순한 일자리 그 이상이었다. 그러나 그곳들은 그에게 안정적인 주거지가 되어 주지 못했고, 그를 다시 서울역으로 오게 했다. 건강이 나빠져 이제는 일할 수 없는 몸이 된 그에게는 마땅한 선택지가 없었고, 다시서기종합지원센터를 통해 그는 겨우 양동 쪽방촌에 들어올 수 있었다. 일터에서 숙식을 해결하며 살아온 이들이 노동할 수 없는 몸이 되었을 때, 그 선택지는 결국 쪽방촌이나 고시원, 길거리밖에 없는 것이다.

정상 가족이라는 협소한 틀로 바라보면, 그는 어쩌면 외로운 사람으로 보일 것이다. 아버지와 어머니는 그가 젊은 시절 돌아가셨고, 다른 형제들과도 수십 년간 보지 않는 사이가 되어 버렸으니 말이다. 그러나 그런 불행 속에서도 그

김강태~박소영·이채윤

가 계속 살아가도록 지탱해 준 사람들이 그의 곁엔 있었다. 지방 곳곳의 일자리를 소개해 준 "아는 형"이나 연세빌딩에서의 노숙 생활을 "재밌었"다고 회상할 수 있도록 곁을 내준 동료들 말이다. 2020년 겨울, 공공 재개발에 대한 생각을 묻는 질문에 "이주비고 뭐고 다 개인플레이"라며 냉소하던 그는, 양동 주민회가 만들어지고 난 뒤인 2021년 봄, 재개발 이후의 거처를 묻는 우리의 물음에 "해피인 오려면 양동이나 동자동 요 부근으로 와야지"라며 양동에 대한 애정을 드러냈다.

"내 살아온 육십 평생을 몇 시간 안에 다 말할 수는 없지"라고 힘줘 말하던 그의 목소리가 오래 맴돈다. 그의 말대로 우리가 듣고 적은 이야기는 아마 그의 삶의 작은 조각에 불과할 것이다. 그러나 그 작은 조각에도 이 사회가 귀 기울여야 할 이야기가 담겨 있다. 그 조각들이 반사하는 이야기가 세상을 향할 수 있도록, 그의 곁에 보다 오래 머물며 이야기를 듣는 것이 우리가 이어 가야 할 일이다.

김강태는 쪽방과 해피인에서의 긴 시간을 성경을 필사하며 보
낸다.

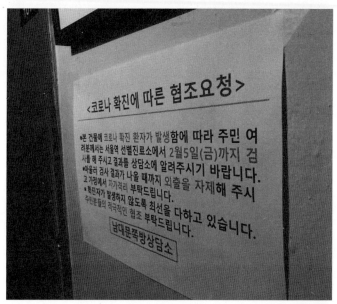

2021년 2월 4일, 김강태의 쪽방에서 코로나19 확진자가 나왔다.
쪽방 상담소는 "외출을 자제"해 달라는 안내문을 붙였으나 화
장실과 부엌이 모두 쪽방 바깥에 위치해 있기 때문에 주민들이
외출을 안 할 수는 없다.

우리 아저씨가
나 보호자여

이양순

1950년, 목포에서 태어났다. 결혼 생활 9년 끝에 가정 폭력을 피해 집을 나와 서울에 왔다. 서울역을 배회하다 만난 "아저씨"와 남대문시장, 동자동 쪽방촌, 양동 쪽방촌을 오가며 살았다. 남대문시장 구경을 제일 좋아하고, 같은 층 이웃들의 대소사에 훤하다.

"(똑똑) 안녕하세요. 설문조사 하러 왔습니다. 잠깐 들어가도 될까요?"

2019년 12월 초, 양동 재개발 지역 주민 실태 조사에서 이양순을 처음 만났다. 홀로 거주하는 대부분의 쪽방 주민들과 달리 이양순에게는 함께 사는 이가 있었다. 그리고 이양순은 그를 "우리 아저씨"라고 불렀다. 조사를 위해 여러 가지 질문을 던졌지만 이양순의 대답은 들을 수 없었다. 이양순이 대답을 거부한 건 아니다. '아저씨'는 이양순이 말을 하려 할 때마다 가만히 있으라며 말을 막았다.

우리가 이양순의 목소리를 들은 건 정작 다른 방에서였다. 눈이 안 보이는 앞집 할아버지 방이었다. 건물 한가운데 위치한 할아버지 방의 창문은 복도 쪽을 향하고 있었다. 우리의 설문조사에 응하던 할아버지가 자신의 병원 이용 이력을 보여 주기 위해 서랍을 뒤적였다. 도와드려야 하나 안절부절하고만 있을 때, 이양순은 소리 없이 나타나 거침없이 창문 안으로 손을 뻗더니 서랍에서 서류를 꺼내 주었다.

"필요한 거 있으면 나한테 말해."

아저씨와 함께 있을 때의 얌전했던 모습이 무색하게 할아버지 곁에서 이양순은 이웃의 일에 서슴없이 팔을 걷어붙이는 든든한 해결사처럼 보였다.

그래서 인터뷰를 해줄 화자를 찾을 때 우리는 그녀를 떠올렸다.

우리 아저씨가 나 보호자여

"아저씨"의 입을 빌리지 않은 그녀의 이야기를 들을 기회가 왔다고 생각했다. 이양순은 1년 반 만에 찾아간 우리를 잊지 않고 있었다. 다시 찾은 방. 이양순은 우리를 맞이하기 위해 바닥을 한 번 닦았다고 했다. 한눈에도 다른 방보다 넓어 보였다. 얼마 안 되는 세간살이는 선반 위에 잘 정돈돼 있었고, 커다란 냉장고가 무엇보다 '살림'을 하는 집으로 보였다. 이양순은 언어장애 3급인 자신이 무슨 말을 할 수 있겠냐며 쑥스러워 했지만 이내 이야기를 쏟아냈다.[+]

가족

전라도 목포에서 8남매, 둘째로 태어났지. 내가 장녀야. 위로 오빠 하나 있고 내 밑으로는 남동생 셋, 여동생 둘 있어. 남동생 하나는 일찍 죽었어. 학교는 안 다녔어. 난 글씨도 모르고 아무것도 몰라. 애들하고 놀다가 내가 (말을 잘 못해서) 뚜드려 맞고 그러니까 엄마가 막 뭐라 하더라고.

엄마가 날 때부터 내가 말을 잘 못했어. 언어장애라지. 병

[+] 이양순에게 사건은 선명해도 시기는 흐릿하다. 시점을 묻는 질문에 이양순은 대부분 "오래전"이라고 답했다. 재차 물으면 "아우 기억하려니까 골 아파", "나는 몇 년도인 거 몰라. 글씨도 모르니까. 그러니까 나는 밥만 먹고 죽어야 돼"라고 했다. 그래서 우리는 그녀가 머물렀던 공간을 중심으로 이 인터뷰를 기록하기로 했다.

원에서 머리가 좀 안 좋아서 말을 잘 못한다 그러더라고. 언어 장애 3급인데 장애 등급을 목포에서 엄마가 만들어 줬어.

우리 농사 많이 지었어. 목포에 가면 늘 나보고 밭 매주고 가래. 나무 캐서 이고 가고, 쑥도 뜯어 가지고 팔러 다니고. 우리 동네 보면 마늘 사는 사람들 있는데 마늘 까주면 돈 받어. 네 보따리 되면 돈 많이 줘. 나는 잘 모르니까 우리 엄마가 와서 돈 받지.

여동생이랑 둘이 나쁜 짓거리도 많이 했어. 같이 다니면서 남의 밭에 가갖고 딸기도 따묵고, 고구마 캐다가 솥단지에 해먹다 솥도 다 태워 먹고. 별거 다 따묵다가 개가 짖어 가지고, 그거 듣고 우리 아부지가 밤에 나왔어. 우리 집에 개가 한 열 마리 있었거든. "니네들 이리 와. 이노무 기지배들 이리 와." 뒤지게 맞았어. 지금은 여동생이 단양으로 시집가서 사는데 못 본 지 오래됐지.

집을 나오다

한 열아홉에 누가 소개해 줘서 목포에서 결혼했는디 그 남자도 장애여. 언어장애. 고개도 막 이렇게 흔들고. 애기도 있었는디 우리 엄마가 애기 낳으면 키우지도 못하니까 못쓴다고 병원에 데리고 가서 지워 버렸어. 아휴 나도 키우기 싫

우리 아저씨가 나 보호자여

었어. 나는 애가 들어선 거 몰랐는데 우리 엄마는 알대.

한 9년 살았는디 못 살겠더라고. 발로 막 나를 갖다가 지글지글 밟아. 지네 엄마도 막 때리고 지네 아버지도 때려. 아유 못 하겠더라고. 하도 때리니까 내가 나와 버렸어. 뚜드려 맞고 그래서 팔이 막 붓고 다리도 붓고 그랬어. 허리도 못 썼지. 두들겨 맞을 때는 몰랐는디 이제 나이가 먹어 가니까 태가 다 나. 그때 도망 나와서 집으로 갔는데 엄마는 나보고 여기는 니네 집이 아니고 너는 거기가 집이니까 거기서 죽으래. 사람들이 나한테 서울로 가라고 얘기하대.

엄마하고 나하고 땡볕에 밭 매러 갔는데 "양순아, 엄마 한숨 자고 올 거니까 밭 매고 있어라" 그래. 그런다고 해놓고는 뛰쳐나와서 서울로 와버렸지. 그러고는 보러 안 갔는디 남자가 죽었다고 동사무소에서 연락이 왔어. 전화 와갖고 시누이가 오라 하더라고. 마음이 아프지. 근데 안 간다고 그랬어. 그 남자가 죽었으니 이제 나 혼자 맘대로지.

서울에 왔을 땐 서울역 지하도에 있었어. 새벽에 내리니까 아무도 없었어. 의자에서 잤는데 춥더라고. 거기서 자면서 내 신발 많이 잃어 먹었어. 잃어버리면 다음 날엔 맨발로 다녔지, 뭐. 서울역 변소에 가면 물 있으니까 거기 가서 씻고. 도와주는 사람은 없었고 밥도 얻어먹고 그랬어.

밥은 어떤 남자가 사준다고 했는데 내가 안 먹는다고 했어. 그 남자 보니까 옷도 막 다 떨어져 있고 그래서 피해 다녔어. 그러곤 남대문시장이고 어디고 막 돌아다니면서 식당에서 설거지 해주고 자고 그랬지. 옷 다 떨어진 거 입고 돌아다니면서 밥 얻어 묵고 그지처럼 지냈는디 식당 같은 디 들어가면 나가라고 막 그러더라고. (젊을 때는) 식당에서 설거지도 하고 청소도 하고 그랬는데, 아 인쟈는 내 몸이 아프니까 아무것도 하기가 싫어. 안 아플 때는 다 했지.

"우리 아저씨"

우리 아저씨는 서울역에서 돌아다니다가 만났어. 나만 서울역에서 지냈고 이 사람은 중국집 주방장이었는데 자기 집에 가면 옷도 이쁜 거 사주고 밥도 해준대. 나쁜 사람 아니래. 이 사람은 술 안 먹고 담배만 피워. 그러니까 내가 따라왔지. 그때 아저씨 집은 남대문시장에 있었는데 집은 괜찮았어. 근데 거기가 철거돼서 동자동으로 이사 갔는데 바로 우리 옆에 불이 났어. 방에서 담배를 피웠는가 봐. 죽은 사람은 없었고 우리 방도 괜찮았는데 우리 아저씨가 "여기 있다간 못쓰겠다" 그래 가지고 나와서 양동에 온 거야. 양동에 오니까 방이 (동자동보다) 조금 적어. 그래도 우리 아저씨가 선반도 달고, 냉장고도 들이고, 테레비도 들이고 다 했어.

아저씨는 주방장 했었는디 인자는 나이 먹어서 일 안 해.+ 그래도 집에서 내가 뭐 먹고 싶다고 그러면 나는 밥솥

에다가 밥만 하고 반찬 같은 건 아저씨가 다 해줘. 아저씨가 밥 하라고 5시쯤 전화가 와. 그러고 아저씨가 요리해서 챙기면 7시 돼. 오늘 저녁에도 내가 배추김치 같은 거 못 먹는다니까 저녁에 와 가지고 무 썰어 가지고 무채 해준대. 내 조끼, 잠바도 메이커 있는 거로 다 아저씨가 사준 거야. 무릎도 우리 아저씨가 연골 수술해 줬어. 무릎 아픈 지가 20년 넘었으니까 오래됐어. 수술하기 전에는 이렇게 부어 갖고 못 걸어서 집에만 있으니까 우리 아저씨가 할 수 없이 병원에 데리고 가 수술한 거여. 수술 안 할 때는 우리 아저씨가 화장실도 데려다주고 고생 많이 했어.

반대편(왼쪽) 무릎도 해야 하는데 우리 아저씨가 해약해 버렸어. 이것이 바람 불면 겨울에 아파. 수술은 해야 되는데 우리 아저씨가 조금 더 있다가 하라고 해. 코로나 있고 그러니까 코로나 끝나고 하재. 수술비는 우리 아저씨가 알아서 할 거니까 나한테는 말하지 말래. 저번에 (오른쪽 무릎) 수술할 때는 내가 수급자니까 동사무소에서 병원으로 돈 줘서 했어.

나는 계단 못 올라가니까 동자동에서도 1층에서 살았어. 나는 올라가고 싶은데 우리 아저씨가 못 올라가게 해. 가끔 가다 걸어 다니는데 무릎 아파서 그냥 들어와 부려. 그저께는 저기 남대문 경찰서 뒤까지 갔다 왔는데 너무 아파 갖

+ 둘은 현재 이양순의 수급비로 생활하고 있었다.

고 와버렸어. 나는 안 나갈라고 하는데 우리 아저씨가 운동하고 오래. 아침에 일찌감치 한 번 나갔다가 들어와.

그래서 테레비 갖고 싸우는 거여. 우리는 아저씨가 케이블 달아서 재미난 거 많이 나와. 밤에는 텔레비전 쪼끔 보다가 눈 감으면 자버려. 우리 아저씨는 자기 좋아하는 거 봐. 골프, 축구 보고 남자 이거(격투기) 보고. 나는 연속극밖에 못 보거든? 근데 아저씨는 그런 거 보면 딱 꺼버리고 다른 것만 봐. 대구 사람이라 말이 쭈쭈(딱딱)해. 둘이 있을 땐 다른 말 안 하고 나 보고 밥 먹었냐, 약 먹었냐 물어보고.

나는 잠 많은데 깊이 못 자. 우리 아저씨는 4시에 딱 일어나서 텔레비전 보고 좀 있으면 나를 깨워. 늦게까지 자면 몸이 안 좋으니까 일찍 일어나라고 해. 일어나서 시계 보면 7시 돼 있어. 아저씨는 아침에 나가서 주변에 있다가 저녁에 들어와.

여기가 다른 쪽방보다 조금 넓어. 그래도 좁은데 우리 아저씨가 선반도 달아서 짐도 놓고 잘했어. 살림살이도 (건물 밖) 창고에 다 넣어 놔서 괜찮지. 그거 다 꺼내서 여기다가 갖다 놓으면 우리가 나가서 자야 돼. 둘이서 자기에 안 좁아. 나는 이쪽(방문 근처)에서 자고 우리 아저씨는 이쪽(텔레비전 근처)에서 자고. 아저씨 키가 나보단 조금 큰데 그렇게 크진 않아. 아저씨가 누워도 자리가 이만큼 남아.

아저씨랑 혼인신고 안 했어. (서류상으로는) 나 혼자지. 본 남자(전 남편) 있었을 때는 혼인신고 했지. 그런디 우리 아저

우리 아저씨가 나 보호자여

씨가 혼인신고 안 한대. 그냥 산대. 그냥 살아도 부부가 된대. 아저씨 이름도 몰라. 나 안 가르쳐 줘. 생일도 안 가르쳐 줘.

이제는 목포 안 가고 그냥 아저씨랑 둘이 있는 게 나아. 부모도 죽은 지 오래됐어. 아버지가 아파 갖고 먼저 돌아가셨어. 나중에는 엄마도 죽었어. 예전에는 우리 아저씨한테 말하고 목포 갔다 왔었는데 인쟈 맘 잡았어. 목포 가면 조카들이 서울에 올라가지 말래, 같이 있으래. 근데 있기가 싫어. 재미가 없잖아. 서울은 구경할 것도 많고 더 낫지.

재개발 소식을 처음에는 몰랐는데 종이 이만 한 게 구청에서 나왔더라고. 여기에 남아 있으면 아파트로 간대. 있기 싫은 사람은 이사 가면 못 도와준대. 아파트로 간다니까 좋지. 아저씨랑 같이 갈 거야. 아파트 둘이 사는 사람들은 방이 크대. 뜨거운 물도 나오고 변소가 방 안에 다 있대. 그래도 나는 잘 몰라. 우리 아저씨가 알아서 해주니까. 나 혼자 같으면 아무 데라도 가서 살면 되는데 우리 아저씨가 있으니까. 우리 아저씨가 나 보호자여.

이웃

코로나 없으면 맘대로 댕기거든. 근데 코로나도 있고 내가 병이 많으니까 아저씨가 나한테 어디 못 댕기게 하고 집에만 있으라고 해. 나는 병이 많다고 금방 코로나 옮긴대. (나가면) 술 먹은 사람도 많고 상대하기 싫어 가지고 바깥에 나갔다가 돌아와 버려.

그래도 심심하면 노인정에 가서 놀다 오고 그래. 코로나라 밥은 안 주는데 거기 기계가 두 개나 있어서 허리 운동도 하고 티비도 보고. 노인정에서 목욕도 했는데 코로나라 목욕은 안 해. 노인정에서 제일 친한 사람은 노인회장 마누라야. 거기도 여기 살아. 둘이 뭔 얘기 안 하고 내가 "언니, 밥 먹었어?" 그런 말만 하고 텔레비전 보다가 시간 가면 집에 가는 거야.

샤워는 쪽방 상담소 샤워실에서 수요일 날 해. 남자들은 날마다 할 수 있고 여자들은 하루밖에 안 돼. 이 건물에는 뜨거운 물 안 나와. 발 씻으려면 찬물에다 씻고 설거지는 세면장에서 장갑 끼고 해야지. 화장실 (변기가) 처음에는 (쪼그려) 앉는 거였는디 인자는 주인이 변기 바꿔서 안 쪼그려도 돼.

우리 아저씨는 수급 안 받고 나만 받아. 나는 글씨 모르니까 우리 아저씨가 수급비 다 관리해. 나는 (수급이 나오는) 20일마다 아저씨한테 5만 원씩 받고. 째깐해도 고맙지 뭐. 수급비 나오는 걸로 반찬 같은 것도 사고. 이거 양말도 색깔이 예쁘니까 내가 산 거야.

여기(양동)는 이런 거 안 팔아. 남대문시장 나가야 돼. 남대문시장까지는 다리 운동할 겸 혼자 걸어서 가지. 한번 가면 한참, 반나절도 넘게 돌아다녀야 돼. 양말도 사고, 꼬쟁이 바지도 사고. 남대문시장 구경하고 후암동 시장에도 가. 지

우리 아저씨가 나 보호자여

금은 몸이 아프니까 시장 같은 데 자주 가기가 싫어.

병원은 수급비로 댕겨. 국립의료원하고 최내과. 무릎 수술한 거 때문에 약은 아침에 하나 먹고, 저녁에 하나 먹고.

앞방에 눈이 안 보이는 할아버지가 있는데 죽었어. 죽은 지가 두 달 못 됐나. 내가 일해 주느라 우리 아저씨하고 나하고 고생 많이 했지. 설거지 해주고, 빨래 해주고. 걸음 못 걷고 눈도 안 보이고 그러니까 마음이 가지. 우리 아저씨가 병원에 데리고 다녔어. 눈이 안 보이니까 우리 아저씨가 도와준 거야. 할아버지랑 병원 갈 땐 택시 타고 갔고, 우리 아저씨하고 나하고 둘이 가면 버스 타고 가. 육백 … 몇 번 버스인지는 몰라. 아저씨가 그러는데 할아버지는 검사 다 했는데 폐가 나쁘대, 폐암이래. 여기로 안 오고 병원에서 요양원으로 바로 보내 버렸어. 근데 요양원에서 죽었다고 연락이 왔어. 내가 이 할아버지보다 여기 먼저 왔지. 슬프지. 그래도 이제 그 할아버지 일 안 해주니까 편해.

할아버지 돌아가시고 옆집 아저씨는 딸이 돈을 해줘서 요양원에 이사 갔어. 거기는 딸만 셋이야. 이제 여기 층(1층)에는 나하고 아저씨 있고, 옆방, 끝에 방, 이렇게 세 집에 네 명이 살아. 3층은 시끄러운데 여기는 안 시끄러워. 시끄러우면 주인아줌마가 막 나가라고 그러고 내가 막 지랄해 버리니까 둘 다 시끄럽진 않아.

옆에 방 아저씨는 빼빼 말랐어. (양동) 다른 집에서 쫓아내서 온 거야. 아저씨한테 여자가 하나 있는데 이게(정신이)

돌았어. 그 여자가 밤마다 와서 술 먹고 어쩌고 그러니까 주인아줌마가 쫓아내 버린 거여. 지금도 여기 오믄 그 여자가 옆집 아저씨 뺨을 막 때려 부려. 옆집 아저씨를 너무 좋아해서, 질투가 나갖고 그런 거야.

우리 주인아줌마가 좋아. 말도 친절하게 해주고 뭐 나왔는데 내가 모르고 방에 앉아 있으면 불러. 옛날에는 주인아줌마가 우리한테 김장 김치 같은 거 담그면 달라 그랬거든? 우리 아저씨가 이제 안 줘. (주인아줌마가) 습관이 돼 가지고 자기 돈이 드니까 사먹지를 않아. 그러니까 우리 아저씨가 인자는 (주인아줌마가) 밥 먹으러 와도 반가워하질 않아. 저번에도 우리 아저씨한테 "나 밥 먹으러 가도 돼?" 그러더라고. 그러니까 우리 아저씨가 "아줌마네 집에서 묵어요" 그랬어. 너무 지나치게 그러니까는 못 쓰겠더라고. 아줌마가 (월세로) 돈 많이 받아서 수급 나오면 은행에 다 갖다 넣거든. 근데 커피 같은 것도 달라 그래. 그러면 난 없다고 해버려. 엊그저께도 나 혼자서 테레비 보고 있는데 "나 저녁에 밥 먹으러 올까?" 그래. 그래서 내가 "우리 아저씨한테 물어봐요" 그래 버렸어. 우리 아저씨 핑계 대버렸어.

저기 끝에 방 아저씨는 평소에는 괜찮은데 술 많이 먹으면 복도에다가 오줌을 싸. 오줌을 싸면 여기 밑에까지 오줌이 내려와. 바로 옆집 아저씨한테 얘기하면 그 아저씨가 복도 닦아. 술만 먹었다 하면 그래, 염병.

우리 아저씨가 나 보호자여

"난 시골 싫어"

나는 방 더럽게 안 해. 날마다 앉아 가지고 이렇게 닦아. 우리 아저씨도 참 깨끗하고 옷도 드러우면 다 벗어 놔서 내가 세탁기로 다 빨아 줘. 다른 방에 가봐, 냄새가 막 나. 여그 밖에 문 앞에 들어오다 보면 창고 하나 있지? 거기 우리가 짐 넣어 가지고 주인아줌마(관리인)한테 2만 원씩 줘. 다른 사람들 거까지 넣으면 다 잃어버리니까 우리만.

여그 남대문 5가는 뭐 나오는 거 많이 있거든? 다른 데는 아니여. 내복도 나오고, 라면도 나오고, 가위도 나눠 주고 별거 별거 다 나와.

나 동자동 살 때 아는 언니가 하나 있는데 서울에 있다가 대천에 집 사가지고 이사 갔어. 그래서 우리 아저씨하고 거그 가서 마늘 캐주고 마늘 얻어 오고 그랬어. 그 언니는 신랑을 잘 만났지. 시골에 가믄 빈집이 많이 있어. 우리한테도 오라고 했는데 안 갔어. 난 시골 싫어. 시내 한 번 가려면 택시 불러 갖고 가는 거여. 병원 때문에 여기 얻은 거야.

듣고 적으며

/ 이은기 /

이양순은 다정한 사람이다. 이양순은 언제나 약속 시간에 맞춰 우리를 기다리고 있었다. 방바닥을 깨끗이 닦고, 우리가 앉을 자리를 마련해 둔다. 인터뷰 중간 중간에도 이양순은 계속 "밥은 먹었냐, 뭐하고 지냈냐, 어디서 일하냐" 내게 질문을 던졌다.

"집에 언제 들어가? 밤늦게 돌아다니지 마." 이양순은 매번 진심으로 당부했다. 그때 이양순의 얼굴은 짐짓 무섭기까지 했다. 인터뷰를 마치고 양동을 나갈 때 술 마신 사람들이 시비를 걸면 대꾸도 하지 말고 지나가라고도 했다. 그녀가 삶에서 얻은 전략일 거라 짐작하고, 더 묻고 싶기도 했지만 그러진 못했다. 답하는 이양순이 괴로운 표정을 지었고, 지금 꼭 들어야 할 필요는 없다고 생각했다.

쪽방은 옆 사람의 기침 소리까지 선명히 들릴 만큼 주민들끼리 가깝지만 또 단절된 공간이다. 매일 마주치면서도 서로에 대해 그다지 관심이 없는 경우가 많다. 옆방에서 들리는 소리는 반갑기보단 불편한 소음에 가깝다. 하지만 이양순은 이웃들에게 관심이 많다. 좋은 사람도 싫은 사람도 모두 그녀의 레이더망에 있다.

　　이양순의 물건을 보고 예쁘다고 감탄하면 금방 "하나 줄까?" 한다. 그 넉넉한 마음은, 애초 갖고 있던 것일까, 아저씨와의 안정적인 관계에서 기인한 것일까? 이양순은 틈만 나면 내게 언제 결혼할 거냐 물었다. 같이 살면 좋냐 되물었더니 그렇다더라. 내가 처음 만난 아저씨는 가부장적인 사람 같았는데 이양순에겐 든든한 보호자였다. 이양순이 아저씨와 함께 오래 건강하고 행복하면 좋겠다. 조만간 귤과 휴지를 사들고 이양순의 방에 다시 가기로 했다. 그러면 나보다 훨씬 작은 그녀는, 언제나 그랬던 것처럼, 반가운 마음에 나를 꼭 안아 줄 것이다.

/ 여름 /

　　이양순의 서사를 관통하는 키워드는 남대문에서 만난 아저씨다. 아저씨는 양순의 삶 전반을 책임지며 글자를 모르는 양순 대신 양동에 방을 얻었다. 양순은 밥을 하고 아저씨는 반찬을 만들어 둘은 함께 끼니를 해결했고, 양순의 무릎 수술 이후 아저씨는 간병인 역할을 맡기도 했다. 양순은 오랜 기간 아저씨와 삶을 꾸려 오면서도 지금까지 그의 나이나 이름조차 모르지만 아저씨를 가리켜 자신의 "보호자"라 말

한다.

　양순은 이 인터뷰에 참여하기로 마음먹은 후 걱정이 있었다. 아저씨가 뭐라 할까 봐서였다. 양순은 우리에게 아저씨가 자기 이야기를 보면 안 된다고 했다. 아저씨는 양순을 돌보는 사람이기도 했지만 한편으로 감시자이기도 했던 것이다. 나는 아저씨가 양순을 돌봐 준다는 이야기를 들을 땐 다행이다 싶다가도, 양순을 통제하고 있는 듯한 느낌이 들면 걱정하는 마음이 들기도 했다. 하지만 "우리 아저씨가 나 보호자여"라고 말하는 양순에겐 아저씨가 필요해 보였다. 아저씨 역시 양순의 아픈 몸을 돌보면서 함께 살아가는 것을 보면, 둘은 서로를 감당하며 한정적인 삶의 조건에서도 자신들만의 삶을 꾸려 나가고 있는 것 같았다.

　2021년 5월, 나는 양순의 생일에 그녀를 찾았다. "양순 님, 저 왔어요." 문을 두드리고 방 앞에서 기다리니 양순은 반갑게 맞아 주며 자리를 내줬다. 양순의 생일이라고 나름대로 준비해 온 롤케익을 건네자 아저씨와 먹겠다고 답했다. 지난번 만남에서 양순이 복지관 사람들이 생일 파티를 해준다 해서 기대하고 있던 게 떠올라 파티는 재밌었냐고 물었다. 양순은 코로나 때문에 생일 파티는 못 하고 혼자 보냈다고 했다. 어쩐지 코로나가 양순의 즐거움을 하나 빼앗아 간 거 같아 야속하단 마음이 들었다.

　양순은 자신의 생일임에도 내게 줄 게 있다며 서랍을 뒤적였다. 그녀가 꺼내 든 것은 옅은 민트색 바탕에 꽃 자수가 놓여 있는 천 마스크와 천 지갑이었다. 복지관에서 생일 파티 대신 주고 간 선물이었다. 정말 이걸 내가 받아도 괜찮은지 물으니 양순은 이미 자기 것과 아저씨의 것이 있으니 가져도 된다고 했다.

사실 지갑이나 마스크 모두 색이며 무늬며 내 취향의 물건이 아니었다. 하지만 요새 나는 양순이 준 지갑에 동전들을 넣어 보관하고, 가끔 양순이 준 마스크를 쓴다. 지갑은 생각보다 튼튼하고, 마스크는 보면 볼수록 색이 곱다. 타인의 세계에 들어와 버렸단 증거는 내 취향과는 다른 선물이 집에 하나둘씩 자리 잡게 되는 것 아닐까.

이양순~여름·이은기

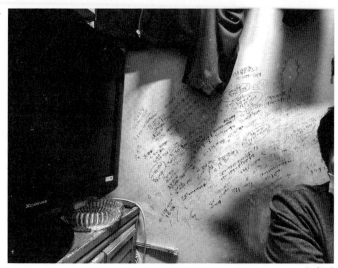

이양순 씨 방의 벽지 모습. "아저씨"가 국립중앙의료원, 중림종
합사회복지관 등의 전화번호를 벽지에 빼곡히 적어 뒀다.

우리 아저씨가 나 보호자여

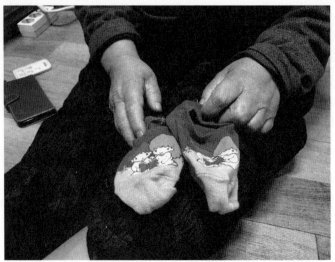

이양순이 남대문시장에서 구입한 양말. 그녀는 심심할 때면 남
대문시장에서 시간을 보낸다.

돈을 좀 모아도 된다는
희망이 있었으면 해요

장영철

1955년, 대전에서 태어났다. 아동 보호소, 근로 재건대, 머슴살이, 공장 노동과 일용직을 전전하다 20대 후반부터 서울역 인근에서 거리와 쪽방을 오가며 지냈다. 현재 거주하는 양동 쪽방에는 2017년부터 살고 있다. 언젠가 텃밭을 가꾸며 살기를 희망한다.

"들어오세요."

장영철이 사는 쪽방의 문을 열자, 바로 앞에 냉장고가 보였다. 냉장고 위에는 휴대용 가스버너가 있었고, 그 위로 건강보험료 독촉장이 놓여 있었다.

담요가 몇 겹 깔려 있는 한 평 반 크기의 방 안에서 장영철이 반갑게 웃으며 말했다.

"겨울에 문 닫아 놓으면 곰팡이가 말도 못 해요. 그냥 창문 열고 이불 싸매고 있는 게 나아요. 여기 이불 위로 올라오세요."

하얗고 말쑥한 얼굴의 장영철은 오늘 하루 뭘 할지 고민이었는데 잘됐다며 이야기를 시작했다.

걸어서 서울까지

태어난 데는 대전인데, 거기서 오래는 못 살았어요. 집이 워낙 가난해서 계속 이사를 다니다 충남 연기군에 갔거든. 거기가 지금 세종시가 됐다면서요? 그때는 진짜 촌구석이었는데. 거기서 홍도 국민학교까지 마쳤는데, 학교는 더 안 나왔어요. 그때는 중학교 들어가는 것도 시험을 쳐야 했어. 저는 공부를 워낙 못해서 시험 칠 생각도 없었어요.

국민학교를 졸업하자마자 엄마가 친정 간다고 나간 뒤로는 아버지 밑에 있기 싫어서 집 나와 객지 생활을 했어요. 그 뒤로 엄마는 못 봤어요. 학교 졸업한 해 11월에 엄마 찾는다고 대전서 서울까지, 차비가 없으니까 쓰레빠 신고 걸어 올라왔거든요. 딱 일주일 걸리더라고. 서울역에 도착했는데, 역전 파출소 경찰이 날 보더니만, 먹여 주고 재워 준다고 따라가자고 하더라고. 그렇게 간 곳이 아동 보호소였어요. 거기서 한 1년 있었어요. 근데 거기도 열일곱, 열여덟 일할 나이가 차면 내보낸다고 하더라고. 그래서 도망 나왔지. 그다음에는 소매치기들이랑 잠깐 한 달쯤 살았나? 그때 같이 뭘 훔치다가 잡혀서 파출소에 앉아 있는데, 피해자가 바쁘다고 그냥 갔다. 그래서 다행히 조서도 안 꾸미고 다시 아동 보호소로 돌아갔지.

거기서 두어 달 살다 또 나와 가지고 가평 근로 재건대+에서 3년 정도 살았어요. 거긴 내 발로 들어갔지. 잘 데를 찾아서 돌아다니다가 청평 다리 밑에 가니까 거기 사는 사람들이 있더라고. 날 보더니만, 자기들 일을 도와달래. 동네에서

+ 1962년 6월, 박정희 정부는 넝마주이를 관리하기 위해 등록 사업을 벌였다. 이에 따라 전국 주요 도시의 3500여 명에 달하는 넝마주이들이 근로 재건대로 조직되었으며, 경찰서에서 이들을 관리했다. 1970년대 후반까지 운영되다 1979년, 자활근로대로 통합되었다.

걸망 지고 집게 들고서 고물 줍고 종이 줍는 거예요. 거기가 가평군 하면 현리였어요. 그때 ○○연대 ○○부대가 주둔하고 있었는데, 부대 안까지 들어가서 유리병하고 총기 부속품, 가스 활대를 주워 오다가 걸려서 도망치기도 하고 그랬어. 그러다가 부대가 이전한다고 하면 아예 쓰레기통 큰 걸 들고 가서 파묻어 둔 캔 같은 걸 잔뜩 가지고 나왔지. 탄피 같은 것도 주워 오고.

잠은 한 방에 왕초 세 명이랑 똘마니 두 명이 같이 잤어요. 나랑 다른 똘마니가 아침저녁으로 밥통을 들고 동네에서 밥을 얻어다가 왕초들 주고 그랬어. 내가 걸식해서 왕초들 밥 먹이고, 내가 고물 팔아서 왕초들이 돈 번 거지. 그 돈으로 방도 세 들어 살았어.

/ 근로 재건대에서 같이 사셨던 분들 소식은 아세요? / 같이 따까리 하던 놈은 소식이 없어. 어떻게 사는지 몰라. 왕초는 나중에 소문 들어 보니까 고물상을 하고 있더라고. 내가 벌어다 준 돈으로 하는 거지. 지금은 그 양반한테 아무 감정 없어요. 그 양반도 한쪽 팔이 없었거든. 힘들었을 거야. 지금은 돌아가셨겠네. 그 사람도 술을 좋아해서…. 내가 있을 때만 해도, 왕초 다섯 명 중 세 명이 술로 죽었어요. 그때 힘들긴 했지만 뭐 엄청 억울하다는 생각은 잘 안 했어. 철없을 때라.

근로 재건대에서 도망쳐서는, 누구 소개로 연기군에 돌아가서 동네 머슴을 살았어. 그 집에 머슴이 나까지 둘 있었는데, 어느 날 집안 사정이 어려워지니까 주인이 그러더라

… 희망이 있었으면 해요

고. "둘을 다 데리고 있지는 못 하겠다. 네가 여기 있을 거면은 저 사람을 내보낼 거다, 어떻게 할 테냐?" 그냥 내가 나간다 했더니만, 주인이 그래도 작은 집을 알아봐 줘서 거기서 또 머슴을 두 달 했어.

"그 돈으로 방 못 구해요"

열아홉에 군대 가서 스무 살쯤 나왔어. 당시 아버지가 부산에 살고 있었어. 그래서 부산에 가서 방위를 1년 했지. 그때는 주간만 하는 방위가 있고 야간만 하는 방위가 있었어. 나는 주간이었는데, 태종대 해안을 관리하는 부대였어. 취사병이었는데, 소대 현역병 20명 밥을 해주는 거예요. 진짜 힘들었어요. 그때는 밥을 가마솥에 했거든. 보리쌀은 냇가 가서 씻어 오고, 남들보다 쉽다고 해도 힘들었어요.

군대 나와서는 아버지랑 살면서 부산에서 공장엘 다녔어요. 부산 사상동에 있는 신발 공장에서 2년 있었고, 자동차 부품 만드는 도금 공장에서 3년 있었어. 일은 할 만했는데, 일하고 집에 들어오면 분위기가 안 좋았어. 아버지랑 있으면 매일 불편했어. 아직 어려서 독립할 생각은 못 했고, 여기저기 돌아다니고 싶기도 해서 다시 집을 나왔어.

아버지가 성격이 엄해서 맨날 얻어맞고 하니까 아버지

하고 정이 없었어요. 엄마가 있을 땐 그래도 가족의 정도 있었는데 엄마가 나가니까 가정이 완전히 허물어져 버려서…. 엄마가 있었으면 아마 마음잡고 살았을 거야. 어머니는 나가신 뒤로 한 번도 못 뵀고, 암으로 돌아가셨다고 소문만 들었어요. 서류를 떼어 보니까 사망했는지도 안 나왔어요. 미상으로 나오더라구. 돌아가실 때 제대로 신고를 안 했는가 봐. 평안히 돌아가셨는지도 모르겠어요.

부산에서 가출해서는 수원 오목천동에 셋방을 얻어 살면서 노가다를 했어요. 일할 때 돈을 못 받은 데도 많아요. 현장 가서 일하면, 얼마씩 하루 일당을 받아야 하는데 자꾸 안 주고 미루는 거여. 인력 사무소 소장한테, 가서 받아 오라고 하니까 자기는 책임 못 진대. 그런 게 어디 있어. 소장이 워낙 바둑을 좋아했던 양반인데, 내기 바둑도 두고 하다 보니까 이래저래 돈을 쓴 것 같더라고. 나중에는 산으로 간다면서 인력 사무소도 문 닫고 자취를 감춰 버렸어. 일주일을 일했는데 한 푼도 못 받은 데도 있어.

수원 서문 로터리에 한국은행 보수공사 현장에서도 일했거든. 그 현장 건설사 직원이랑 마음이 잘 맞았어. 그 직원한테는 마치 아버지 같다는 느낌을 받았어요. 이야기해도 참 편했어. 내가 다른 인부들 관리를 잘하고 하니까 인정도 받고 했거든. 하루는 나한테 "이번 현장 끝나도 앞으로 쭉 같이 일하자" 하더라고. 그래서 거기서 월급쟁이로 몸 부치고 살려고 했어요. 그런데 일이 끝나니까 그이가 연락을 안 받아.

회사에 전화했더니만 잘못된 번호래. 나중에 노동부에 가서 그 회사 이름을 물어봤는데 그런 회사가 없대. 거길 따라다니면, 평범하게 회사 다니고 살 수 있겠다 싶어서 마음잡고 하려 했더니만, 그것도 그렇게 틀어졌어. 믿고 있었는데….

그러고 나니 수원에 더 있기 싫어서 2년 만에 서울역으로 올라왔어요. 그 뒤로도 계속 일용직을 했는데, 셋방은 꿈도 못 꿨어요. 서울에서는 그 돈으로 방 못 구해요. 일하다가 마음 맞는 사람 있으면 돈 모아 가지고 하루에 8000원씩 주고 쪽방에서 잤지. 일 없으면 거리에서 자고. 그렇게 1980년대 초부터 노숙 생활을 했어요.

그래도 내가 깔끔하게 살았어요. 일단 술·담배를 안 했고. 씻는 것은 회현역 3번 출구에서 남산 쪽으로 쭉 올라가면 동사무소 맞은편에 성당에서 하는 '우리물터'라고 있거든요. 전날에 표를 타놓고 다음 날에 가면, 먼저 각자 자기 옷을 싹 빨아요. 그리고 옷을 맡기고 목욕하러 가면, 그동안 옷을 탈수하고 말려 준단 말야. 씻고 나와서 옷을 입으면 옷이 뜨거워요. 그리고 거기서 밥까지 먹고.

잠은 웬만하면 광장에서 안 잤고, 구세군에서 잘 때도 있고, 겨울에는 영등포에 불교에서 하는 보현의집이 있어요. 거기 가서 잤고. 거기서 잘 때, 하루는 내가 안전화를 신고 있었거든요. 공사장 작업화요. 그걸 베고 잔단 말이에요. 근데 일어나 보니까 내 신발은 없어지고, 옆 사람 구두가 있더라고. 그래서 그날 일도 못 나갔어요. 그렇게 한 30년 노숙을 했어요.[+]

"세금은 갚지 않으면
죽을 때까지 따라다닌대"

2009년에 서울역에서 노숙하는데, 누가 먹여 주고 재워 준다고 해서 따라갔더니만 인천이더라고. 1년 있었어요. 조폭 같은 사람들이 나 같은 사람들을 일고여덟 명씩 한 방에 모아 놔요. 그리고 각자한테 "너는 어느 공장에 무슨 과장이다. 한 달에 월급을 얼마씩 받고, 주소는 어디다" 이런 걸 외우게 해. 그래 가지고 은행에 가서 신청서를 써서 대출을 받는 거야. 내가 받는 돈도 없어요. 그냥 먹고 자게 해주고, 담배 피우는 사람은 담배 사주고 그러는 거예요

나 같은 경우는 아파트 대출을 받으려고 은행에 갔는데, 내가 신용 등급이 낮아서 대출이 안 되는 거야. 나로서는 천만다행이라고 생각했죠. 그거 내가 다 뒤집어써야 하니까. 근데 또 햇살대출++이라고 신용 등급 낮은 사람도 가능한 게 있어요. 거기서 그 사람들이 내 이름으로 2000만 원을 대출 받게 했어요. 대출을 받는 순간엔 '도망갈까? 은행에 얘기할까?' 계속 고민했다고. 그때 그 사람들은 은행 앞에 차

+ 장영철은 수원에서 서울역으로 올라온 이후부터 인천에서 명의 대여 생활을 하기 전까지 약 30년의 시간을 잘 기억하지 못했다.

++ '햇살론'이라고도 한다. 신용 등급이 낮거나 소득이 낮은 이들을 대상으로 10퍼센트대의 저금리로 대출을 받을 수 있게 한 제도로 2010년 7월, 출시되었다.

141
… 희망이 있었으면 해요

를 대놓고 기다리고 있었어. 무슨 일이 생기면 바로 도망갈 수 있게. 달리 도리가 없더라고. 돈 2000만 원을 받아서 고스란히 그 사람들 갖다줬지.

나중에 일부만 갚기로 하고 나머지는 면제해 줬어요. 그냥 없애 주는 건 아니고, 나중에 재산이 생기면 그때 압류하는 조건이었어요. 그래서 내가 돈을 모으는 게 불안한 거예요. 인천에 있는 동안 날 바지 사장으로 해서 회사를 만들었어요. 그 세금이 8억이 나왔어. 그리고 명의 도용+ 생활을 하면 이사를 자주 다니거든요. 이사할 때마다 인터넷, 정수기, 공기청정기를 내 명의로 계약해요. 그 돈도 다 내가 덮어쓰는 거죠.

또 내 명의로 핸드폰을 만들 수 있는 대로 다 만들었어요. 핸드폰 요금만 낼 돈이 800만 원 될 거예요. 2015년까지만 해도 그걸 갚으라고, 통장 압류한다고 날아왔어요. 요즘은 별 이야기가 없더라고. 내 생각에 2010년에 생긴 미납액이라 이제 소멸한 것 같아. 먼저는 선불폰을 가지고 다니다가 다른 사람들 쓰는 것처럼 개통해 보려고 LG에 가서 물어보니까, 미납액이 없대. 그래서 3년 전에 LG에서 개통했잖아요. SK나 KT는 다른 데서 연체 있으면 할 수가 없는데,

+ 장영철 씨의 사례는 '명의 도용'이 아닌 '명의 대여'에 해당한다. '명의 도용'이 되기 위해서는 사건 당시 본인의 '의사 능력 부재'나 '주범에 의한 위력 행사' 등이 증명되어야 한다. 명의 대여를 통해 받은 대출은 세무서가 아닌 신용정보회사로 넘어가 독촉을 받거나 갚지 못할 경우 민사소송으로 이어진다.

LG는 연체가 없으면 개통이 된다네.

/ 다른 통신사에 미납액이 있는지 확인해 보셨어요? / 안 했어요. 긁어 부스럼이지. 전에 동자동 고시원 살 때, 밤에 들어가려니까 건물 앞에 승합차가 한 대 서있더라고. 무심코 봤는데 뭐가 번쩍거려. 날 사진 찍었는가 봐. 내가 들어가는 거랑 내가 어떻게 사는지 보러 왔는가 봐. 그날 이후로는 돈 내라고 연락이 없어. 뭐가 날아오지도 않아. 인천에서 나와서는 바로 은행에 가서 내 앞으로 된 통장을 전부 말소시켰어요. 대포 통장 만든 것도 죄가 크잖아. 새마을은행, 제일은행, 농협, 신한은행 시중 은행마다 내 통장을 만들어 놨다니까.

/ 명의 도용 집단에서는 어떻게 나오셨어요? / 내가 돈 빌리는 게 잘 안 되니까 내보내더라고. 탈출은 상상도 못 해. 안 보내 주면 못 나와. 그 사람들 조직이 전국에 깔렸어요. 조폭들이 여기저기 연결돼 있어. 2000만 원 내고 나온 거지. 근데 이게 요즘도 있어. 지금도 서울역 가면 춘천에 있는 병원에서 먹여 주고 재워 주고 돈도 나온다고 꼬드기는 사람들이 있어요. 노숙인이랑 나이 많은 사람을 꼬드기더라고. 나 데려갔던 그 사람들도 아직 안 잡혔을 거예요.

/ 명의 도용 당해서 생긴 체납액은 아직 그대로 있어요? / 세무서에서 경찰에 고발해서 조사도 받았어요. 내가 명의를 도용당했다는 것은 인정되더라고. 두 달 전에 세무서에 갔거든요. 갔더니만 체납액이 지워졌는지 안 뜬다고 하더라고. 근데 이게 조회가 안 되더라도 만약에 내가 집을 사게 되면 그

게 압류될 수도 있죠? 그죠? 국세청 직원들이 약아 가지고 웬만하면 안 봐줄 텐데. 내 생각에 뭐가 걱정이냐면, 만약에 내가 돈을 모아서 집을 샀다고 하면 국세청에서 득달같이 달려와서 압류할까 봐. 세금은 갚지 않으면 죽을 때까지 따라다닌다고 하대. 파산도 안 돼, 이거는.

"마음이 안 잡히더라고"

그러고는 다시 서울역에서 노숙했어요. 일용직 일이 있으면 쪽방에 들어가고 없으면 거리에서 자고. 일용직을 한다고 계속하는 것도 아니에요.

그러다 서울역 광장에 버스 대놓고 결핵 검사하는 거 있잖아요. 어느 날 거길 올라갔다가 결핵 판정을 받아서 시립 서부병원(현 서울특별시 서북병원) 가서 입원을 하게 됐어요. 거기 6개월인가 있다 나오니 미소꿈터+ 있죠, 거기서 날 데리러 왔더라고. 퇴원하고도 완치되려면 6개월인가 더 약을 먹어야 했거든. 미소꿈터에서 병은 다 나았어요. 그때 누가 나와서 나한테 수급을 만들어 주더라고. 그리고 다시서기 사람

+ 서울 시내 유일한 결핵 노숙인 요양 시설로, 용산구 동자동에 있다. 결핵 치료와 건강관리를 위한 주거 및 일자리 지원도 함께 하고 있다.

들이 와서 동자동에 방을 얻어 줬어요.

　근데 그때 마음이 제대로 안 잡히더라고. 그래서 쪽방에
두어 달 있다가 다시 또 노숙을 한 거예요. 내 방인데 잠이야
누가 뭐라 안 하고 잘 자지. 근데 식사는 차라리 노숙하는 게
낫더라구. 사람들이랑 같이 급식소에서 밥 먹다가 일요일 되
면 교회에서 돈 몇 푼 주는 거 받으려고 같이 다녔고.+ 노숙
하면 어울릴 사람이 있어서 마음이 더 편했어요.

　그런데 점점 같이 다니는 게 싫더라고. 술 먹고 하는
게…. 전철 타고 교회 가면 몇백 원씩 받았는데, 나중에는 그
것도 할 짓 아니다 싶었어. 우리가 우르르 몰려다니면 신자
들도 싫어하더라고. 어디 천주교 성당인데, 아예 자리 절반
을 비우고 앉질 않더라고. 신도들이 그쪽으로는 안 와요. 노
숙자들 있다고.

　그렇게 노숙이랑 동자동, 남대문로5가, 후암동을 왔다
갔다 했어요. 후암동에서 건물주가 쪽방 운영 안 한다고 나가
라고 한 뒤로는 (2017년부터) 남대문 쪽방에 쭉 살고 있어요.

+ 행인에게 돈이나 담배 등을 요구하는 구걸 행위를 홈리스들 사이에서는 '꼬지'라
부른다. 그중에서 종교 기관에서 종교의식에 참여하는 대가로 받는 현금(보통
1000~2000원)은 '짤짤이'라 한다. '꼬지'는 대체로 하루에 1만 원을 넘기 어렵다.
최근 통용되는 화폐가 현금 이외의 카드나 디지털화폐, 가상화폐 등으로
다양해지면서 꼬지로 수입을 올리기는 점차 힘들어지고 있다.

… 희망이 있었으면 해요

쪽방 살림

며칠 전에는 전립선이 좀 안 좋아서 광화문 적십자병원엘 갔는데 신분증 보자고 해서 보여 줬더니만, 수급자라고 의뢰서를 끊어 오라잖아. 의뢰서 없으면 개인 돈 들어가야 한다고 해서 그냥 와버렸어. 그래서 (수급자가 되기 전에 진료 의뢰서를 받기 위해 다니던) 다시서기에 갔더니, 의료 급여 받는 사람들은 발급 대상이 아니래.+

예전에는 건설 일 나가면 시멘트 40킬로(그램)짜리도 거뜬히 들었는데, 이제는 못 들어요. 큰일 났어. 이제 일용직은 못 하고, 일을 한다면 공공근로를 하고 싶어요. 청소 같은 일. 사람들이 공공근로 하면 돈을 100만 원도 넘게 주니까 하라고 해요. 올해 1월부터 6월까지 자활(근로)을 했었어요. 그리고 9월부터 수급을 받았지. 나도 공공근로를 하고 싶기

+ 여기서 이슈는 두 가지다. 첫째, '2차 병원'에서 진료를 거부한 것은, 의료 급여를 받는 수급자의 경우, 건강보험이 적용되는 환자와 달리, 우선 '1차 병원'에 의료 급여를 신청해야 하며, 이곳에서 발급한 의뢰서를 통해서만, 2차 병원·3차 상급 종합병원을 순차적으로 이용할 수 있기 때문이다(국민건강보험이 적용되는 환자의 경우, 3차 병원은 2차 병원의 진료 의뢰서가 필요하지만, 2차 병원은 바로 방문할 수 있다). 이와 같은 절차를 지키지 않아 발생한 진료비는 전액 본인이 부담해야 한다.

둘째, 다시서기에서 의료 지원을 거부한 것은 의료 급여 수급자의 경우 '노숙인 등'(쪽방 주민 포함)을 대상으로 하는 의료 지원을 받을 수 없기 때문이다. 의료 급여 수급자가 된 장영철 씨의 의료 서비스에 대한 접근성은 이전에 노숙인 의료 지원을 받던 시기보다 높아졌지만, 이에 대해 정확한 정보를 확인할 수 없었던 그가 실제로 누린 의료 서비스는 변화가 없거나 오히려 적어졌다.

는 한데, 공공근로도 영구히 하는 게 아니거든요. 한 번 하면 길어야 1년에 6개월이에요.+ 근데 이걸 하면 수급이 끊어질 수 있어요. 수급 끊기면 나머지 6개월은 어떡해. 결국 나만 손해인 걸. 나도 돈을 더 벌 수 있으면 저축을 해서 보증금을 모으고 싶은데, 저축은 불안한 게 … 내가 국세를 안 냈잖아요. 이 사람들이 내가 버는구나 하고 압류 들어올까 봐. 이 국세 체납은 회생도 안 되고 파산도 안 되고 해결이 안 돼요. 죽을 때까지 따라다니는 거예요. 변호사도 만나 봤는데, 세금은 절대 해결이 안 된다고 하더라고.++

한 달에 주거랑 생계비로 78만 원을 받고, 중구에서 어르신 공로 수당 10만 원을 더 줘서 88만 원을 받아요. 여기서 월세 25만 원을 내고 나면 쓸 수 있는 돈은 현금 53만 원에 카드 10만 원이에요. 공로 수당은 카드로 나와요. 쌀은 동사무소에서 나랏미(정부미) 신청해서 먹고, 공로 수당 카드로는 중구 시장 안에서 뭐든지 다 살 수 있어요. 주로 반찬 사고, 신발, 옷 이런 거 사요.

+ 공공근로 기간은 운영 주체(지방자치단체, 공사 등)에 따라 다양하지만(3~8개월), 일반적으로 6개월 기준으로 운영된다. 보통 상반기에 일한 사람은 하반기에 선정되지 않을 가능성이 높다. 공공근로와 자활근로에 대해서는 이 책 10쪽 참조.

++ 실제로 국세기본법, 지방세 기본법 등 세금 관련 법률에는 면책조항이 없어서 탕감이 불가능하다. 하지만 공소시효 완성으로 5년이 지난 뒤, 국세청 담당자 권한으로(당사자가 세금을 납부할 수 없다고 판단할 때) 세금 유예 및 면제가 가능하다.

… 희망이 있었으면 해요

내가 술이나 담배를 안 하니까 저축을 많이 할 것 같다고 생각하지만 그렇지도 않아요. 나도 한 번 돼 봐야지 이런 심정으로 로또를 매주 1만 원어치 사요. 만약에 되면, 촌에 가서 경운기 한 대 사서 텃밭 갈면서 살고 싶어요. 2, 3년 전에 수급을 받으면서 자활근로를 했거든요. 남양주 양정까지 가서 농사짓는 걸 배웠어요. 한 달에 80만 원 줬나? 트랙터는 면허가 있어야 하는데, 경운기는 없어도 된대. 그래서 잘 배웠어요. 그 경험으로 돈만 있으면 어디 촌에 들어가 살라고. 근데 한 열흘 전인가? 어디서 전화가 왔어. 로또 1등 번호 알려 준다고. 그러고는 18만 원이래. 지그들 말은 당첨될 때까지 해준대. 통장 번호랑 카드 번호 알려 줬더니 바로 18만 원을 빼가 버렸어. 그 카드는 바로 정지했어. 난 그렇게 빨리 빼갈 줄 몰랐어. 매주 화요일마다 번호를 알려 줘요. 그 번호로 하면 많이는 안 돼도 5000원짜리는 돼요. 혼자 하면 그 정도는 안 되거든. 사기라고 볼 수는 없지.

/ 겪으신 일이 많으신데, 그래도 문제가 생길 때마다 해결을 잘 하시네요. 통장이나 카드도 해지하고, 핸드폰도 끊고, 노동청도 방문하시고. / 세무서도 몇 번을 갔어요. 예전에 남대문 세무서 가서 세금 체불한 게 남아 있나 물어보니까, 컴퓨터를 두드려 보더니만 세금이 상당히 남아 있으니까 갚아야 한다고 하더라고요. 근데 두 달 전에 세무서를 가니까 뭐가 없다는 거

야. 10년이 넘어서 없어진 건지, 아니면 내가 지금 워낙에 없으니까 돈이 생길 때까지 안 보여 주는 건지. 8억이란 돈을 그 사람들이 말소는 안 시켰을 거란 말이에요. 2010년에 인천에서 나올 때도 통장을 다 해지했는데, 하나가 남았나 봐. 은행 직원이 이야기하더라고. 계좌에 5000만 원이 있는데, 지금 이 통장이 압류되어 있다고. 8억도 내 돈 아니고, 5000만 원도 내 돈 아니라서 신경 안 썼어.

/ 식사는 어떻게 하세요? / 요즘 잠도 안 오고, 아침에 밥 먹는 것도 그나마 김치 하나 먹고 나오는데, 요즘은 뭐 해먹으려고 해도 귀찮아요. 막상 해놓으면 먹기 싫고. 잠은 많이 자야 두세 시간이에요. 9시에 자면 11시쯤 깨고, 11시에 자면 2시쯤 깨서 테레비나 보는 거지. 내 앞집 사람은 아침마다 구세군에 새벽 3시까지 가서 줄 서서 밥 먹고 온대요. 배식을 보통 6시에서 7시 사이에 해. 나도 가고는 싶은데, 새벽부터 세 시간 동안 줄을 서야 하니 갈 수가 없어요. 그것도 늦게 가면 없어요. / 밥을 먹자고 새벽 3시에 줄을 선다구요? / 질서를 잡는다는 거지. 마구잡이로 들어오니까. 줄 세워서 온도 재고, 이름 적고. 밥 먹을 곳이 더 있으면 그렇게 줄 안 서겠지만. 채움터(따스한채움터)나 그전에 실로암 사우나 앞에도 밥 주던 데가 있었는데, 안 가요. 맛이 없으니까.+ 그래도 배고프면

+ 현재 홈리스가 이용할 수 있는 급식소는 그 양과 질 모두 문제를 드러내고 있다.
서울시는 노숙인 종합지원센터 세 곳과 노숙인 일시 보호 시설 네 곳을 통해 급식

그런 거 생각하기도 힘들지.

/ 동네에서는 어떤 분들과 친하게 지내세요? / 내가 술, 담배를 안 하니까 사람들이 나한테 말을 안 걸어요. 동네에서는 주로 혼자 있어요. 그럼 집에서 테레비를 보는 건데, 그것도 계속 보면 허리 아파. 그러니까 멀리 가는 거예요. 버스는 내 돈을 내야 하고, 서울역에서 신창까지 가는 급행 전철 있잖아요. 오산, 신창에 있는 다방에 가는 거지. 사람 많은 데는 안 가요. 주인 혼자 있는 데 가서 한 잔에 1만 원 하는 꿀차나 마시고 이야기하다 올라오는 거지. 그 찻값도 무시 못 해요. 여기 쪽방에서 술 먹고 담배 피우면서 시간 보내는 사람이나 저나 똑같아요. 저는 술, 담배를 안 하는 대신 돌아다니면서 시간 때우는 거예요. 그 돈이나 그 돈이냐. 누가 누굴 나무랄 수는 없는 거예요. 거기는 차 팔려고 손님 이야기 듣는 거고, 난 내 이야기 풀 데가 없으니까 거기서 푸는 거고, 그런 재미지.

동네에 뭐 특별히 친하다 할 만한 사람은 없어요. 좀 친

서비스를 제한적으로 시행하고 있다. 하지만 여성 전용 일시 보호 시설 한 곳(수용인원 30명에게만 1일 3식 제공)을 제외한 나머지 기관들은 모두 1일 1식만 제공하는데, 3개 자치구(용산구, 서대문구, 영등포구)에 몰려 있어 그 외 지역 홈리스를 포함한 서울 시내 '노숙인 등'을 포괄하기에는 역부족인 상황이다. 더욱이 코로나19의 유행 이후 2020년 11월 현재 '노숙인 등'에게 급식 서비스를 제공하고 있는 위 7개 기관 중 일부 기관들은 기관 이용자(당일 센터·시설 내 잠자리 이용자) 외에는 급식을 이용할 수 없도록 하고 있다(<홈리스뉴스> 83호, 2020.11).

했던 사람들도 있었는데, 돈 빌려주고 몇 번 모르쇠 당한 뒤로는 그냥 그래요. 여기도 저기도 아는 사람 없어요. 가족도 없고. 먼 친척이야 호적등본 떼보면 알 수도 있지만, 내 신세가 이렇다 보니까 찾아가지도 못해. 알아도 안 가요. 가서 푸대접 받으면, 나 자신도 초라해 보이니까. 어떨 땐 자다가 영원히 안 깨어나면 좋겠다, 이런 생각도 들어요. 내가 게으르게 살아서 그렇구나 하고 자신만 탓하지. 부지런하면 안 이랬을 텐데….

후암로60길 ○○, ○○○호

지금 사는 방에 일단 정은 들었어요. 내가 방세 내고 내 방에서 편히 자는 거랑 교통이 편리한 건 좋은데, 화장실을 공동으로 사용하면서 쭈그리고 앉는 거랑 목욕탕도 없는 건, 아유 불편한 거 말도 못 해요. 아무리 급해도 그런 곳에서 일 보라고 하면 보지 못할 사람이 많을 거예요. 깨끗하게 살고 싶어도 도무지 그러기 힘든 곳이 쪽방이에요. 화장실이 깨끗하게 방마다 있어야 해요.

난 화장실은 스퀘어빌딩(서울역 맞은편에 위치한 구 대우빌딩)엘 가고, 목욕은 쪽방 상담소에서 하긴 하는데, 보일러 용량이 적어서 두세 명만 씻어도, 뜨거운 물이 끊겨요. 또 사람들이 줄 서있으니 눈치가 보여서 대강 씻고 나오기 일쑤죠. 후암동에 사우나를 가면 7000원 하거든. 한 달에 한 번은 갔어요. 남대문은 만 원 달라 그래. 집은 여러 사람이 같이 쓰지 않고, 나혼자 살 수 있는 곳이어야 해요. 화장실에 오래 앉아 있어도 누가 뭐라 할 사람도 없고. 샤워도 하고 싶은 만치 할 수 있고.

쪽방촌은 누구랑 거리를 두는 게 어려워요. 요즘 코로나 때문에 누구랑 붙는 것도 위험해서 더 그래요. 나는 예전에 결핵이 걸려서, 완치는 됐지만, 더 조심해요. 길을 가더라도 마스크 안 쓴 사람 있으면 피해 가고, 마스크 안 쓰고 말 걸면 대답도 하기 싫어요. 식당도 안 가요. 이럴 때는 다 조심해야 한다구. 그런데 거리에 보면 마스크도 안 쓰고 침도 탁뱉는 사람들이 있어요. 아유 정말. 그리고 내가 3층에 사는데, 밑에 사람들이 앉아서 술 먹고 밤새도록 떠들어. 그것도 한두 번이어야지. 경찰을 불러도 그때뿐이야. 매일 그러니까, 그냥 좋게 지내자고 말하고는 더 이야기도 안 해.

주변에 보면, 임대주택 당첨돼서 가는 사람들이 있어요. 저도 영구 임대+가 되면 좋겠는데, 막상 돼서 가는 사람 보면 한 달도 못 살고 와버려요. 그런 데 가면 여기처럼 뭐 먹을 거나 입을 거 나오는 것도 없고, 같이 술 먹을 사람도 없

+ 국가나 지방자치단체의 재정으로 최장 50년까지 거주할 수 있는 공공 임대주택을 말한다. 평균 임대 보증금은 190만 원, 평균 월 임대료는 4만5000원이다. 전용면적은 가구원 수에 따라 30제곱미터 미만의 주택(2인 이하 가구)부터 42~49제곱미터 주택(5인 이상 가구)까지 다양하다.

으니까 돌아오는 거지. 나는 되면 가요. 만약에 영구 임대가 나온다면 보증금이 50만 원 정도 있으면 된다고 하대. 근데 이게+ 살면서 주인이 전세금을 몇천만 원 올려 달라는 수가 있다네. 1, 2년 살다 보면 주인이 100, 200도 아니고 2000, 3000만 원씩 올려 달라고 한다던데, 그 돈은 개인이 내는 거죠? 그걸 내야 하면 갈 수가 없지.

／전세 임대주택 말고 나라에서 하는 임대주택++을 구할 수 있으면 어디에서 살고 싶으세요? ／저는 조용한 데서 살고 싶어요. 내가 술을 안 하니, 맨날 술 먹고 그런 건…. 사람들이 술도 안 먹고 시끄럽지 않은 동네라면 사는 것도 좋죠. 지방에 살고 싶은 마음도 있는데, 지방은 아무래도 혜택도 줄죠? 돌아다녀 봐도 중구처럼 주는 곳이 없어요. 아 여기 어떻게 영구 임대주택 하나 있으면 좋을 텐데…. 그것만 있으면 우울감도

+ 장영철 씨는 공공 임대주택의 유형을 구분하지 않고 임대주택 혹은 영구 임대라는 용어를 사용하고 있다. 이 대목에서 그가 지칭한 것은 '기존 주택 전세 임대'로, 공공 주택 사업자가 "기존 주택을 임차해 수급자 등에게 전대하는 공공 임대주택"이다. 보증금 2억2500만 원 이내 주택에 대해 최대 8550만 원까지 지원한다. 지원액을 초과하는 전세 금액은 입주자가 부담해야 한다. 임대 계약 갱신 시, 임대료는 5퍼센트 이내로 인상될 수 있으며 주택 소유자의 의사에 따라 전세 계약이 종료될 수 있다. 장영철 씨가 마음에 들어 했던 집은 주로 기존 주택 전세 임대주택 중에 있었다. 그러나 그는 보증금의 규모와 임대료 인상 우려로 인해 집을 구하지 못했다.

++ 공공 주택 사업자가 "기존 주택을 매입해" 수급자 등에게 공급하는 공공 임대주택이다. 원룸형(1~2인)의 평균 임대 보증금은 1500만 원, 평균 월 임대료는 10만 원이다. 다만, 쪽방 주민은 주거 취약 계층 주거 지원 사업을 통해 보증금 없이 입주할 수 있다. '기존 주택 전세 임대'에 비해 보증금 인상의 우려가 적다.

날릴 수 있을 텐데, 그리고 돈을 좀 모아도 뺏기지 않는다는 희망이 있었으면 해요. 나중에는 경운기 하나 사서 텃밭을 가꿀 수 있으면, 그러면 좋겠어요.

집다운 집에 대한 생각

　동자동 사랑방에서 한 달에 한 번씩 『쪽방 신문』을 방에 가져다 줘요. 거기 보면, 재개발이 어떻게 돌아가고 있다, 알려 줘요. 그게 지금 제일 불안한 거예요. 자꾸 개발한다고 쫓아내는 게 불안해. 여길 또 나가면 이 근방으로 안 가고 멀리 벗어나고 싶어요. 아예 안전한 곳으로. 지금 집주인은 작년 명절에 와서 도시락 줄 때 얼굴 본 게 다예요. 그때도 개발에 대해서는 한마디도 안 했어요. 집주인에게 들은 건 일절 없고, 작년에 누가 제게 보상을 이야기한 적이 있어요. "개발한다고 이사를 하면, 못해도 돈 100만 원은 받아야 하지 않겠냐" 하더라구요 돈 100만 원이 큰돈인 것처럼 이야기하는데, 개발한다고 쫓겨난다면 적어도 월세를 얻을 보증금은 줘야 하는 거 아닌가 싶어요. 작년 말에 양동 다른 건물에, 두 달 치 월세를 내지 않는 조건으로 집에서 나간 사람들이 있어요. 그렇게 건물을 비우고는 입구를 두들겨서 나무로 막아 놓더라구요. 우리도 그렇게 나갈 줄 알고 이사비를 이야기하는 것 같아요. 이 주위는 집값이 비싸서 돈 1000만 원 있어도 월세 구하기 힘들어요. 그러니 돈을 받아도 중구를 떠나게 되는데, 그러면 나가는 돈이 더 많아요. 다른 곳은 혜택이 적거든요. 그러면 1000만 원을 받아도 사실상 돈만 까먹는 신세가 되는 거예요. 만약에 여기서 쫓겨난다고 하면 어디로 갈지 걱정이에요.

동자동 놀이터 맞은편에 보니 주민들이 공공 개발을 반대한다고 현수막을 붙여 놨던데, 처음에는 여기 사는 주민들이 붙인 줄 알고 놀랐어요. 공공 개발을 주민들이 싫어할 리가 없는데 왜 그러나 싶었어요. 알고 봤더니, 토지와 건물 소유주들이 거기 사는 사람들을 핑계 삼은 거더라구요. 할 수 있으면 우리 양동 쪽방 주민들도 같이 들어가면 좋을 텐데. 거기 공사는 도대체 언제 시작할지 모르겠어요.

돈 걱정 없으면, 예전 살았던 수원 서문 로터리 그쪽 장안공원에 가고 싶어요. 거기는 심심하지 않아. 바로 앞에 장안공원이 넓으니까 산책도 할 수 있고. 거기 있으면 방 안에 처박혀서 테레비만 볼 필요도 없어. 사람들 장기 두는 데 끼어들어서 이야기도 하고, 공원에 화장실도 있으니까. 거기는 술 먹고 싸우는 사람도 없어서 조용해요. 교통도 좋구요. 천안이나 오산 내려가기도 가깝고, 사당이나 모란시장 가기도 좋고.

/ 수원에 임대주택을 구하면 좋으시겠어요? / 근데 지방에 가면 수급비가 서울만큼 안 나와요. 여기는 상담소에 가면 보통 컵라면하고 즉석밥, 김, 통조림 반찬 이런 게 나오고 그러니

까. 여러 군데서 도와주는 데가 있나 봐. 박스에 담아서 나눠
줘요, 옷도 주고. 그리고 여기는 공로 수당 카드도 나오니까.
겨울에는 동사무소에서 난방비도 좀 주고, 명절에 위로금인
가 해서 줘요. 수원 가서 살면 어떨까 해서 수급 받는 사람들
한테 물어봤어요. 아무것도 없대. 여기랑 차이가 크게 나더라
고.[+] 살고 싶은 곳은 조용한 장안공원인데, 지원이 없으면 쉽
지 않지. 여기 중구에 있는 임대주택에서 조용하게 살 수 있
으면 좋겠는데… 수중에 돈이 되면 수급이나 뭐나 다 때려치
우고 수원에 조용한 데 가서 살고 싶어요. 장안공원 근처에
약수터가 있거든요. 통에 물이라도 몇 병씩 담아 오면서.

세입자들에게 거주지를 마련해 준다면, 화장실과 목욕
탕까지 마련해 줄 것인가, 그게 문제예요. 방은 한 칸이어도
화장실은 꼭 있어야 해요. 내 집에서 일 보고 목욕할 수 있으

[+] 실제 서울에 살고 있는 장영철 씨가 현재 받고 있는 수급을 지방 도시 수급자와
비교해 보면 다음과 같다(2020년 기준).

서울시 중구 소재 쪽방		광역시 이외 지역 소재 임대주택	
생계 급여	22만7160원	생계 급여	22만7160원
주거 급여	25만 원	주거 급여	15만 원
기초 노령 연금	30만 원	기초 노령 연금	30만 원
어르신 공로 수당	10만 원	추가 수당	-
합계	87만 원	합계	67만 원

* 생계 급여: 1인 가구 생계 급여 급여기준 52만7158
원에서 기초노령 연금 30만 원을 공제하고 끝자리를 올린
금액.
* 주거 급여: 1급지(서울)의 주거 급여 상한액은
26만6000원이다.
* 어르신 공로 수당: 중구에서만 추진 중인 노인복지 사업.

* 주거 급여: 4급지(서울, 경기, 인천, 광역시, 세종 외
지역)의 주거 급여 상한액은 15만8000원이다. 임대주택의
월 임대료는 10~20만 원 내외로 책정된다.

면 걱정이 없을 거예요. 가전제품이야 아껴서 채워 넣으면 되지만, 화장실은 어찌할 방도가 없잖아요. 언제까지 공동 화장실을 써야 하는 건지 모르겠어요. 만약에 우리한테 나가라고 하면, 최소한 보증금은 줘야 하지 않나, 그거 안 주면 못 나간다, 해야지 싶어요. 1000만 원은 받아야 나가서 방 얻고 먹고살지.

나가기 전에 영구 임대주택이 되면 좋겠어요. 한 번 들어가면 계속 살 수 있으니까. 그런데 망설이는 것은 전세 임대주택에 살면, 1, 2년 지나서 주인이 보증금을 올려 달라고 할까 봐 그게 걱정이 되고. 영구 임대주택은 나라에서 집을 사서 임대하는 거니까 그렇게까지 오르진 않을 거란 말이에요. 매입 임대주택은 보증금이 50만 원만 있으면 된다고 하니까 수급비를 최대한 아끼면 되겠더라고. 그래서 동사무소에 매입 임대주택이 있는지 물어봤어요. 그런데 서울에는 거의 없대요. 구리시, 양평, 이쪽에 나왔더라고. 그래서 포기했어요. 거기는 수급비만으로 살아야 하니까. 전 중구 안에 있는 임대주택이 좋죠. 그런데 매입 임대주택에 살면 보증금은 안 올라요? 보증금이 오르면 그것도 어려워요. 보증금 낼 돈을 모으고 싶긴 한데, 돈 모으기도 힘들어요. 영등포랑 동자동은 공공 개발 한다고 하더니, 그것도 다 못 믿어요. 아휴 그냥 서울 밖에 나가면 조용하고 좋은데 먹고살기가 힘드네.

내가 전생에 중이었대. 그래서 역마살이 있대. 다시 태어나면 평범하게 회사 다니고 가정 꾸미는 샐러리맨 되고 싶어요.

듣고 적으며

/ 오규상 /

"지금 통화할 수 있어요?"

2021년 1월, 장영철은 인터뷰를 시작한 후 처음으로 내게 먼저 전화를 걸어 왔다. 혹시라도 내가 불편해 할까 조심하는 그의 마음이 목소리를 타고 전해졌다.

"네, 괜찮아요. 말씀하세요."

"혹시 … 아는 변호사 있어요? 뭐가 날라왔는데, 몇천만 원을 갚으라네."

인천지방법원에서 그에게 2010년 발생한 대여금에 대한 지급명령서를 보냈다고 했다. 대강의 내용을 받아 적은 뒤, 도움 줄 만한 곳을 찾아보기로 했다. 마침 며칠 뒤에 다른 일로 그와 만날 약속을 해둔 터였다. 그런데 약속 당일, 지급명령에 관해 이야기를 나누려고 전화를 걸었는데 통화가 되지 않았다. 인터뷰를 시작하면서 그와 연락이 안 된 적은 없었다. 나는 식은땀이 났다. 그의 행방을 알 만한 몇 사람에게 수소문해 봤지만 아는 사람은 없었다. 나는 몇 차례더 전화를 건 끝에 그의 목소리를 들을 수 있었다.

"인천 가는 중이에요. 마음도 답답하고, 일단 법원 근처

세무서에 가서 알아보려구요."

　장영철은 2009년, 서울역에서 숙식을 제공해 주겠다는 누군가를 만나 인천에 가게 됐다. 그를 기다리고 있던 건 명의 범죄 집단이었다. 위압적인 분위기 속에서 장영철은 그들에게 신분증을 건넸고, 그들은 장영철의 명의로 대출을 받고, 법인을 개설했다. 2010년, 그는 자신의 명의로는 더 이상 대출을 받을 수 없게 된 후에야 그곳을 나올 수 있었다.

　그곳을 나온 직후, 장영철은 8억 원 상당의 국세 체납 건으로 경찰 조사를 받았다. 연체된 통신 요금도 주요 통신 3사에서 확인한 것만 800만 원에 달했다. 각종 채권 추심 업체는 끊임없이 그에게 통지서를 보냈고, 집 주변을 기웃거렸다. 그는 항상 명의 범죄 집단이나 채권 추심 업체가 자신의 통장을 지켜보고 있다는 두려움에 시달렸다. 실제로, 명의 범죄 집단에서 나온 직후, 그의 한 통장에는 5000만 원이 들어왔다 나간 일도 있었다. 그에게는 돈을 버는 것도, 통장에 돈을 넣는 것도 두려운 일이었다. 제대로 된 수입 없이 10년을 버틴 장영철은 2020년, 기초생활수급자가 되었다. 그리고 1년이 채 안 돼 그는 또다시 얼굴도 본 적 없는 누군가에게 수천만 원을 빌린 채무자가 되었다.

　장영철이 채무 지급명령에 이의를 제기하려면 두 가지 조치가 먼저 이뤄져야 한다. 첫째, 2010년에 장영철 명의로 차용증을 작성한 일당이 검거된 뒤, 그들이 장영철의 무고를 증명해 줘야 한다. 둘째, 대출이 이루어진 당시 장영철의 의

사능력에 흠결이 있었음을 증명해야 한다. 그래야 그가 명의 도용의 공범이 되지 않을 수 있다. 하지만 두 가지 모두 현재 시점에선 불가능에 가깝다. 결국 우리는 서울사회복지공익 법센터에 조언을 구해 파산을 신청하기로 했다.

2021년 2월, 나는 장영철이 파산을 신청하러 가는 길에 동행했다. 파산 신청을 위해서는 우선 체납 여부를 포함해 신청자의 자산 현황을 알아야 한다. 장영철은 이럴 때 어디 로 가야 하는지 잘 알고 있었다. 버스를 타고 중부 세무서에 도착해 2층에 있는 민원 봉사실로 가는 동안, 그는 누구에게 도 길을 묻지 않았다. 세무서라는 곳은 난생처음 가보는 내 게 그는 마치 자신의 단골 식당을 소개하듯 한걸음 앞서 길 을 안내했다.

세무서와 주민센터에서 발급받은 국세와 지방세 납세 증명서에는 "체납액이 없음을 증명합니다"라고 쓰여 있었 다. 장영철은 "이놈들이 그걸 없애 줄 리가 없는데…"라면서 도 안도의 한숨을 짧게 내쉬었다. 10년 넘게 그의 마음속에 있던 '체납자'라는 그림자가 사라진 순간이었다. 'NICE 신 용정보'와 '서민금융진흥원 정보센터'에서 장단기 연체 및 대출 이력이 없는 것도 확인했다. 공인인증서는 물론이고 이 메일도 없는 장영철이 자신의 채무를 조회하는 과정은 쉽지 않았지만, 우리는 조사 가능한 범위 내에서 최대한 그 어떤 채무도 없음을 확인했다. 이후에는 법원에서 보낼 다음 통지 내용에 따라 대응하기로 했다.

하지만 그가 해결했다고 생각했던 문제와 그것에 대한 두려움은 여전히 그의 곁에 자리하고 있다.

"며칠 전에 서울역 10번 출구에서 젊은 놈이 노인네 옆에 앉혀 두고 신분증을 들고서는 어디다 전화하더라고. 아 저거 바지사장 앉히려나 보다 했는데, 신고를 못 했어. 또 나까지 엮여 들어갈까 봐서…."

… 희망이 있었으면 해요

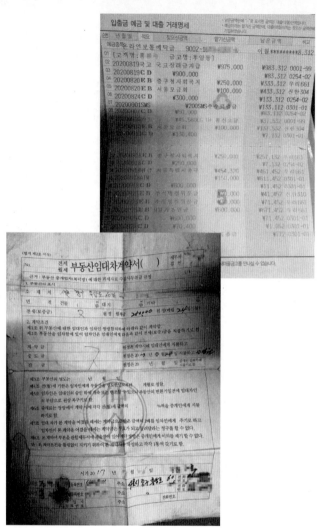

장영철의 기초생활보장 급여와 기초연금이 들어오는 통장(위)
과 현 거주지의 임대차 계약서(아래). 여러 차례 명의 범죄 피해
를 본 장영철은 압류에 대한 두려움으로 통장에 돈을 남겨 놓지
않는다.

© 홈리스행동

남대문로5가 622번지(후암로60길 16-17). 건물을 매각한 후 문
과 창틀에 나무로 못질을 해 폐쇄했다. 옥상의 쪽방은 벽체만
남긴 채 반파되었다. 맞은편 쪽방 주민들은 매일 이 광경을 마
주해야 한다.

··· 희망이 있었으면 해요

은영이가 99년생,
지금은 시설에 있어

김기철

1958년, 충북에서 태어나 1976년에 서울로 왔다. 이후의 삶은 서울역과 궤를 같이 한다. 역 근처에서 먹고 자며 일해 왔고, 아내를 만나 가정을 꾸렸다. 아내는 정신병원, 딸 은영은 장애인 시설로 가게 되면서 가족과 이별했다. 지금은 양동 쪽방에 살면서 딸과 다시 만날 날을 기다리고 있다.

"시골에서 나 혼자
헤어날 길이 없잖아"

옛날 시골 초가집 있잖아, 충청북도 (옥천군 청성면 묘금리) 용동+ 초가집에서 살았어. 그때 우리가 넘의 땅을 빌려 가지고 파농사를 많이 했는데, 농사를 지으면 반을 (땅 주인) 주고 우리가 반을 갖고 리어카에 담아서 식당 같은 데 팔고 그랬어. 엄청나게 못살았지. 나 여덟 살 때 아부지가 폐암 수술을 대전서 했는데 수술비 때문에 빚이 장난 아니잖아. 결국은 1년도 안 돼 엄마가 먼저 농약 먹고 자살하고 그해 8월에 아버지가 세상 떴지. 1년 있다가 할머니도 엄마처럼….

1976년에 비둘기호 타고 서울 땅을 처음 밟았어. 누나도 서울 가서 취직해서 먹고살아라 그러고, 시골에서 나 혼자 헤어날 길이 없잖아. 처음 서울역에 며칠 있으면서 애들하고 대화해 보니까 어디 가면 일 보내 주는 데가 있다 알려 주더라고. 같이 서울역에서 술 먹으면서 얘기하다 보면 친구

+ 김기철은 자신의 고향을 "호두와 곶감이 유명한 곳"으로 소개해 달라고 했다.

가 돼. 그렇게 직업소개소에서 소개 받아서 일한 것이 오늘까지 안 해본 일이 없어.

처음 간 곳이 젖소 농장인데, 아우 새벽 4시면 나가서 소젖 짜야지, 리어카로 똥 치워야지 … 오후 5시까지 일하면 하루가 끝나는 거야. 그때 일하는 사람들은 완전 머슴이랑 똑같았어. 밥도 주인하고 따로 먹고, 반찬은 딸랑 두 가지. 잠도 지금 쪽방 수준의 방에서 일하는 사람들끼리 다 같이 잤어. 그러다 보니까 서로 "니 잘났니. 나 잘났니" 할 수밖에 없지. 일하는 데 마음이 안 맞아서 자꾸 트러블이 생기니까 구미 양계장으로 넘어갔지.

양계장 일도 새벽 4시면 나와서 계란 걷어야지 … 진짜 힘들었어. 양계나 양돈 같은 데 가면 봉급을 잘 안 주려고 그래. 그때는 봉급을 '환'[+]으로 줄 때인데 5환, 10환 … 어우 얼마 되지도 않았어. 그니까 지금은 거의 외국 애들 데리고, 걔들은 잘 모르니까, 두드려 패고 일 시키는 거야. 쉽게 말해서 외국 애들이 옛날 노숙자들보다 더 못한 취급 받으면서 엄청나게 고생하는 거지.

농장일 하다 목포 신안에 새우배 타러 갔는데 이건 새벽 4시부터 밤낮없이 엄청나게 고생 많이 해. 여기서 (새우) 사 먹는 사람들은 그걸 모르지. 손가락으로 일일이 저어서 요만

+ 기록에 따르면 1962년 6월에 단행된 통화개혁으로 '원'으로 바뀌었다고 하지만 김기철은 1976년 상경 이후에도 '환'으로 월급을 받은 것으로 기억하고 있다.

한 티 하나도 다 골라내고, 값 안 나가는 거 버려야 돼서 겨울에는 손이 막 굳어. 사람 미치는 거야. 거기다가 잘못하면 주인이 막 두드려 패. 육지로 못 나오게 배가 바다 한가운데 있어서 도망을 갈래도 못 가. 육지에 배를 안 대줘서 거기서 먹고 자고 둥둥 떠있어야 하는데, 철창 없는 감옥이라고 봐야지. 구치소는 세끼 밥 잘 나오지, 텔레비전 있지, 교도소보다 더한 데가 배야. 그때는 땅 밟는 게 소원이었어. 아이고, 고생 진짜 많이 했어.

한 달 일하면 돈을 줘야 하는데 돈도 안 주고 일만 시켜서 나중에 도망쳤어. 어쩌다 한 번씩 육지에다 배를 댈 때가 있는데 어느 날 육지에 배를 딱 대길래 "야 튀자" 이러고 배에서 신는 이만 한 장화 신은 채로 도망친 거야. 배에서 도망가는 애들은 그런 식으로 도망가. 나는 갔는데 다른 사람은 중간에 붙들렸다고 그러더라고. 그러면 엄청 두드려 팬대.

신안 갔다 오고 나서는 서대문 경찰서 유치장 구내식당에서 일했어. 집은 없고 잠은 구내식당에서 해결했지. 새벽 4시면 주방으로 들어가서 퇴근은 거기 경찰, 직원들 퇴근하는 5시 반인가 했던 것 같아. 봉급은 한 15만 원 받았나? 쉬는 날은 없었어. 대신 점심시간 끝날 때쯤 주인이 "형씨, 들어가서 한두 시간 자고 와" 그러면 자고 그랬어. 식당에서 밥을 하면 보리밥, 사식(쌀밥) 두 가지로 했어. 돈 없는 사람들은 보리밥 먹는 거야. 사식이라고 고기 주고 이런 건 아냐. 계란 후라이 달랑 하나 없고, 마늘쫑 몇 개, 다꽝(단무지) 세

쪼가리, 이렇게 반찬은 둘 다 똑같아.

구내식당에서 일할 때 가끔 한 번씩 주인이 스탠드바 놀러 가자고 그러면 양복 입고 나비넥타이 딱 매고 머리는 빗으로 싸악 빗고 따라갔어. 그때는 노래방이 없고 단란주점, 스탠드바 이런 게 있었어. 단란주점은 비싸고 스탠드바는 생맥주 500cc, 1000cc에 2000원, 3000원 했었나? 스탠드바가서 밴드가 옆에서 (악기) 쳐주면 노래 부르고 그랬지. 한 곡부르는 데 3000원인가, 비쌌어.

구치소 생활

서울 와서 연탄 배달도 했지, 가위질 해가지고 톡 대면 (엿이) 똑 뿌러지는 엿장사도 했지, 고생 진짜 많이 했어. 연탄 배달, 엿장수 할 때도 따로 방을 얻어 살았던 건 아니고 일당 받으면 여인숙 같은 데 하루 방 구해서 자거나 일 나갔어. 하루살이라고 봐야지.

돈 벌어도 그게 몇 푼 되나. 밥 먹어야지, 막걸리 한잔 먹어야지, 담배 피워야지 남는 게 없어. 돈 없을 땐 서울역 광장에서 박스 깔고 노숙도 많이 했지. 그때는 노숙자들 밥 주고 재워 주는 게 지금처럼 많이 없었어.

나도 노숙할 때 서울역에서 밥 얻어먹었는데 별로 좋진

않지. 그때는 따스한채움터 같은 급식소도 없고 서울역 광장에서 밥 주고 그랬어. 밥 먹으려고 줄 쫙 서있으면 창피하지. 어린애들 마주칠 수도 있고, 광장에서 식판 놓고 먹고 있으면 지나가는 사람들 다 쳐다보는데 사실 기분이 좋지 않잖아. 교회에서 가져온 밥 먹으려면 보통 30분에서 길면 1시간 정도 걸리는 예배도 다 봐야 돼. 예배를 봐야 밥을 주니까 참석 안 할 수가 없잖아. 반찬도 부실하고 별로야. 김치 나오고 대충 콩조림이나 마늘쫑 무친 거, 반찬이 허술했어. 그래도 배는 고프니 안 먹을 순 없는 거고 어떻게 해.

자기가 벌어서 밥도 먹고 그렇게 하면 오히려 낫지. 일을 하는 게 나아. 젊고 멀쩡한 애들이 서울역 광장에 앉아 가지고 그러고 있으면 좀 그렇잖아. 일 안 하면 편하니까 일이 있는데도 본인들이 안 나가려고 해서 문제야. 일 안 해도 밥을 주니까 맨 그런 데나 찾아다니지. 자꾸 줘 버릇하니까 일을 안 하는 거 아냐.

근데 노숙자들 밥 주는 거 공짜로 주는 게 아니야. 쉽게 말하면 장사하는 거예요, 장사. 한 끼에 1300원씩 해가지고 100명 먹는데 (예산을) 150그릇으로 올리면 걔들(공무원)이 몰라. 걔들이 여기 와서 확인할 거야, 뭐야.

서울역에서 술 먹고 싸우다 폭력으로 구치소 들어간 때가 은영이 낳기 전이지. 내가 그때는 집이 없는 상태에서 서울역에서 노숙하다 보니까 누가 때리면 맞게 돼. 술 먹는데 한 놈이 시비 걸면서 때렸어. "에라이 개새꺄." 그럼 우리도 때려 버려야지. 아니 누가 맞고 사냐고, 그치?

　그래서 간 곳이 서울 구치소야. 처음에 미결(미결수 감방)에 있을 때는 그냥 놀다가 빠르면 한 보름, 한 달 정도 있다가 구치소로 넘어가는 거야. 미결에서 재판받았는데 형 나오면 구치소 가는 거고, 아니면 바로 나오는 거지. 보통 한 방에 다섯 명, 조금 방이 크다 하면은 여덟 명까지 같이 지냈어. 한 방에 하나씩은 장기수가 껴있는데, 초범은 들락날락하는 거고, 장기수들은 이제 내 집이다 하고 사는 거니까 좀 틀려.

　구치소 가면 빨래, 조경, 할 일이 한둘이 아닌데 장기수들은 일이 완전 힘든 쪽으로 빠진다고 봐야지. 그땐 내가 소지(사동 도우미)를 했는데, 세 사람이 붙어서 죄수들 국이랑 밥 퍼주고 반찬 주고, 편해. 근데 초범 아니면 소지는 거의 안 시켜 주지.

　대전 구치소가 시설이 잘돼 있어. 대전 구치소 갔을 때가 열여덟 살. 대전에서 큰형이랑 일하다가 싸움이 벌어져 간 것이 대전 구치소. 하루 세 끼 국도 반찬도 다 달랐어. 일반 가정집에선 못 그러잖아. 또 빵 같은 간식도 주지. 솔직히 들어가니까 나오기 싫더라고. 바깥은 또 뻔하잖아. 청주 구치소는 대전 다음에. 그땐 30대가 넘었던 거 같은데. 청주도 싸워서 간 거지. 청주에서 1년 4개월 받고 나왔는데 군기가 세. 내부 군기도 그렇고 딱 들어와 보니까 다른 구치소랑 다르더라고.

병원 생활

그 당시에 서울역 노숙자들 데리고 갈라고 여러 군데서 병원 차가 왔었어. 쉽게 말하면 우리 같이 노예 취급받던 노숙자들을 기사 새끼들이 병원에다 팔아먹은 거지.[+] 기사들이 원무과랑 짬짜미가 되어 있어서 한 사람 병원에 갈 때마다 돈을 받는 것 같더라고. 중개인이라고 봐야지. 나는 담배도 네 갑 주고 커피 주니까 '뭐 잘됐네' 그렇게 생각하고 영천 D병원(정신병원)으로 갔어. 노숙하는 것도 한계가 있잖아. 내가 원래 커피 마시면 잠을 못 자서 커피를 아예 안 먹는데 병원에는 먹을 게 없고 커피는 무료니까 하루에 열두 잔씩 먹었어.

D병원에선 보통 한 방에 여덟 명, 방이 작으면 여섯 명이 생활했어. 난 1층에서 지냈는데, 여자들은 2층, 치매 노인네들은 5층, 층마다 달라. 평소엔 뭐 방에서 티비 보고 밥은 식판에 담아 가지고 싣고 올라와서 줬어. 병원 안에 흡연

[+] 2016년, 국가인권위원회는 노숙인을 유인해 정신병원에 입원시킨 정신 의료 기관에 대해 개선 방안 마련을 권고한 바 있다. 정신 의료 기관은 보호 환자(기초생활수급자) 입원 시 본인 부담금 없이 국민건강보험공단으로부터 입원 치료비를 지급받을 수 있고, 건강보험 환자의 경우에도 공단으로부터 부담금을 지급받을 수 있어 입원 환자가 많을수록 이윤을 낼 수 있다. 인권위원회 조사에 따르면 이들은 돈을 벌 목적으로 연고가 불분명한 환자에게 의료비를 실질적으로 면제해 주고 입원을 유지시켰다. 또 환자들에게 제대로 된 치료 정보를 제공하지 않거나 병원 안팎에서의 음주 행위를 방치하는 등 치료를 소홀히 하고 입원이 필요하지 않은 경우에도 입원을 시킨 것으로 나타났다.

실이 따로 있어서 담배도 피울 수 있었지. 저녁 8시 50분 되면 "투약!" 하면서 간호사가 알약을 쭉 줬어. 컵 들고 문 앞에 서있다가 약을 먹고 물을 마시잖아? 그러면 간호사들이 입을 벌리라고 그래. 약을 (환자들이) 화장실에다 뱉어 낸대. 그래서 약 먹고 나면 아 하고(혀를 들어 보이는 흉내를 낸다) 간호사가 입안을 확인하고 그랬어.

9시 되면 5촉짜리 쪼만한 비상등 하나 남기고 불은 싹 다 나가. 약 먹고 한 시간쯤 되면 베~해 가지고 그냥 다 쓰러져 자. 약을 세게 주니까 사람이 몽롱한 거야. 병원에서 원체 약을 세게 먹여 놔가지고 지금 내가 한 번에 (정신과 약을) 8개씩 먹는데도 약발이 약해.[+] 지금 다니는 병원 의사한테 약 추가해 달라고 하니까 (지금 먹는) 약도 너무 많아서 더 추가를 못 해준다 하더라고.

병원에서도 바깥 산책도 하고 다 해. 친구들하고 영천시장 나가잖아? 그러면 그냥 들어올 수 있나. 셋이 넷이 모여서 막걸리 먹고 들어와. 들어오면 반장이 딱 나와서 대기하고 있어. 술 마신 거 걸리면 폐쇄 병동으로 붙들려 가서 일주

[+] 같은 시기 정신요양원에 대한 르포 기사를 보면, 다음과 같이 억압적으로 운영되었음을 알 수 있다. "군대식 규율과 2, 3중의 잠금장치, 신경안정제인 클로로프마진 투여는 '관리'의 필수 요건이다. 요양원 관계자는 관리인 1명당 환자 125명의 관리가 가능한 '비결'에 대해 '약 덕분에 환자들이 관리인에게는 양처럼 온순하고 때로 규율을 어기면 몇 시간씩 무릎 꿇려 앉혀 두는 체벌을 가하기도 한다'고 말했다"(『한겨레』 1993/04/22).

일 정도 있다 나오고 그랬지. 반장이 직원은 아니고 우리랑 병실에서 같이 먹고 자고 하는 사람이야. 약도 먹으니까 환자라고 봐야지. 방에서 싸워도 폐쇄 병동에 붙들려 갔지. 때린 놈이나 맞은 놈이나 싸우면 일주일 동안 갇혀 있다 나와야지. 폐쇄 병동이 답답하긴 답답하지. 바깥에 나가질 못하고 일주일 동안 그 안에서만 왔다 갔다 할 수 있으니까.

영천 말고 청도 정신병원에도 있었어. (나를) 서울역에서 영천에 데리고 간 최 기사+가 환자들한테 나오는 돈을 다 해먹어서 영천에 있다 잘렸어. 그 새끼가 영천에서 청도 S병원으로 가면서 지가 서울에서 데리고 온 애들은 빼간 거지.++ "야 기영아 가자" 이러면서 좋대서 따라간 거지.

청도는 동네랑 떨어져서 병원만 달랑 하나 서있지 뭐가 하나도 없어. 사람 구경 못 하는 게 좀 답답하더라고. 내가

+ 홈리스행동 활동가 이동현은 최 기사가 서울역에서 노숙인을 데리고 가는 장면을 목격하고 채증하기도 했다. 2014년 9월 3일, 경찰청 보도자료(보건복지부·경찰청·국민건강보험공단 합동 전국 요양병원 단속 결과, 143개 병원 적발)에 따르면, 일부 병원에선 의료 브로커들에게 환자 한 명을 알선할 때마다 10만 원의 대가를 지급하고 허위 환자를 유치했다. 환자 수 및 환자 입원일 수를 늘려 요양 급여 및 건강보험료 등을 국민건강보험공단, 민간 보험사 등으로부터 편취하기 위해서다.

++ 환자에게 나오는 의료 급여 비용을 최 기사와 같은 의료 브로커들이 챙겨 갈 순 없다. 따라서 김기철이 "최 기사가 환자들한테 나오는 돈을 다 해먹었다"고 말하는 건 최 이사가 인지능력이 미약한 이들의 통장을 관리한다는 명분으로 생계 급여를 착복하는 경우를 가리키는 것일 수 있다. 또한 최 이사 같은 의료 브로커들은 마치 '인력 파견 업체'처럼 환자에 대한 배치권을 갖고 환자들을 이 병원 저 병원 옮겨 다니게 하기도 했다.

병원에서 토탈 3년4개월 있었어. 말이 3년4개월이지 얼마
나 지겨워. 그래도 청도 정신병원에서 수급을 만들어 주더라
고. 노숙자들은 거주지가 없으니까 수급 같은 거 안 되는데
병원 살 땐 병원이 거주지니까 병원 원무과에서 처리를 해준
거야. 수급 있으니까 서울 가서 살겠다 했더니 병원에서 왜
가냐고 그래. "야, 인간아. 내가 여기서 수급 하나 만들라고
3년4개월이나 있었다" 그랬지. 이게 짧은 기간은 아니잖아.
난 부모가 맡긴 게 아니라 내 발로 들어간 거니까 보내 줬어.
우리는 자유잖아. 부모가 갖다 맡기면 바깥에 못 나오고 완
전 갇혀 있는 거지. 그때부터 수급비가 있으니까 서울에 올
라와서 양동 쪽방 생활을 했어.

은영 엄마

1995년에 은영 엄마를 서울역에서 우연히 만났어. 그때
나는 양동에 살았고 애 엄마는 노숙을 하고 있었는데 "아저
씨 담배 있으면 한 가치 주세요" 그래. 여자가 좀 잔잔한 것
같아서 "아줌마 밥은 먹었어요?" 그러니까 안 먹었대. 밥 먹
으러 가자니까 쪼르륵 따라오는 겨. 그래서 식당에 가서 점
심을 먹으면서 얘기를 들어 봤지. 그러고 같이 살았던 거지.
여의도 순복음교회 댕기는 권사가 소개해 줘서 중림동 성당

바로 밑 독채에서 살았어. 은영이도 거기서 태어났어. 일반 가정집이고 인형 침대까지 다 있었는데 할머니(방 주인)가 집 관리 잘해 달라면서 방세를 싸게 받았어. 할머니가 되게 잘해 줬어.

애 엄마가 이런지(정신 질환이 있는지) 몰랐지. 알았으면 아예 처음부터 포기했을 거야. 성격도 나하고 너무 차이가 많이 나고. 같이 살다 보니까 하나하나 드러나면서 이상한 거야. 처음엔 숨어서 먹으니까 정신과 약을 먹는 것도 몰랐어. 근데 뭐 뿌시락뿌시락 혀. 알고 봤더니 나 몰래 정신과 약을 먹은 거야. 그짓말 하다 들통이 난 거지. 나중에 무슨 약인지 물어봤더니만 안 알려 주더라고. 아휴 그런가 보다 하고 산 거지.

병원은 24시간 불이 켜 있잖아. 우린 불 꺼야 잠을 자는데 애 엄마는 병원 생활을 오래 해서 불을 끄면 못 잤어. 불을 끄면 정신을 못 차리는 사람이야. 나는 잠을 자고 일을 나가야 되는데 밤새 불을 켜놓으니까 내가 엄청 힘들지. 그래서 밤 대신 낮에 하루 종일 자빠져 자고 세상을 거꾸로 살았어. 담배를 하루에 두 갑씩, 줄담배를 폈어. 하루 두 갑씩 핀다는 게 말이 그렇지, 남자들도 그렇게 안 피워.

은영이 엄마가 내가 자고 있는데 병으로 때려 가지고 이거(얼굴에 난 상처) 이래 놓은 거야. 은영이가 분유 먹을 때니까 오래됐지. 지금은 정신병원에 입원해 있어. 나 만나기 전에도 지 언니가 병원에 입원시켰었다고 그러더라고. 지금도 내가 넣은 게 아니라, 지 언니가 갖다가 집어넣은 거야. 난 지금 어디 병원에 있는지 몰라. (나랑 살 때는) 내가 데리고 가서 약 타고 이랬지. 지 혼자도 약 타먹고. 그때 은영 엄마가 속을 썩여 가지고 여자라면, 아휴 은영 엄마 만나고 만난 적도 없어.

은영이와 함께…

1999년 10월 6일에 은영이가 나왔어. 그때 병원에서 "빨리 병원으로 오셔야 되겠는데요" 그래서 갔더니만 은영 엄마가 애를 없앨라고 그랬더라고. 은영 엄마 허리가 36이라 (임신한) 표가 안 나서 내가 몰랐던 거지. 내가 가서 은영이가 태어난 거야.

병원에서 기형아로 태어난다고 그러길래 나는 팔이나 다리가 그런 줄 알았는데 말에서 딱 문제가 생겼어. 말을 죽이어서 해야 하는데, 얘는 고기, 밥, 엄마, 아빠 이렇게 딱딱 끊겨. 그걸 언어장애라고 그러더라고. 내가 알기론 지금도 걔는 지 이름 지가 못 쓸 거야.

은영이가 어려서 너무 고생을 해서 개한테 할 말이 없어. 애 엄마가 애 밥을 안 주는 걸 내가 몰랐잖아. 그땐 내가 노가다 일을 했거든. 일자리를 빨리 잡으려면 새벽 4시면 집에서 나가야 돼. 지금도 쪽방에서 새벽 4시면 가방 메고 나

가는 소리가 다 들려. 은영이가 네 살 때인가? 일을 딱 가려
는데 갑자기 은영이가 막 우는 거야. 그래서 택시 타고 병원
에 갔더니 영양실조로 딱 판단이 난 거야.+

그러니까 동사무소에서 은영 엄마를 털어 내고 은영이
를 내 앞으로 올리자고 하더라고. 처음에는 은영이를 지 엄
마 앞으로 올려놨어.++ 지 엄마가 그때 수급자였고 분유값이
나 기저귀값이 많이 나오니까. 나는 현장에서 아파트 짓고
공사장에서 일하면서 버틸 때니까 혼자 일해서는 힘들잖아.
근데 이때 은영이를 내 앞으로 올리면서 헤어진 거야. 남남
이지, 지금은.

할머니가 건물을 팔면서 중림동에서 나오게 됐어. 중림
동 같은 집 들어가려면 보증금이 있어야 되는데 돈이 없고
막상 나오니까 갈 데가 없잖아. 중림동에서 나와서 서울역에
서 요만 한 은영이 데리고 노숙을 하니까 사람들이 지나가다
가 애를 보고 불쌍하다고 하면서 1000원짜리도 주고, 5000
원짜리도 주고 … 그 추운 땅바닥에 재활용 박스 깔아 놓
고…. 아이고, 애가 뭘 알아. 그걸 데리고 고생 무지 시켰어.
해코지나 그런 건 없었는데, 애는 재워야 하는데 술 먹고 싸

+ 김기철은 이와 같이 된 이유가, 은영 엄마가 은영이를 죽이려는 의도에서였다고
  이야기했지만, 은영 엄마는 오래 앓고 있던 정신 질환 때문에 은영을 돌보기
  어려운 심리적·신체적 상황에 처했을 가능성이 커 보인다.

++ 김기철과 은영 엄마는 혼인신고를 하지 않은 채 살았다.

우고 지랄들 하니까 지하도에서 사는 게 힘들었지.

은영이랑 노숙한 게 길진 않아. 한두 달 정도. 그땐 춥진 않았어. 다시 노가다 뛰어서, 밑에 가게 집 있잖아, 거기 옥상에서 살았어. 은영이는 매일 장난감 가지고 방 안에서 놀고 했지. 여러 가지 별게 다 있었어. 선물도 들어왔었고. 거기 살면서 지금으로 치면 유치원인가에 맡기고 저녁에 찾아오고 애기가 그렇게 컸어.

은영이가 쪽방 살면서 많이 불편했지. 그땐 연탄 보일러였고 쪽방은 애를 씻길 데가 없잖아. 근처에서 물 데펴 와가지고 애 앉혀 놓고 씻기고 … 애 좀 먹었어. 화장실이 3층에 있으니까 가기 힘들잖아. 은영이가 수돗가에 소변 누면 내가 물 뿌리고 그랬어. 그거 때문에, 또 거기서 소변 누게 만든다고, 옆에 여자랑 말다툼 많이 했지. 그럼 애를 어떻게 일일이 3층까지 끌고 내려갔다 와? 그때는 많이 좀 그랬었지.

이별

2003년쯤에 누가 내 인감을 가지고 내 앞으로 차를 뺐더라고. 그니까 벌금이 나와서 서울 구치소에서 4개월 반 정도 살았던 거 같아. 벌금빵(벌금방)⁺이라고 따로 있어. 그때 한 4개월 정도 구치소 들어갔다 오는 바람에 은영이랑 나랑 떨어졌던 거지.

징역 살고 나와서 시설에 찾아갔더니 은영이가 복도에서 날 보자마자 우는 거야. 그 안에서 얼마나 … 아휴. 그래서 바로 "이제 징역 살고 나왔으니까, 은영이 데리고 가겠다" 얘기를 했지. 처음엔 안 된대. 그래서 "왜 안 됩니까? 내가 은영이를 갖다 맡긴 것도 아니고, 돌려 달라" 했어. 결국엔 지들이 손들드만.

애가 집에 와서 처음에는 한 이삼일 정도 안절부절 못 하더라고. 거기서 원체 애를 어떻게 교육을 시켜 놨는지…. 한 일주일 정도 되니까 좀 적응을 하더라고. 은영이를 데리고 와서 사니까, 어린이집에서 와서 "그라믄 딸래미를 저녁엔 아버지가 들고 가고 아침에는 이리로 데려다줘라" 하더라고.

지금은 이제 대포차 문제 해결됐어. 중구청 사회복지과로 차 좀 없애 버릴려고 서류 들고 가서 "난 이거 모르는 거다, 이게 왜 날라왔냐" 하니까, 구청에서 직원이 전화하더니 자기들이 여기서 처리를 해준다고 해서 풀어 준 거지. 범인이 지가 사과하드만. 거, 어차피 내가 고생하고 나온 거 어떡해. 그 자식을 구속시키자니, 에휴. 옛날엔 그런 일 많았어. 서울역에서 노숙자한테 "인감 주면 얼마씩 준다" 하면 좋아

+ "벌금을 미납해 유치된 사람들은 '벌금방'으로 불리는 33제곱미터 크기의 수용실에서 아침 6시에 기상해 오후 9시 취침 전까지 구금, 하루 10만 원씩 차감하며 시간을 보냈다"(『서울신문』 2020/02/24).

가지고 넘어가는 거지.

　은영이하고는 초등학교 4학년 땐가, 은영이가 용인 장애자 시설로 가면서 다시 헤어졌어. 중구청에서 와가지고 여기 쪽방에서 애를 못 키운다 이거지. 아들 같으면 나하고 목욕탕이라도 가는데 여자잖아. 그래 가지고 은영이랑 헤어졌지. 그때 내가 일을 댕기고 있었는데, 집에 오니까 애가 없는 거여. 이거 어떻게 된 거냐 하니까 시설에서 은영이를 들고 갔대. 그럼 나한테 얘기라도 해줬어야 하는 거 아니냐. 그때 집에 전화기가 있었으니까. 근데 아무 전화가 없네. 너무 황당해 … 너무 황당하잖아, 그게.

　은영이하고 살 때는 이런 게 없었는데 지금도 약 안 먹으면 한숨을 못 자. 은영이하고 딱 떨어지면서 서울역에서 노숙하고 그러니까 술 먹어야 밥이 들어가고 잠을 자지, 맨정신으론 못 자. 그래서 나도 모르게 계속 (술을) 먹고 우울증이란 병이 딱 들어왔지. 약을 안 먹으면 밤을 꼬빡 새. 한 번에 8개 정도 우울증약을 먹고 한 시간 십 분 지나면 잠드는 것 같아. 지금 코로나 때문에 시설에 연락해도 전화를 안 받아. 은영이 전화번호도 여깄잖아. 전화하니까 신호는 가는데 전화를 안 받아. 목소리 좀 들어 보려고 했더만.

쪽방 생활

쪽방 상담소가 나한텐 도움 되는 게 없어. 난 이미 수급자니까 거기서 상담할 일이 없잖아. 상담소에서 오지도 않고, 나도 사무실에 안 올라가고. 2층에 사무실이 있으니까 시간 나는 사람들은 올라가서 커피 한 잔 먹고, 티비 좀 보다가 내려오고, 수건도 가져가서 씻고, 일(자활근로)도 할 수 있게 해주고 그런 식이야. 또 내가 도저히 병원에 가기 힘들면 방문 간호사가 찾아와.

지금 내가 이가 없어서 밥을 씹지 못하는데, 쪽방 상담소에서 화요일에 김치, 아니면 달랑 무를 가져오는 거야. 내가 그걸 씹을 수가 있어? (입을 벌려 텅 빈 입속을 보여 준다. 앞니 두세 개가 절반 정도만 남아 있는데, 그 부분을 손가락으로 가리킨다.) 화요일 반찬이 너무한 게 있는데, 그건 나라에서 준 걸 받아 가지고 물량이 넘어오는 거기 때문에 상담소 직원들한테 뭐라고 할 건 아니지. 그니까 나는 평소에 깡통 고등어를 끓여서 밥을 말아 먹는다고. 사먹으려면 반찬값도 장난 아니야. 계란말이, 두부, 장조림 같은 거를 (교회에서) 주면 집에서 냄비에 덥혀서 먹을 수 있잖아. 전에는 교회에서도 나왔는데 지금은 코로나 때문에 일체 찾아오질 않고 아무것도 없어.

지금 방세가 18만 원인데 쪽방 상담소 개들이 얻어서 가격이 싼 거야.+ 방에 전기 판넬이 깔려 있어서 춥거나 이런 건 없는데 바퀴벌레가 너무 많아. 방에 테레비도 없어서 처음에는 원체 답답했는데 적응이 되니까 모르겠더라고. 원래 우리 동네 쪽방은 방세가 보통 24만 원, 25만 원, 벌써 6, 7만 원 차이가 나는데 다들 (저렴 쪽방에) 안 들어갈라 그래. 지금도 방이 많이 비었어. 사무실에 서류 가지고 왔다 갔다 상담해야 하니까 하기 싫다 이거지. 사무실에 가서 "내가 지금 너무 힘들다" 상담을 하면 수급을 받을 수 있도록 해주는데 그걸 싫어하는 애들도 있더라고. 술이 문제지. 술로 하루를 보내는데 술 마시면 사무실에서 안 받아 주거든. 술은 먹어야 하고 사무실은 안 받아 주고. 그러면 박스 가지고 지하도 가서 노숙을 하지.

친구들

노인정 바로 앞에 작은 구멍가게가 있는데 거긴 외상을 줘. 구멍가게 통장 아줌마가 아홉 시 반 정도에 나오면 수급자들 다섯 명이 고 앞에서 지키고 앉아 있어. 술 안 먹으니까 숟가락, 젓가락질을 잘 못 하고 손을 이리 덜덜 떨드라니까.

+ 서울시가 운영하는 저렴 쪽방 사업을 말한다. 쪽방촌 주민들의 주거비 부담을 완화하기 위해 2013년부터 서울시가 기존 쪽방 건물을 임차해 시세의 약 70퍼센트 가격으로 세입자에게 재임대하고 있다.

알코올중독이지.

동네서 한두 명이 죽어 나갔어야지. 누가 죽으면 119 오지, 경찰들이 조사하고 가니까 알게 돼. (죽은) 애들 이름이 홍○○하고 … 아유 기억이 안 나. 암만 그래도 나이 50도 안 돼 가지고 한창 살 나이에, 40대에 술로 자꾸 쓰러지니까 좀 안타깝지. 근데 그 정도로 술을 먹는 건 좀 문제가 있어. 그렇다고 혼자서 먹어 봐야 찌개를 제대로 끓이겠어, 뭘 하겠어. 라면에다 밥 말아 먹고 그런다는 것 같더라고. 쌀이라고는 동네에서 나오는 나랏미(정부미). 아무런 영양가도 없지, 그게.

우리 동네 애들하곤 안 어울려. 술 먹으면 싸우고, 싸우면 또 시끄럽고. 밑에 가게가 9시면 문을 닫는데, 구멍가게 통장 아줌마는 10시까지 문을 열어 놓으니까 소리가 다 들려. 그때까지 술 먹고 시끄럽게 떠드는 건 너무하잖아. 맨 막걸리 파티여. 쪽방에는 새벽 네 시면 일 가는 사람이 있는데 밤새도록 떠들고 그러면 걔네들이 얼마나 피곤하냐고. 요 동자동도 그래. 공원에서 술 먹다 보면 니가 잘났냐, 내가 잘났냐 하다가 싸우는 거지 뭐. 사실 그렇잖아, 하다못해 술도 두 번 얻어먹으면 한 번은 자기가 사고 그런 게 있어야지. 맨날 한 사람이 살 수는 없는 거 아냐. 동네에서 먹다 걔네들이 얻어먹으려고 또 달라붙으면 "난 집에 간다" 이러지.

대신 청량리에 친구가 있어서 일주일에 세 번 정도 청량리에 가. 우리는 지하철이 공짜니까. 개도 우리 동네 살다가 그리로 갔는데 걔하고는 서로 부담이 없어. 20일에 수급 받으면 방세 내고, 구멍가게 외상값 끊고, 청량리로 넘어가는데, 딱 안주 시켜 놓고 막걸리 먹고 서로 놀다가 노래방 가고 그래. 걔는 공공근로 해서 25일에 봉급 받으니까 20일은 내가 사고 25일은 지가 사고 이런 식으로.

양동에도 나랑 친한 몇 명은 있어. 아버지 같은 사람도 있는데, 이 사람은 절대 누구랑 안 먹어. 안주도 없어. 막걸리 혼자 딱 독고다이. 난 이제 60대고 그 사람은 여든이 다 돼 가는데, 그렇다고 형이라 할 거야 뭐라 할 거야. 아버지라고 하니까 "야 이 씨 무슨 아버지야", "그러면 형이라고 부를까?" 농담하면서 재밌어. "혼자 또 이러고 있어?" 하면서 말 거는 거지. 그런 거 아니면 구멍가게에서 산 초코파이나 하나 안주 삼아서 막걸리 한 잔. 그 사람도 여기 오래 살았어. 오래된 애들이야. 인제 철거 그것만 바라보고 있는 거야, 지금.

/ 요즘 공영 장례⁺ 자주 가시잖아요. 원래 장례식 잘 안 가셨는데 따로 이유가 있으세요? / 잘 안 갔는데, 친구한테 전화가 오는겨. 여기 누구 죽었대. 뭐, 상주를 하라고 하대. 내가 그랬지. "안 해, 씨발. 죽은 거면 죽은 거지. 뭐하는 거야, 이게." 여기서 계속 상주 했잖아. 그렇다고 나한테 돌아오는 게 뭐

+ 비영리단체 나눔과나눔에서 진행하는 서울시 무연고 사망자 장례를 말한다.
김기철은 평소 누가 죽어도 장례식에 잘 안 갔다고 한다. 하지만 2021년 초에는
자주 공영 장례식에 얼굴을 비췄다.

가 있어. 내가 거기서 뭣 때문에 그 지랄을 해야 하는지 이해가 안 가는 거야. 그렇다고 나한테 밥 한 끼를 사준다든가 그것도 아니고.

물론 전화 오면 어떡해, 가서 해줘야지. 어차피 나도 뒤지면 거 갈 건데, 안 그래? 나도 어차피 죽으면 거기는 가야 해. 그러기 때문에 가는 거지, 뭐. 크게 바라고 그런 게 아니고. 사실은 어차피 이게 다 연결돼 있는 거니까. 가서 가는 거 편안하게 보내 주고 그러는 거지. 어차피 인생은 빈손으로 왔다가 빈손으로 가는 거 아니야? 그런데 그런 걸 갖다가 따지고 지랄하고 … 정말 싫어, 그치?

"재개발이 언제 될랑가 몰라도…"

동네 사람들이 술 먹으면서 재개발 얘기를 하더라고. 만약에 그렇게 된다면 현재로선 이사비가 얼마나 나오는지 보고 이사를 간다고 봐야지. 어우 이제 나이도 있고 다시 쪽방으로 가기는 싫고 연립주택이나 그런 데가 낫지. 이런 데서 살고 싶은 사람 누가 있어? 이게(돈이) 없다 보니까 어쩔 수 없이 얽매여 있는 거지. 재개발 언제 될랑가는 몰라도 아직까지 소식이 없고 나는 이렇게 묶여 있어.

/ 여기 쪽방 자리에 임대주택 세우는 건 어떠세요? / 그것도

괜찮지. 어차피 여기는 오래 있었으니까 훤한데 생판 모르는
데 가면 적응하기 좀 힘들잖아. 여기는 다 얼굴을 아니까 만
나면 부담 없이 막걸리도 한 잔 먹으면서 수다 떠는 거지. 타
동네 가면 아는 사람도 전혀 없고 맨날 방 안에서 왔다 갔다,
조금 답답할 것 같아. 철거하면 이삿돈 받잖아. 지금 (양동에)
있는 애들은 거의 그거 받자고 버티고들 있는 건데, 그게 언
제 된다는 보장이 없어. 만약 갑자기 와가지고 나가라고 방
빼라고 그러면 나 같은 경우는 어디로 가라고. 수급비 70만
원 받아 가지고 갈 데가 어디 있어? 이제 와서 나갈라니까
억울하잖아. 사람 운명이란 건 모르잖아.

듣고 적으며

/ 여름·이은기 /

김기철을 처음 만난 건 양동 재개발 지역 주민 실태 조사를 나갔던 2019년 12월 초였다. 방마다 문을 두드리며 재개발에 관해 얼마나 알고 있는지, 임대주택이 지어진다면 다시 양동에 돌아오고 싶은지 등을 묻고 다녔는데, 한두 평짜리 좁은 방에 낯선 방문객으로 마주 앉아 이야기를 하다 보니 질문을 던지는 나도, 답을 하는 주민들도 멋쩍어 하던 기억이 난다.

그런데 김기철은 좀 달랐다. 양동에서 오래 산 그는 사회복지사, 주거권 운동 단체 활동가, 연구자 등 양동에 불쑥불쑥 찾아오는 이들이 익숙하다는 듯 생면부지의 낯선 내게 딸 은영이 얘기를 털어놓기 시작했다. 쪽방에 함께 살던 딸이 장애인 시설에 가면서 헤어지게 됐지만, 임대주택에 들어가게 된다면 다시 함께 살고 싶다고 말이다. 딸을 향한 그리움을 쏟아 내는 그를 보며 마음이 아팠고, 실태 조사 작업이 끝난 뒤에도 이따금 그 순간이 떠올랐다. 이 인터뷰 작업에 참여하기로 결정하면서 제일 먼저 생각난 사람도 그였다.

그런데 다시 만난 김기철은 그때와 달랐다. 만취 상태로 나타난 그는 아무 말이나 쏟아 냈다. 친구와 술을 마셨다며 약속을 몇 차례 깨기도 했다. 양동에 애정을 보이면서도 "술 먹고 떠드는 게 싫어 안 어울린다"라며 주민과 거리를 두었고, 노숙하는 이들을 게으른 사람 취급하기도 했다. 한창 나이에 사망한 이웃 주민들이 안타깝다면서도, 그렇게까지 술을 먹는 건 문제가 있다고 평가하다, 왜 돈도 안 주는데 그들의 공영 장례에서 상주 노릇을 해야 하나며 화를 냈다. 그러면서 또 자기도 죽으면 똑같이 될 테니 공영 장례는 갈 거라고 한다. 우리는 이런 모순들 속에서 쉽사리 길을 잃곤 했다.

하지만 미로 같던 그의 이야기에서 길을 찾을 수 있었던 건 그가 명확히 기억하는 몇몇 순간들 덕분이었다. 처음 서울역에 도착한 1976년, 매일 일을 나가던 새벽 4시, "정신병원에 팔려 가" 갇혀 있던 3년4개월, 정신병원에서 매일 약을 먹던 저녁 8시 반, 은영 엄마를 처음 만난 1995년, 은영이가 태어난 1999년.[+] 그가 곱씹던 날들일 것이다. 이 글은 그의 그런 오랜 되새김 덕분에 완성됐다고도 할 수 있다.

이제는 더 이상 그를 '애끓는 부정을 가진 외로운 사람'이라고만 생각하지 않는다. 술과 흥을 즐기는 사람, 양동 주민들이 지겹다면서도 양동을 떠나선 살기 싫은 사람, 세상의

[+] 이야기를 시작할 때면, "가만있어 봐, 그때가…" 하며 기억을 더듬던 그가 거의 항상 좌표로 삼던 것은 은영이었다. 은영이가 몇 년에 태어났는지, 은영이가 몇 살 때 자신이 용인 시설에 갔는지 김기철은 암기 과목처럼 줄줄 외우고 있었다.

시선을 의식하지 않고 미움·애정·분노·기쁨 같은 자신의 감정을 솔직하게 드러낼 줄 아는 사람이 김기철이다.

양계장, 돼지 농장, 새우잡이배, 노숙, 정신병원 … 고되고 거친 삶을 살았던 김기철의 마지막 바람은 임대주택에서 은영과 함께 사는 것이다. 만약 그 소원이 이루어져 부녀가 다시 만나게 된다면, 긴 이별의 시간 동안 변했을 서로에게 잘 적응할 수 있을까. 그러나 무엇보다 부녀의 재결합까지 가장 큰 장벽은 김기철의 건강일지도 모르겠다. 우울증과 불면증으로 정신과를 다니던 김기철은 2021년 3월 5일, 양동 주민 공영 장례에서 간질 발작을 일으켰고, 뇌전증을 진단받았다.

© 이은기

김기철은 딸이 거주하고 있는 장애인 시설의 주소를 적은 메모
를 늘 소지하고 다닌다.

여기 주변 쪽방 생활만
70년 가까이 한 거지

권용수

1945년, 경북 안동에서 태어났다. 가난과 배고픔을 피해 여덟 살에 서울로 왔다. 몇 차례 철거와 강제 이주를 겪으면서도 67년간 양동 쪽방촌을 지켰다.

상경

처음 서울 올 때가 1953년 3월 15일이야. 막 휴전하려고 할 때지. 만으로 여덟 살. 고향이 경북 안동 시골인데 부모가 재산이 있어 뭐가 있어? 아무것도 없다 보니까 배고파서 도저히 못 참겠더라고. 그래서 무임승차해서 무작정 기차 타고 끝까지 간다, 하고 올라온 거지. 끝이 어딨어? 그건 몰라. 올라가는 것만 생각하고 탄 거야.

오는 중에 제천인가 원주인가에서 한 아줌마가 김밥을 먹고 있길래 한참을 쳐다봤어. 그랬더니 "아가야, 왜 보니?" 그래. 먹고 싶은데 돈이 없다고 했더니, 한 줄에 2~3원 하는 김밥을 두세 줄 사주더라고. 어디까지 가냐고 물어서 이 기차 가는 끝까지 간다고 그랬어.

청량리에 내려서 걷다 보니 차도 많고 시장도 있고, 그러다가 동대문인가 오니까 배는 다 꺼졌는데 어디서 맛있는 냄새가 나는 거야. 가서 보니까 웬 큰 고기를, 순대니 간이니 죄 있고 고기 볶고 이러면서 사람들이 먹고 있길래, 가서 터억 쳐다봤어. 그랬더니 또 "아가야, 왜 쳐다보니?" 누가 물어. 배고픈데 돈이 없다고 하니까 한 접시를 시켜 줘. 그래서 또 그걸 먹고 잘 먹었다고 인사하고 슬슬 걷다 보니 남대문까지 오게 된 거야. 그때가 밤 11신가 그랬어. 청량리에 떨어진 게 오후 4시경일 거야.

남대문 극장이 있고 그 앞에 풀빵 굽는 아줌마가 있었어. 그 아줌마한테 가서 배고프니까 물 좀 먹게 해달라니까 물을 주전자째 주는 거야. 아주 큰 주전자 안에 있는 물을 다 마시고는 그 옆에서 오줌도 쌌어. 그땐 창피한 게 뭐가 있어? 배가 부르니까 이젠 잠이 스르르 와서 쪼그리고 잤지. 좀 있으니까 아주머니가 "아가야, 너 집이 어디니?" 물어. 집도 없고 부모 형제도 없다고 했어. 아주머니가 짐을 싸길래 따라왔다가 그날부터 그 집 쪽방에서 살게 된 거야.

지금은 '남대문로5가'라고 하지만 당시는 여기 이름이 '양동'이었어. 2층짜리 건물인데 방이 열두 갠가 그랬어. 내가 하나 쓰고 딸이 하나 쓰고 부부가 하나 쓰고, 나머진 월세로 준 거지. 그때 껌팔이도 하고 아주머니 도와 담배 떼오는 심부름도 하다 보니까 남대문시장에서 장사하는 길에 접어든 거야. 학교라는 걸 다녀 본 적도 없고 글씨도 모르니 그냥 닥치는 대로 하면서 일을 배운 거야. 그러면서 밑바닥 생활에서 살아남는 것도 배우고.

그러다가 돈이 어디서 생긴 건지 아주머니가 풀빵을 때려치우고 사채놀이를 시작하더라고. 나는 수박 참외 같은 거 용산(농산물 도매시장)에서 떼다 팔기도 하고. 그러다 임신이 됐어. 그래서 그 아주머니가 장모님이 된 거야.

밑바닥 인생

중동 바람이 불 때 나도 사우디랑 이집트를 갔다 왔어요. 당시 서울 잡부 수입이 한 달에 8000원, 1만2000원 이랬는데, 사우디는 시급이 시간당 3500원이었어. 갈 수만 있으면 모두 가려고 할 때지. 대신 날씨 힘든 거는 각오해야 돼. 현장에서 잡역부로 일했어. 자재 정리도 하고 상하차를 할 때도 있고 그래. 나중에는 잡부 십장도 했어.

우리나라 여름은 더위도 습기가 있잖아요. 축축하게 땀이 나죠. 사우디는 45도 이렇게 돼도 햇빛 때문에 땀이 흐르는 게 없고 말라요. 건조한 거지. 그러다 보니 제일 어려운 게 먹는 물이야. 한국에서 물차가 일주일에 한 번씩 와요. 비행기로 물을 실어 오는 거지. 회사에서 주는 식수량은 딱 정해져 있고 더 먹으려면 자기 돈으로 사먹어야 하는데, 그 돈이 장난이 아니에요. 그러니 식수 관리를 잘 해야지.

성적 욕구 그런 건, 거기서 일하는 동안은 무조건 참는 거지. 한국에서 중동 갔을 때는 내가 열심히 벌어서 내 가족, 부모 형제들, 아내, 자식, 먹여 살린다, 이 생각으로 일하러 간 사람들이야. 옆으로 샜다? 그럼 돌아오지도 못해. 그저 일 많이 해서 돈 더 받는 거만 생각했던 거지. 8시간, 16시간, 24시간, 근무시간에 따라 금액이 팍팍 올라가니까 거기에나 신경 쓰지 다른 거는 없어.

1973년에 한국 들어와서는 중동으로 인력 보내는 일을 장모님이랑 했지. 그때는 남대문시장 입구에 새벽 4, 5시만 되면, 개나리 보따리 하나씩 들고 사람들이 많이 모였거든. 노가다든 뭐든, 국내 현장이든 중동이든, 일자리를 찾는 사람들이지. 중동 갈 인력도 거기서 모아서 삼성, 대우, 현대, 그런 건설 회사들에 넣는 거예요. 그렇게 30명이든 100명이든 모아서 보내면 그 사람들이 다 가는 게 아냐. 자격을 검열해서 골라내. 신체검사도 받고 신원 조회 그런 것도 하고. 그러고도 가려면 준비할 것도 많고 수속도 복잡해서 시간이 좀 걸려요. 사진도 찍고 교육도 받고 그래. 15일 넘게 3주는 걸려. 인력 모아서 데려다주면서 "3주 후에 봅시다" 그래. 그런 걸 다 통과한 사람들만 가는 거지.

중동에서 돌아와서 좀 있다가 충남 보령 댐 공사를 한다길래 대우건설에 들어가서 보령댐 공사장을 갔어. 세멘 40킬로그램짜리를 들어다 공구리 만드는 거기에 부어 주는 걸, 한 푸대에 100원씩 받고 했어. 태안 화력발전소 짓는 것도 했고. 기초공사 어느 정도 끝날 때까지 3년 정도를 했지. 사우디 근무랑 보령댐이랑 화력발전소에서 일한 거는 얼마를 벌었는지도 몰라. 전부 다 장모님이 관리하고 처가 관리하고 그래서 돈이 나한테는 안 왔지.

그러고 나서 올라오니까 장모가 당신이 하는 일수놀이를 배우라고 하더라구. 일수를 하려니까 글씨를 알아야 할 거잖아. 그래서 처한테 글씨를 배운 거야. 글씨랑 숫자 적는 거, 계산, 받아 둬야 되는 서류 종류, 그런 걸 배운 거지. 보니까 인감 들어가고, 신분증 앞뒤로 복사해서 들어가고, 가게 계약서까지 다 받는 거야. 100만 원을 빌려주게 되면 100일 동안 1만2000원씩을 받더라고. 남기는 많이 남는데 일이 많고 아주 험해. 전부 남대문시장에서 가게 하는 사람들이야. 노점한테는 안 줘요, 신용 확인할 게 없으니까.

장모님이 일수놀이랑 사채놀이를 점점 크게 했어. 나중에는, 쉽게 말하자면 타인 명의로 통장 만들고 사업자 등록 내고 사기 치고, 위장 결혼해서 대출받게 해서 사기 치고 하는 걸 누가 어머니한테 소개해 줬어. 일수보다 낫다고 하면서. 돈을 얼마나 넣으면 할 수 있냐고 딱 던졌더니 많으면 많을수록 많이 번다는 거야. 한 3년은 잘 돼서 많이 벌었는데, 돈이 커지니까 중간에 소개해 준 놈이 이걸 갖고 도망간 거야. 그래서 손해를 무지 크게 봤지. 나중에 나도 그때 배운 걸로 그런 짓을 하다가 깜빵도 살았어요.

나는 다른 일도 많이 했지. 공사판 잡부 일도 했고, 식당 가서 그릇도 닦아 봤고, 요리도 해봤고. 식당도 한 번 해보다가 사기도 당해 봤고. 가진 거 없고 배운 거 없는 사람이 내 노력한 만큼 먹고살겠다 하니까 쪽방 생활에서 벗어나지 못하는 거야. 자식들한테 손 안 벌리고 내가 먹는 거 내가 책임지겠다 해서 수급자가 되고, 수급자가 되다 보니 또 온몸이 쑤시고, 이래서는 돈이 안 되겠다 싶어 운동 삼아 파지라도 해보겠다 하면서 살고 있어.

감방살이

내가 명의 도용 그걸로 깜빵 산 적이 있다고 했잖아. 한 때 이런 짓을 한 게 참 창피하고 부끄러운 일이지만, 그게 이래요. 예를 들어 내가 남자든 여자든 사기 칠 사람 하나가 있다 쳐봐요. 그런 사람을 연결해 주는 브로커가 따로 있어요. 그렇게 사람 하나가 연결되면 일단 신분증을 보자고 하는 거야. 그걸로 보험회사랑 카드 회사에 전화해서 주민등록번호랑 이름 불러 주면서 확인을 해. 두 군데 다 이상 없다고 나오면 아무 은행에다가 또 뚜드려 봐. 은행 쪽에 아는 사람 통해서도 하고, 본인이랑 같이 가기만 하면 알아서 다 확인해 줘. 그래서 신용 등급이 확인되면 얼마나 뽑을 수 있는지가 따악 나오는 거지.

5등급이 나왔다 치면 돈을 얼마 못 뽑거든. 그러면 적금 그런 걸 하나 들자고 하는 거야. "너 이제부터 돈 좀 만지고 살래, 평생 이렇게 별 볼일 없이 살래?" 그러면 얼마까지 돈을 해줄 수 있냐고 물어. 그럼 거꾸로 "너 필요한 돈이 얼마야?" 하고 묻지. 몇천이든 1억이든 액수를 부를 거 아냐. 그러면 "앞으로 한 1년 정도 내가 하자는 대로만 하면 그 돈 만들어 줄게. 대신 딴 사람한테는 절대 말해선 안 돼. 내가 오라는 데 오고 가라는 데 가고, 그거만 잘하면 돼. 그동안은 내가 생활비랑 용돈이랑 다 대줄 테니 나중에 은행에서 돈 나오면 갚아라" 그러는 거야. 그럼 뭐 그 사람들이 은행 거래를 해봤어, 대출을 받아 봤어? 뭘 모르니까 시키는 대로 하는 거지. 장애인을 등쳐먹으면 더 크게 걸려. 당시에는 한 사람 이름으로 핸드폰을 막 20개, 30개 만들 수 있었어.

그런 거 말고도 명의 도용 사기는 여러 가지야. 은행권 대출 안 되면 캐피탈 그런 데서 신용 대출로 돈을 뽑기도 하고, 인감 붙여 사업자 등록 내서 업소나 술집 식당 그런 걸 운영하다가 부가세나 그런 세금들 탈세하고 그 돈을 챙기거나, 카드 대금을 가맹점에서 먼저 결제 받고 나중에 안 갚는 식인 거지. 거기다가 그 사업자 명의로 차를 사게 해서 딴 데 팔아먹고 튀기도 하고. 그럼 그 명의자가 다 뒤집어쓰는 거지. 서울역 그런 데서 노숙자들이 당하는 사기가 다 그런 거야.

나는 장애인 여자를 상대로 핸드폰 사기를 쳐서 감옥을 갔던 거예요. 그 여자 이름으로 삼성 꺼 열 개, 엘지 꺼 열 개, 그런 식으로 만드는 거지. 지금도 그렇지만 핸드폰 만들 때는 돈이 하나도 안 들잖아. 그렇게 해서 개통되면 그 기기를 팔아먹는 거야. 기계값이나 통신료는 나중에 그 여자 앞으로 나오는 거지. 그러다 보면 그 이름으로 핸드폰 요금이 몇백만 원씩 나오고 그러는 거야.

그때 걸린 게 — 나는 핸드폰만 해먹고 끝내려고 했어. 여자애랑 브로커한테 돈 좀 떼어 주고 숨어 버리면 되는 거야 — 거기까지만 했으면 안 걸렸을 거야. 브로커한테 애를 보내 버리라고 했는데, 브로커가 욕심을 내서 걔를 또 인신 매매 그걸로 팔아먹으려고 보령 쪽 어디 다방엘 데리고 간 거여. 근데 말도 데데데데 하는 장애자 애를 다방에서 받아 주겠냐고? 그러다가 어떻게 그 여자애가 자기 집으로 전화를 하게 된 거야. 보령 어디 다방 뭐 그런 소리도 했을 거고. 그때 그런 사기 사건이나 인신매매 그런 게 방송에도 많이 나오고 했으니까, 그 아빠가 무슨 소리냐고 난리를 치고 은평 경찰서에 고발을 한 거야. 그래서 나도 걸린 거지.

나는 휴대폰 사기니까 사문서 위조, 공문서 위조로 걸렸던 거예요. 원래 인신매매 그 브로커를 잡아넣으려고 한 건데, 조사를 하다 보니 내가 한 대포폰 건도 나왔고, 그래서 내가 잡힌 거지. 검찰에서 인신매매 건을 조사하다 보니 다섯 놈이나 줄줄이 걸려 나온 거고, 그러다 보니 나까지 다 조직으로 치고 나를 조직 대장으로 본 거야. 난 조직에 끼어서 한 건 아니었거든. 그래 갖고 판사가 "피고인은 징역 3년에 처한다, 꽝꽝" 그렇게 된 거야.

징역을 도합 8년 살았더라고. 사기 말고 나머지는 주로 폭력 그런 거야. 내가 욱하는 성질이 있어서 여차하면 폭력에 말려요. 성질나면 주먹부터 나가는 거지. 폭력으로 벌금형도 엄청 많이 받았어요. 술 잘 먹는 사람들은 기분 나빠도 서로 술로 풀고 그러는데, 나는 술을 안 먹다 보니까 말하자면 쉽게 넘어갈 것도 못 넘어간단 말이야. 성질도 급하고 고집도 세고. 처음 보는 사람이 어쩌고저쩌고 이러다가 욕이 나오면 "너 나 언제 봤어? 언제 봤다고 처음 보는 사람한테 욕을 해!" 막 이러면서 주먹부터 나가는 거야.

퇴거의 이력

철거당한 거로 따지면, 여덟 살에 서울 올라오자마자 들어간 게 중구 양동 202번지였고, 거기서 1984년에 철거당한 거야. 그때 받은 보상금을 또 사기를 당해서 결국 지금 서울역 앞 연세빌딩 뒤에 있던 쪽방촌 — 거기도 같은 양동인데 '사통'이라 그랬어 — 글로 들어와서 살다가 2000년에 연세빌딩 지으면서 또 철거를 당해서 지금 사는 이 양동으로 온 거지.

결국 여덟 살에 서울 오자마자 남대문으로 들어와서 근처 쪽방에서만 살면서 이번에 또 철거당하면 세 번을 당하는 거야. 나는 노숙 생활이나 고시원 생활은 해본 적이 없어. 남대문에서 시작해 서울역 주변 쪽방 생활만 70년 가까이 한 거지. 애들 엄마랑 살 때도, 돈 잘 벌어도 사는 거는 쪽방에 살았어. 장모님도 그랬고.

두 번째 철거당할 때 윤 회장이라고 있었어. 재개발되는 걸 미리 다 알고 그 동네 건물들을 전부 윤 회장이 산 거야. 근데 주차장 있는 거기 의자에 딱 앉아서는, 쪽방 사람들 다 불러 놓고 관리인 하나 데리고 명단을 적는 거야. 그래서 내가 "뭐한다고 이름을 적고 그러냐?" 따졌더니, 공문이 내려왔대. "공문 내려온 거 보여 줬냐? 어디서 내려왔냐?" 그랬더니 구청이래. "그럼 구청 가자. 여기가 철거된다면, 보상해 준다는 답이 있었냐? 그런 것도 없이 명단을 적어? 니네가 여기 철거 대상자들 보상하려면 1인당 5000만 원은 줘야 된다. 그러기 전엔 한 사람도 안 나갈 것이다!" 그랬어. 주민들이 기껏해야 80명 됐나 그랬어. 그럼 사실 (5000만 원이라 해도) 돈이 얼마 안 되잖아, 지네 재개발해서 돈 버는 거로 따지면.

윤 회장이 가만 듣고 있더니 잠깐 보자는 거야. 내가 지랄하면서 주민들을 우우 모으니까 나만 불러낸 거야. 사무실에 가자 그러더니 봉투에 넣어 주라고 하면서 관리인한테 돈 다발을 주더라고. 받아서 보니까 만 원짜리로 100만 원이야. 그래서 내가 주민들한테 보여 주면서 "요 100만 원 갖고 나를 꼬시려고 했다. 이걸 갖고 나를 입 막으려고 했다" 그러면서 집어 던졌지. 그랬더니, 그게 아니고 일단 용돈으로 쓰고 있으라고 준 거래. 그래서 나는 5000만 원 아니면 절대 못 간다 그랬어. 솔직히 말해서 이 건물 하나만 해도 재개발하면 몇 억씩 받는 거 아니냐, 기업에다 팔아먹으려고 지금 이 명단 적는 거 아니냐, 대한민국 법에 그런 조항 없고, 이렇게 하는 거 다 불법이다, 그랬지.

내가 그렇게 앞장서는데도 다른 주민들은 윤 회장 앞에서는 다 쥐죽은 듯 가만히 있었어. 나는 5000만 원 받을 거고 이사를 가더라도 제일 늦게 갈 거다 그랬더니, 5000만 원은 너무하고 2500으로 하재. 나한테만 그렇게 주겠다는 거야.

그러는 중에 주민 하나가 이삿짐을 쌌어. 내가 가서 "어디로 갈 건데?" 물으니까 도동으로 간대. 돈 얼마 받았냐니까 안 받았대. 내가 이삿짐 차 대기시켜 놓고 관리인을 불렀어. "이분이 이사 가려고 지금 차를 대기시켜 놨다. 이사 비용 내놔라!" 그랬지. 그제야 관리인이 "500만 원 갖고 가시겠습니까?" 그러는 거야. 그 사람은 보상 받을 생각 전혀 안 하고 있다가 "아이고, 감사합니다!" 하고 받아 갔어.

생각을 해봐요, 불법을 한 놈이 누구냐고? 지네 마음대로 사람들 불러다 놓고 명단 적어서 재개발 회사에다 넘기려고 한 거잖아. 법을 위반해 놓고 무슨 개소리를 하냐고. 내가 "이게 무슨 죄에 걸리는지 형사들한테 물어볼까?" 하니까, 그제야 나오는 소리가 우선 이사 갈 때까지 두 달 치 방세를 안 받겠다는 거야. 그게 기껏해야 이사비 주겠다는 거거든.

결국 하나씩 하나씩 다 이사 나가고 내가 제일 늦게 나왔어. 나중에 다 따져 보니까 4400(만 원) 정도를 받았더라고. 제일 많이 받았지. 그렇게 하고 나와서 이 짝(현재의 남대문로5가 쪽방)으로 이사 와서 보니까, 다들 "누구는 이사 비용을 얼마 받았네" 하면서 "밥 사라 뭐 사라" 그러더라고. "내가 그것 때문에 얼마나 목이 쉬었는지 아냐? 남 돈 벌은 게 그렇게 배가 아프냐?" 말은 뭐 그렇게 하면서도 "뭐 먹고 싶은데?" 그랬더니 짜장면 한 그릇씩만 사주래. 그래서 짜장면 먹고 싶은 사람 몇 그릇, 짬뽕 몇 그릇 해서 전체 80그릇! 거기에 또 술 한 잔 해야 될 거 아냐? 소주 한 20병 놓고 탕수육 세 개에 난자완스 몇 그릇 해서 한판 쐈지.

도움이 필요했던 사람들

전에 이 동네 노인 하나를 내가 혼자 장례 치러 준 적이 있어요. 그게 1978년이니까 30대 때지. 그분이 한마디로 말해서 껌팔이 같은 그런 걸 하고 다녔어. 주로 우이동에 있는 산이나 공원 그쪽으로 다녔는데 먹고사는 데는 지장이 없는 거 같더라고. 안양 사는 아들이 있었는데 자주는 못 와도 몇 개월에 한 번씩은 오는 거 같았어. 지금 서울역 힐튼호텔 그 근처 공원(백범광장) 그쪽에 사셨어. 어떻게 돌아가셨는지는 모르겠고, 아침에 눈을 딱 떴는데 바깥이 시끄러워. 나는 2층이고 그 어르신은 1층에 살았거든. 시끄러워서 내려가 보니까 그분이 돌아가셨대.

부인이 있었어. 법적 부인인지 뭔지는 모르겠는데, 하여튼 부인이 좀 그랬어. 부인이 뭘 어떻게 할지를 모르고 있는 거야. 원래도 좀 정신없고 횡설수설했어. 그래서 내가 바로 파출소 가서 신고를 했어. 그랬더니 의사를 불러오라 그래서 회현동에 있는 작은 병원 의사를 불러왔어. 의사랑 경찰이랑 와서 보더니 폐암 말기였든가 하여튼 그런 걸로 사망 처리를 하고 사망진단서를 써주더라고. 안양 산다는 그 아들은 연락처도 없었어. 아들이 오면 오는 거고 안 오면 안 오는 거고 그랬던 거지. 어디 사는지도 모르고.

부인은 뭘 어떻게 할지 아무것도 몰라. 그래서 내가 바로 건너편에 있던 동사무소 가서, 사람이 죽었는데 어떻게 처리를 하는 거냐고 물으니까, 영구차를 불러서 벽제 화장터로 가라는 거야. 그때는 지금처럼 공영 장례 그런 게 없었지. 근데 영구차 부르고 화장하고 하려면 돈이 있어야 하잖아. 죽은 사람이고 부인이고 돈 그런 건 하나도 없다는 거야. 그러니 어떡해? 별수 없이 내가 나서서 쪽방 주민들한테 구걸하다시피 돈을 모은 거지. 돈 좀 줄 만한 사람들을 찾아간 거지. 통장·반장 찾아가고, 건축 자재 파는 사람, 식당 하는 사람, 그런 사람들한테 가서 동네 어르신이 저렇게 돌아가셨는데 어떻게 좀 해야 하지 않겠냐, 그러면서 장례비를 모은 거지.

영구차가 24만 원인가 그랬어요. 거기다 화장하는 비용도 내야 되잖아. 혼자 영구차를 타고 벽제 화장터를 갔는데, "오늘 돌아가신 분을 24시간 안에 어떻게 화장을 해요?" 그러더라고. 그래서 남대문 주민센터에 연락해서 그 사무장을 딱 대쳤어. "지금 그렇게 할 수밖에 없다. 쪽방에서 초상을 치를 수도 없고, 자식들도 안 나타나고 부인도 그렇고 … 그러니 편의를 봐줘야 된다" 그래 갖고 어거지로 바로 화장을 시킨 거야. 한 시간 정도 되니까 싹 재가 돼서 나오더라고.

화장터에도 나 혼자 갔어. 부인도 안 가고, 동네 누구 가겠다는 사람도 없고. 화장을 해서 다 타고 뼈만 나왔는데, 그 가루를 담을 그릇이 없잖아. 돈도 없고 그래서 "알아서 해주세요" 그랬어. 그러니까 종이에 싸주더라고. 그걸 받아서 영구차를 타고 오는데, 그 뼛가루를 들고 가서 정신없는 그 부인인지 누군지를 줄 거야, 내가 보관을 할 거야. 남산 어디에

뿌릴까 어쩔까 하다가 그냥 한강에 가서 뿌려 드렸지.

그러고 나서 한 달인가 지나서 아들이 왔어. 근데 지 애비 장례를 그렇게 치렀다는 말을 듣고도 "고맙다", "수고했다" 말 한마디가 없어. 그래서 내가 쥐 패버렸어. "아니, 니 아버지가 돌아가셨는데 내가 피가 섞였어, 살이 섞였어? 니 부모 때문에 내가 집집이 구걸까지 했다. 1000원, 5000원, 1만 원, 3만 원, 그렇게 일일이 모아서 영구차 부르고 화장해서 한강에 뿌려 드리고, 남은 돈 37만 원은 니 어머니 다 드렸다. 근데 고맙다 수고했다 인사 한마디가 없는 그게 사람 새끼냐?" 그랬지. 그랬더니 주면 될 거 아니냐고 지가 또 큰소리를 쳐. 그래서 "얼마 줄 건데? 한 500만 원 줄 거여?" 그랬더니 100만 원 빼서 줄 테니까 은행으로 가재. 그래서 내가 아주 두들겨 패버린 거야.

죽을 때까지 안 버리고 싶은 물건이 하나 있어요. 이 동네 살던 어르신이 준 시계에요. 비싸고 뭐 그래서가 아니라 준 사람 마음도 그렇고 늘 젤 가까이 두고 쓰는 거여서. 내가 남대문 쪽방 상담소 건너편 방에 살 땐데, 한 노인이 방을 구하고 있더라구. '박창식'이라는 어르신이었어. 물어보니까 근처 오피스텔에 사시는데 방세가 비싸다는 거야. 그래서 "여기는 25만 원 월세면 충분하다. 한번 가보시겠냐?" 해서 방을 소개해 드렸더니 오케이 하시더라구.

다른 쪽방에 비해 방은 넓은데 2층이라 노인네 살기엔 안 좋았어요. 그러다가 또 주민 하나한테 남산에 있는 집을 소개해 줄 일이 있었어. 거기도 2층이긴 한데 방이 딱 3개야. 싱크대도 따로 사용할 수 있고. 그래서 그 박창식 어르신한 테 같이 그 집으로 가시자고 했지. 노인네가 혼자 사는 게 안 돼 보여서 이래저래 좀 챙겨 드린 거지. 그랬더니 고마워하 시면서 뭔가 선물을 하고 싶은데 줄 게 없다면서 본인이 쓰 던 손목시계를 극구 주시더라구. 그분은 벌써 돌아가셨지요.

수급 생활의 수지타산

내가 치아가 일찍부터 망가졌어요. 나 같은 사람이 몸 관리, 이빨 관리 그런 걸 하고 살 새가 있었겠어요? 그러다 보니 서른 후반부터 잇몸이 헐어 염증 생기고, 이빨이 썩고 흔들리고 하더니, 어느 날부터 술술 빠지기 시작한 거야. 싸 우다 보면 이빨이 깨지고 빠지고 그러기도 했고. 일찍부터 혼자 굴러먹고 살다 보니 몸 관리를 안 한 거지. 아파도 약 먹고 할 그런 저기도 없었어요. 웬만큼 흔들리고 아프면 혼 자서 거울 보고 작은 펜치로 뽑는 거지 뭐. 해보니까 잘 뽑히 대. 그때부터는 좀 흔들렸다 하면 펜치로 확 뽑아 버렸던 거 지, 하하하. 아픈 건 그때뿐이야. 오히려 그동안 있던 통증도 뽑고 나서 10분만 지나면 싹 사라져. 고름 같은 거 나오면 뱉 어 버리면 끝이고.

(입을 벌려 보이며) 지금 이가 하나도 없어요. 어느 교회에서 틀니를 해주기는 했는데, 불편하고 안 맞고 아프기만 해서 사용을 안 해. 그러다 보니 아무래도 딱딱하고 질긴 걸 못 먹으니까 불편한 건 많지. 그러니까 맨날 도시락 받으면 밥통에다 끓여 먹어. 밥만 끓이기도 하고 반찬들 넣고 같이 끓여 먹기도 하고. 여기 쪽방 사람들이나 노숙인들은 거의 다 그래. 난 그냥 그렇게 살아왔고 지금도 그렇게 사는 거예요, 하하하.

쪽방에 주방은 없고, 방에다 전기밥솥 하나 놓고, 밥 갖다주면 물 부어서 죽을 맨들어요. 라면도 해서 같이 먹고. 여기 수급자들 대상으로 도시락 주는 봉사 활동을 화·목·토 천주교에서 나오는데, 내가 후암동 삼거리 못 미쳐서 주택공사 바로 옆(가톨릭사랑평화의집)에 가서 도시락을 받아다가 우리 층 열한 가구랑 지하에 네 가구를 나눠 줘. 나 먹을 것도 거기서 챙기고. 다음 주 월요일부터는 중구청에서 도시락이 온다 하더라고. 아무래도 쪽방촌이니까 도시락으로라도 식사 문제는 해결이 되는 거지.

그리고 내 사생활에 간섭을 안 하잖아. 방이야 어떻든 간에 내가 들어가서 문 닫으면 그만이고 일 있을 때 나오면 되고. 수급자다 보니까 돈 나오는 거 확실하잖아. 20일 되면 꼬박꼬박 25만 원 착착 주니까 누가 방세 달라고 조를 일도 없지. 근데다 중구는 어르신 공로 수당 10만 원이 있어요. 거기에 수급비 77만5000원 해서 전부 87만5000원이 나와요.

권용수~최현숙·홍혜은

어르신 공로 수당은 서울시 25개 구 중에 중구만 나와. 구청장님이 직접 만들어 준 건데, 쪽방 사는 사람 중 65세 이상한테만 줘요.

거기에 내가 박스 수거해서 용돈을 좀 벌지. 서울역 지하도 노숙인들 깔고 자는 박스, 그걸 수거하러 새벽 5시에 나가. 고물상은 7시 반 정도에 가고. 그게 하루에 60~80킬로그램 나와. 여기저기 버리고 간 걸 청소하는 사람들이 싹 계단 위에 올려놔. 연세빌딩 앞 지하도 화장실 건너편에 쌓아 놓거든. 그렇게 해서 대강 수입은 한 달에 100만 원 정도야.

지출을 대강 따져 보면 방값이 25만 원. 담뱃값이 4100원짜리 하루 두 갑씩 해서 한 달이면 24만 원 좀 넘지.+ 파스가 한 달에 열 장 3만5000원이고, 핸드폰비는 노인 할인해서 싸. 내가 별로 쓰지도 않고. 교통비는 지하철은 무료 교

+ 대부분이 기초생활수급자인 쪽방 주민들 중 흡연자들은 주거비(월 25만 원 내외) 지출 다음으로 담뱃값을 우선순위에 올리는 경우가 많다. 거의 무료로 제공되는 쌀과 반찬으로 최소한의 식생활은 어떻게든 해결되는 상황에서, 욕구로든 금액으로든 담배는 단연 그다음 순위의 생활필수품이자 무리해서라도 추구하고 싶은 취향이다. 기초생활수급 제도에서도 배제된 노숙인들의 경우 쪽방 주민들보다 더 지불 능력이 없지만, 바로 그 이유 때문에 모처럼 생긴 돈으로 사서 피우든 얻어 피우든 주워 피우든 그 욕구가 더 간절하다.

이와 같이 홈리스들의 일상과 심리는 경제적 상층은 물론이고 하위 노동자 계층과도 많이 다르다. 이는 홈리스 대부분이 건강과 노동력, 가족 관계를 회복하고 노동 시장과 소비 시장으로 돌아갈 가능성이 막혀 있다는 점을 고려하지 않고는 이해할 수 없을 것이다. 시장 자본주의 안에서 소위 "건강한" 근로 능력과 효율성과 생산성을 추구하며 사는 사람들의 기준으로 홈리스들의 일상을 평가할 순 없다.

… 쪽방 생활만 70년 가까이 한 거지

통 카드가 나오고, 철도공사 기차는 절반이고. 식비는 뭐 내가 따로 돈 주고 사는 것들이 없지는 않지만, 거의 나오는 걸로 해결을 해.

내가 한 15년 정도 사귀고 있는 여자가 있어. 만난 거는 40년 됐고. 근데 사실 거기로 가는 돈이 무시 못 해. 아프고 하면 좀 보태 주고 그런 거지. 사실 여기 쪽방촌은 교통도 좋고, 복지도 좋고, 주거비도 좋고, 좋은 편이야. 복지 좋은 나라에 비하면 엉망이지만, 우리나라 다른 쪽방들 있는 데보다는 나아.

쪽방촌에 살면서 받는 서비스들은 샤워, 빨래, 일주일에 한 번 밑반찬 그런 거고, 신발, 이발, 옷 같은 거도 나오고. 의료진은 의사하고 약사하고 해서 한 달에 한 번씩 와. 장충교회에서 가끔가다 일주일에 도시락 두 번 나오고. 천주교 해피인에서도 도시락이 오고, 중구청에서도 오고. 솔직히 여기살면 먹는 거는, 좋은 거는 아니더라도, 아주 충분히 와요.

쪽방 상담소에 바라는 거 하나는, 공동 목욕탕이 좀 넓었으면 좋겠어. 그래서 한 번에 여러 사람이 하면서 서로 밀어 주고 하면 좋잖아. 쪽방 상담소 2층에 샤워실이 있는데한 사람밖에 못 들어간단 말이야. 그게 뭐 너무 큰 걸 바라는건 아니잖아?

내가 구청 복지사들한테 좀 큰소리를 낸 적이 두 번 있었어요. 당시는 수급비 총액이 70만 원일 때였어. 매달 20일마다 들어왔지. 근데 한 번은 방세도 못 내게 20만 원만 들어왔어. 그래 갖고 복지사한테 쫓아갔지. "복지사 님들은 봉급 받아서 생활하고 나는 정부에서 보내 주는 걸로 생활하는 사람이야. 이렇게 주면 나는 길거리에 나앉으라는 거냐?" 그랬더니 "죄송합니다. 다음부터는 안 그러겠습니다. 27일에 들어갈 겁니다." 이러면서 변명하며 하는 소리가 후원자가 아직 입금을 안 시켰다는 거야. "아니 국가에서 주는 수급빈데 무슨 후원자가 따로 있어?" 그러면서 내가 막 큰소리를 치니까 경찰을 부르더라고.

솔직히 사과하면 끝날 걸, 경찰이 네 명이나 온 거야. 그래서 더 열 받은 거지. "이 개새끼들아, 니가 복지사야? 대한민국 복지사야? 양아치들아!" 막 소리를 질렀어. 내가 "경찰님도 한번 보슈. 생활비가 안 들어와서 나 이제 길거리에 나앉을 판국인데 가만히 있겠냐? 내가 주머니에 만 원만 있어도 안 왔다. 나는 방세를 내야 하는 사람인데 돈이 안 들어왔다. 솔직히 인정하고 사과하면 될 걸 27일 입금된다, 후원자가 돈을 안 넣었다, 이게 변명이 되는 소리냐?" 막 난리를 쳤지. 경찰이 하는 소리가 "여기 복지사들이 말 한마디 잘 했으면 될 걸 뭘 시끄럽게 만들었냐" 그러더라고.

구청 별관 2층에서 돈 입금하는 그 업무를 하거든. 그 업무 맡은 사람도 누군지 내가 다 알아. 근데 어쨌든 그게 당장은 안 되는 거야. 그래서 택시비 내놓으라고 하니까 남자 직원이 주머니에서 5000원을 꺼내. "아, 만 원 줘야지 무슨 5000원이냐" 그랬더니 5000원을 더 주더라고.

··· 쪽방 생활만 70년 가까이 한 거지

27일에 딴 때 같으면 오후 1시 반 정도 돼야 들어올 돈
이 새벽 4시 30분에 들어왔어. 난 무슨 일을 하든지 대가리
를 치지 동료들은 안 쳐요. 동사무소가 아니고 구청으로 쫓
아간 것도 그래서야. 동사무소 사람들이랑은 친해요. 동사무
소는 내가 가면 "아유 어르신, 이짝으로 앉으세요. 잠깐만 기
다리고 계시면 커피 한 잔 드릴게요" 그러면서 다들 잘해. 나
도 잘하고.

또 한 번은 수급비가 50만 원만 들어오고 20만 원이 덜
들어왔어. 가끔 그러더라고. 또 구청을 쫓아가서 왜 또 정확
하게 하지 못하냐 난리를 쳤지. 그랬더니 "저희가 잘못했고
바로 처리해 드릴게요" 그래. 바로 1층 우리은행 들어가서 확
인해 보니까 들어와 있더라고. 잘못해서 딴 사람한테 더 간
거래. "이게 한 번도 아니고 이렇게 여러 번 이러면, 복지부
장관도 만나고 대통령도 만나고 해서 검증 좀 해야 되겠다.
방송국 언론인들한테 좀 알려서 복지 교육도 제대로 못 받은
복지사를 국가에서 채용하냐, 이건 국가적으로 문제가 있다,
그러면서 좀 떠들어야겠다 했더니 손을 싹싹 빌더라고.

가족

형제간에는 지금 1년에 세 번씩은 만나요. 큰형님 있고

그다음이 나고, 남동생, 여동생, 막내, 다섯이야. 어려서는 형제들이 뿔뿔이 흩어졌었지. 장남은 어려서부터 외가에서 머슴살이하고, 여동생은 호적이 없어 갖고 중학교 못 가고. 남동생하고 여동생하고를 호적을 안 해 놓은 거야. 그래서 나중에 처가 가르쳐 주는 대로 준비를 해서 법원에 냈더니 각각 30만 원 벌금이 나오더라고. 내 출생신고도 작은 집에서 나이를 여덟 살이나 줄여서 했어. 형제들이 어려서는 모두 머슴살이하다시피 산 거야. 그래도 지금은 다들 사람 사는 것처럼 살아.

아부지는 1994년에 돌아가셨고 어머니는 2015년에 돌아가셨어. 내 부모는 최고의 악연으로 생각하는 거밖에 없어. 어머니가 돌아가셨을 때는 아예 안 갔고 아버지가 숨넘어가시는 것도 못 봤어요. 아버지 돌아가신 지 3일 만에 갔어. 다섯 명 있는 자식들이 모두 흩어져 있으니까 7일장을 했어. 돈이 많아서가 아니라 자식들 오길 기다리느라고. 돌아가시고 3일 뒤에 가니까 상주들이 다 목이 쉬고 지쳐 있더라고. 난 어머니나 아버지한테 원망만 있어요. 어머니는 항아리에 뭐 담아서 꼬불꼬불 산골길로 팔고 다녔는데, 그게 뭐 얼마나 팔리나? 아버지도 남의 집 머슴살이해서 1년에 쌀을 얼마나 받았겠어? 그러니 끼니를 제대로 먹이기를 했어, 학교를 가르치기를 했어?

글씨는 처가 성경책 자꾸 읽어 주고 그러면서 배웠어. 쓰는 거랑 계산하는 거도 배웠고. 지금 글은 거의 다 읽어.

… 쪽방 생활만 70년 가까이 한 거지

근데 받아쓰지는 못해. 처는 돈이 들어가면 안 나오는 사람
이었어. 아끼는 사람이지. 자식들은 양동에서는 도저히 못
키우겠더라고. 그때 처 이모가 미국 뉴욕에 있어서 셋 다 아
주 어려서, 태어나고 얼마 안 있어서 보냈어. 장모님도 처도
그러자고 하고, 나도 가만 보니까 양동이 애들이 살 곳이 아
니야. 맨 여자고 남자고 홀홀 벗어제끼고 몸이 니 꺼니 내 꺼
니 하니까 본이 안 돼서 삼남매를 다 보냈지. 나도 미국에 한
번 가봤는데, 하루 24시간 보내는 게 아주 죽겠대. 대화도 안
되고. 그래서 이제 안 온다고 하고 열흘 있다가 왔지. 용돈
보낼 테니까 받으라고 하는데, "나는 내가 벌어서 쓸란다, 너
네도 니 인생 살아라, 내 인생은 내 것이니 내가 알아서 살란
다" 그랬어.

　아내가 (1979년 12월에) 교통사고로 사망했는데, 장모가
받아야 되는 피해 보상금을 내 친모가 와서 싹 받아 갔어. 내
가 장모님한테 너무 미안한 거지. 나중에도 장모님한테 뭘 요
구하고 할 입장이 못 되는 거야. 내 친모는 나를 먹이기를 제대
로 했어 교육을 시켰어? 낳아 놓은 거 말고는 아무것도 없어.
세상 사는 법을 알려 준 거는 장모지. 장모님 돌아가시구 나는
그냥 쪽방촌에 혼자가 된 거지. 재산 물려받은 것도 없고. 그래
도 장모님에 대해서는 불만 그런 거 없어요, 친모에 대해서나
불만이 있지. 장모님은 아무것도 모르는 어린 나를 거두고 세
상 사는 기술을 가르쳐 준 사람이지요. 자식들? 이젠 뭐 하도
오래 혼자 생활하다 보니까 자식이 있는지 없는지….

쪽방의 일상사

이웃들이 돈 없으면 와서 아이고, 형님 10만 원만 빌려 달라고들 그래. (인터뷰를 하는 동안에도 돈 빌려 달라는 전화가 왔고, 둘은 만날 약속을 잡았다.) 내 주머니에 돈이 있으면 주고 없으면 못 주는데, 믿을 만한 사람이면 관리하는 아주머니한테 "언니야, 10만 원만 빌려줘. 내가 수급 받아서 줄게" 그러고 빌려주기도 해. 지금 현재 12월에 준다고 하고 가져간 돈이 30만 원이야. 그 사람은 틀림없는 사람이니까 준 거고, 10만 원 이상은 안 빌려주려고 하지.

빌려주고 못 받는 경우도 생기지. 70만 원, 50만 원, 80만 원, 130만 원 그래서 한 500만 원 정도 못 받은 돈이 있어요. 쉽게 말하자면 (빌려 간 사람이) 그걸 해서 도망을 가고, 뭐 하다가 교도소 가고 … 그러다 보니까 뜯겨. 그러면 그냥 "에 이, 그건 내 돈 아니다" 그러고 말아.

우리 동네 사람들하고는 한 50년 친구처럼 지내요. 근처 쪽방촌에서 같이 철거돼서 온 사람들도 많지. 기초생활수급자니까 구청이나 동사무소 복지사들도 계속 찾아오고. 그런 관계들이 살아 있으니까, 독거노인이라고 해도 사람들이랑 많이 만나고 살지.

새벽 5시에 일어나서 노숙인들 자고 일어난 박스들 주워서 고물상 갖다주고 오면 8시 정도 돼. 지하도 노숙인들이 4시 반 되면 다 일어나서 밖으로 나와야 되니까 그 박스랑

신문지랑 가지러 가는 거지. 그것만 3000원, 4000원이 나와. 기분 좋으면 하루에 고물상을 일곱 번도 왔다 갔다 할 수 있고, 몸이 좀 이상이 있다 하면 두 번 하고 말아요. 오전 8시 반쯤 아침밥 먹고, 9시면 보통 동사무소에 가. 가면 거기 있는 직원들, 주민들한테 커피 한 잔씩 뿌려, 자판기 커피.

보통은 박스 줍는 게 일과지. 다른 일 보러 가다가도 박스가 보이면, 일단 주워서 집에 갖다 놓고 가. 중간 중간 집에 와서 밥 먹고 약 먹고 몸 좀 쉬고, 성경책 보고 필사도 해요. 우리 온누리 교회가 성경 필사 그거를 하게 해. 양재동에 있는 큰 교회인데 거기까지 안 가고 지교회가 있어, 우리 쪽 방 건너편에 있는 서울빌딩 2층에. 거기로 주일예배를 나가.

재활용품은 주로 파지, 박스, 신문, 옷, 신발, 그런 걸 모아요. 노숙자들 자는 데서 신문이랑 박스가 많이 나와. 깔고 덮고 자고 아침 일찍 나가면, 청소하는 사람들이 내놓는 데가 있거든. 신문은 쪽방 상담소에도 있고, 통장님도 챙겨 놨다 주고. 그걸 모아다가 재활용 센터 가져가면 다 무게로 달아서 값을 쳐줘요.

옷이나 신발, 이불 그런 건 노숙자들이 술 먹다가 헬렐레 하고 버려. 빨아서 쓰려면 세탁해 주는 데가 있는데 그러질 않는 거야. 무료로 세탁해 주는 곳들이 너무 적기도 하고, 그 사람들 습관이 세탁해서 잘 보관했다 다시 쓰는 그게 없어. 나는 주로 노숙자들이 버리는 거 모아 돈을 만드는 거지. 근처 직장인들도 캔 같은 거 먹으면 길이랑 쓰레기통에 휙

버리니까 그것도 모으고. 도로변 노점 하는 분들도 캔이랑 병이랑 그런 걸 모았다가 줘. 하다못해 커피 마신 일회용 종이컵도 다 재활용 아녀? 오늘도 아침 일찍 나와서 한 바퀴 돌면서 모아 가지구 재활용 센터에 팔고 온 거예요.

쪽방 자체가 좋은 거는 아니지만, 하여튼 지금 그 건물이 계단 올라갈 필요도 없고 좋아. 지금 그 집에서 2년째야. 방이야 들어가면 옷이 막 널려 있고 쓰레기 방이지. 장롱이 없으니 이불이고 옷이고 뭐. 방은 한 평 반 정도 되나? 두 평이 안 돼. 그 집에서 내 방만 창문이 없어요. 대신에 문이 두 개야. 복도 쪽 말고 뒤쪽으로 문이 있어. 더우면 그쪽 문을 확 열어 놓고 살지. 모기장도 해놨어. 근데 햇빛은 못 보고 (바닥이) 판넬로 돼 있으니까 겨울엔 추워.

소망

젤 좋은 대책은 지금 여기를 재개발하면서 여기다가 임대주택을 지어 주는 거지. 만일 떠나야 한대도 다른 데라도 임대주택이나 아파트로 가게 해주면 좋고. 그래서 방 세 개가 되면 다른 사람들 초대해서 즐거운 시간도 가지면 좋고 대화도 할 수 있고. 방 세 개짜리면 임대 보증금 500(만 원) 정도는 기본적으로 내야겠지. 임대료는 15만 원 정도면 좋고.

그 정도면 나는 낼 수 있어. 만일 (보증금이) 2000(만 원)이라면 2000 준비할 거고.

정 안 되면 나는 고향으로 가야지. 경북 안동. 형제들 있는 데로 가서 여생을 보내야지. 만약에 떠나야 된다면. 안동으로 가면 공기 좋고, 그래도 피붙이가 있어 좋지. 논밭도 손바닥만 하게는 만들어 놨지, 내가 돈 보내서. 동생이 농사지어서 그걸로 먹고살아. 집도 멋있게 2층으로 해놨어. 고향 동네에서는 돈 많이 번 사람이라고 소문이 났어. 내가 가면 부티가 난다나?

인간이 태어나서 제일 중요한 게 뭐요? 대인 관계가 제일 중요한 거야. 내가 베풀어야 그 사람이 내 마음을 알 것이고 그럼으로써 내 한 사람으로는 외롭지만 여러 사람이 모이면 즐거움이 되잖아. 그 마음으로 나는 평생을 살아 왔어. 내가 베풀면 돈으로는 따질 수 없는 더 많은 것이 오는데, 그걸 모르고 쥐려고만 하니까 가난한 사람이 영원히 가난할 수밖에 없어. 내가 베푸는 게 결국 나에게 돌아오는 게 많아 외로움을 달래 줄 수가 있는 거지.

근데 고향 간다는 건 뭐 저기고 … 만약에 이 동네에 계속 정착할 수 있다면 여기서 더 살고 싶어. 쉽게 말하면 재개발을 해야 되면, 철거를 하되 여기 주민들을 딴 데로 보내지 말고 임대 아파트 같은 거를 한쪽에 지으라는 거야. 짓는 동안은 근처에 임시 주거지를 만들어 옮겨 살게 해주고, 다 지으면 거기 들어와 살게 하는 거지.

권용수~최현숙·홍혜은

그렇게만 되면 딴 데로 갈 필요가 뭐가 있어? 내가 여기서 70년 가까이 산 건데. 사실 나는 내 돈으로 방을 얻기로 한다면 지금도 여기 말고 더 좋은 데로 나가 살 수는 있어. 그래도 여기를 떠나기 싫어서 그대로 이 동네 이 쪽방에 사는 거야.

듣고 적으며

/ 최현숙·홍혜은 /

우리가 처음 그에게 주목했던 것은, 그가 자신의 목소리를 적극적으로 내는 사람이었기 때문이다. 1년 반 전 아직 통성명은 물론 눈인사도 하지 않은 채 양동 주민들이 모인 문화제에서 발언하는 모습만으로도, 그는 할 말이 많고 여건만 주어진다면 선뜻 자기 이야기를 해줄 사람이라는 느낌이 들었다. 우리는 무엇보다 그 빈곤한 복지 수혜자로서 내면화되기 쉬운 '저자세'를 취하지 않는, "당당함"의 근거가 궁금했다.

한국의 복지 제도 안에서 수급자로 살면서 수치심을 내면화하기는 쉬운 일이다. 국가는 복지 대상자의 개별적 사정을 헤아리려 하기보다는 기계적인 잣대에 맞춰 '부정' 수급자를 '적발'하려 한다. 그런데도 그는 당당하다. 때로 자신의 수급비가 제대로 입금되지 않으면 공무원들을 직접 찾아가 큰소리를 낼 만큼 말이다.

우리가 확인한 당당함의 첫 번째 근거는 "성실함"이다. 동네를 걷거나 약속 장소에 가는 동안에도 늘 주변을 두리번거리며 어딘가에 버려진 재활용품을 지나치는 일이 없다. 그가 혹시 약속에 늦기라도 하면 "아마 오시다가 재활용품 무더기를 만나셨나 보다"라는 말이 나올 정도로 재활용품 수거에 열심인 그의 모습은 동네에서도 유명하다. 술로 인해 일상이 흐트러지는 쪽방 사람들에 대한 그의 비난에는 동의하지 않지만, 매사 시간 약속과 돈 관리, 그리고 인간관계에 충실한 그가 하는 말이니 고개는 끄덕여진다.

둘째로, 돈에 밝은 장모에게서 일을 배우며 겪었던 많은 세상 경험과 경제관념이 그의 자원이 된 것으로 보인다. 그는 재개발로 이사를 가야 할 때도 재개발업자들이 벌어들일 이득이 얼마가 될지를 계산하며 자기 몫을 찾을 줄 알았다. 또 다른 이들이 자기 몫을 요구하지 못할 때 답답해하며 대신 목소리를 내주기도 했다. 현재의 재개발 상황에서도 그는 쪽방 세입자들이 단결해 임대주택에 입주할 권리를 당당히 주장하기를 바란다.

다만 그에게도 수급자로서의 자기 검열은 남아 있었다. 성실하게 폐지와 고물을 수집하는 그의 행위가 사회복지 담당 공무원에게 '적발'될 경우 소득이 있는 것으로 간주되어 지원이 줄어들거나 끊어지는 근거가 될 수 있기 때문이다. 이에 대한 우려는 우리도 마찬가지였고, 그래서 결국 실명을 숨기지 않고 책에 싣겠다던 기존의 결정을 번복하고 가명을 사용하기로 했다.

그리고 이런 결정 덕분에 우리는 명의 도용과 관련한 그의 범법 내력을 보탤 수 있었다. 이는 우리에겐 반가운 일이었다. 인생이라는 삶의 덩어리가 얼마나 입체적이고 분열적인지 드러낼 수 있어서 좋았다. 소위 "착한" 소수자로 기록되고/기록하고 싶은 화자/청자 모두의 허영을 깰 수 있었고, 우리가 소수자들의 삶을 기록하는 이유를 다시 벼리게 했다. 그들에 대한 기록이 고통의 전시가 되어서는 안 되며, 기록의 목적은 화자가 어떤 사회적 위치들을 거쳐 왔는가를 드러내고 그에 연관된 사회 구조를 파악하는 데 있기 때문이다.

마지막으로, 유전무죄 무전유죄가 횡행하는 사법 행태 속에서, 대체 법은 누구를 위해 만들어졌고 작동하는가에 대한 질문을 다시 던져 보고 싶다. 생존 자체가 급급한 사람들의 범법 행위는, 그렇지 않은 사람들의 범법 행위와는 다른 식으로 심문되고 판단돼야 한다. 소수자들의 생애 기록에서 "범법"이라는 단어를 넘어 "범죄"라는 단어를 사용하는 데 조심스러워야 하는 이유다. 그러기 위해서 범법의 처지와 맥락은 더 세세히 이야기돼야 할 것이다. 이번 작업에서 그토록 세세한 이야기를 나누기에는 그와 함께한 시간이 많이 부족했고 이는 추후의 과제로 남겨 두고 싶다.

수요일마다 열리는 '길거리 사랑방' 집회에 참여한 권용수. 이
날 그는 마이크를 잡고 과거 재개발 과정에서 자신이 겪었던 일
들을 전하며 주민들을 독려했다. 그는 길거리 사랑방에 개근한
유일한 주민이다.

낭떠러지에 서있는데
더 가면…

강성호

1961년, 서울에서 태어났다. 어머니와 함께 산 50년간 일을 한 적이 없다. 어머니가 사고로 사망한 후부터 동네 공원에서 노숙을 시작했다. 서울역에 사는 동안 종종 건설 일용직 일을 하기도 했지만 오랜 노숙 생활로 건강이 나빠진 후부터는 10년간 서울역과 병원을 오가며 살았다. 2017년에 수급자가 되어 양동 쪽방에 살고 있다.

"나는 일을 안 했어요"

세 살 때 수유리로 갔지만 태어난 곳은 효창동이에요. 옛날 효창동에 오리온 제과 공장이 있었어요. 아버지가 거기서 근무했죠. 어머니랑은 중매로 만났대요. 아버지가 가장으로서 생활비도 안 주고 맨날 패서 엄마가 많이 힘들어 했어요.

제가 초등학생 때 부모님이 이혼했어요. 간혹가다 어머니가 그래도 아버지인데 찾아가 보라 했는데 내가 싫다고 했어요. 형은 연락하고 살았나 보더라고. 나는 아버지라는 존재를 아예 담쌓고 살았어. 마지막으로 본 게 40년이 넘었어. 근데 얼마 전에 보건소에서 아버지가 7월에 돌아가셨다고 연락 왔더라고. 그 소식을 들어도 정이 없으니 담담하더라고.

어머니는 이자 놀이를 하셨어요. 옛날에 일수 식으로 한 거예요. 어머니가 돈 꿔준 사람들이 많죠. 어머니는 전화로 돈 빌려 달라는 이야기를 많이 들었어요. 그래서 "가뜩이나 몸도 안 좋은 분이 왜 돈을 빌려줘서 그렇게 힘들게 사냐"했어요. 엄마는 "돈이라도 빌려줘서 이자라도 받아야지" 그러는 거예요. 이자 못 받는 게 더 많은데. 어머니가 나이가 들고 아프니까 돈 빌려 간 사람들도 어머니를 우습게 봤나 봐.

근데 그 돈을 사업하는 형이 가져가곤 했어요. 부잣집 같은 데 보면 샹들리에 있잖아요. 크리스탈 같은 조명. 형이 그거 만드는 공장이랑 판매하는 사무실을 운영했어요.

어느 날 어머니가 "성호야, 엄마가 돈 빌려준 사람들은 돈을 안 주고, 그나마 있던 돈도 너희 형이 사업한다고 다 가져가고, 우리 성호한테는 물려줄 게 없는데 어떡하냐" 그래. 우시면서.

나는 직업이 없었어. 일을 안 했어요. 고생을 몰랐지. 어머니한테 나는 못된 짓으로 돈을 많이 가져갔고, 형은 사업상 가져가고. 내가 더 나쁜 놈이죠. 어머니가 얼마나 속상했겠어요. 한 놈은 사업한다고 돈 가져가고, 한 놈은 노름이나 하고…. 내가 어머니 속을 무지하게 썩였어. 나처럼 속 썩인 사람 없을 거야.

어머니가 하신 말씀이 똑똑히 기억나. 내가 왜 넓은 서울 바닥 중에 수유리로 이사를 와서 우리 성호를 저렇게 망가트렸을까. 거기가 아주 시끄러운 동네에요.+ 옛날에는 무법천지였어. 그 수유리에서 한 50년을 살았어요.

+ 미아리는 2000년대 뉴타운 개발 지역으로 지정되기 전까지 서울의 대표적인 '달동네'였다. 미아리 달동네는 한국전쟁 이후 주로 판잣집에서 연명하던 서민들이 수재나 화재로 인해 집터를 잃고 서울 변두리 국공유지로 이주하면서 형성된 정착촌이다. 1970년대 이후엔 서울 도심이 개발되면서 변두리로 쫓겨난 서민들까지 한데 모여 달동네의 '원조'로 손꼽혔다(「미아리 달동네가 사라지고 있다」, <오마이뉴스> 2006/12/08).

엄마

엄마가 많이 힘들었어요. 자식 속 썩여, 남편 속 썩여, 아버지 식구 사촌들 속 썩여. 우리 엄마 평생 고생만 하시다가 돌아가신 거야. 불쌍하지. 남편도 우리 아버지 같은 사람 만났지, 또 자식들이 속 썩이지. 우리 엄마 평생 고생만 한 거야. 그러니까 그 기나긴 세월을 엄마가 그렇게 힘들었던 걸 내가 몰라서 지금 엄마 생각하면 가슴이 터질 것 같아. 나는 이 세상에서 다른 사람한테는 미안한 거 없는데 우리 엄마한테는 죄송하고 진짜 우리 엄마 불쌍해.

엄마 돌아가신 지 10년이 넘었는데 장지도 못 가고 있으니 진짜 죽겠어. 내가 마흔아홉이었나, 어머니가 사고로 돌아가셨어요. 형 사업이 처음엔 잘됐는데 나중에 잘 안 되니까 술을 많이 먹었어요. 그리고 형이 나한테 막 부탁을 많이 했어. 보증 서달라, 대출 좀 해달라. 뭐 하나 해주면 또 와서 뭐 해달라. 내가 더는 안 해준다고 성질내니까 나한테 이야기 못 하고 어머니를 통해서 하는 거야. 어머니가 가운데서 얼마나 힘들었겠어. 한번은 어머니가 "성호야, 형이 나쁜 거 하는 거 아니고 조카들이랑 먹고살려고 하는데 네가 좀 해줘야 하지 않겠냐" 했어요. 근데 내가 이번만큼은 죽어도 못 해준다고 했어요.

어머니가 형이 안 받으니까 혹시 사고라도 났나 안절부절하셨어. 그래서 형 마중을 나간 거야. 집이 빌라인데 계단이 굉장히 길어요. 나간 지 한참이 지났는데 안 오셔. 형이 문을 열더니 큰일 났다고, 엄마가 쓰러졌다는 거야. 나가 봤더니 계단 전부가 피야. 어머니가 거기서 구르셨나 봐. 나 그때 처음으로 형한테 욕해 봤어. 형 마중 나갔다가 다친 거야. 내가 "엄마 걱정하지 마요, 해줄게요" 했으면 엄마가 안 나갔겠지.

그 밑에 대한병원이라고, 큰 병원이 있어요. 거기 119에 실려 가서 중환자실에 보름인가 있다가 안 되니까 큰 병원으로 가라고 해서 목동 이화여대 부속병원에 입원해 계셨어요. 그때 형이 목동 살았거든.

몇 달 뒤에 형한테 어머니가 돌아가셨다고 연락이 왔어요. 전화를 끊으면서 10분 후에 전화를 준대요. 그래서 기다렸지. 내 지인들한테 어머니 돌아가셨다고 다 연락을 했거든. 준비하고 있었는데 형한테 전화가 안 오는 거야. 주위에서는 "야, 어떻게 된 거야? 어머니 돌아가셨다는데 장지가 어디야?" 그러는데 내가 이야기를 헤줄 수가 있어야지. 형한테 연락이 안 와, 연락이. 어떻게 장지를 찾아보려고 해도 형을 찾아야 알 거 아니에요. 근데 형이랑 형수가 안 만나 주는 거예요. 경찰서 가서 좀 만나게 해달라고 했는데 안 된다고 하고.

몇 년 있다가 동사무소에 뭐 떼러 갔는데 (서류에) 형이 죽었다고 나와 있더라고. 앰블런스 타고 신촌 세브란스 가는 도중에 간암으로. 그러니까 난 형 장지도 모르고, 어머니 장지도 모르고. 형수는 어머니랑 형 살아 있을 때나 같은 식구지 어머니랑 형이 돌아가시니까 남남이랑 똑같더라고.

솔직히 (형, 형수랑) 금전적인 관계가 좀 엮였어요. 복잡하니까 안 만나 주는 거지. 그래도 난 괘씸하더라고. 내가 아무리 죽을죄를 졌어도 그렇지. 내가 형한테 해준 것 때문에 그동안 굉장히 힘든 게 많았어요. 형수가 어머니랑 형 장지 좀 알려 주고 해야 하잖아요. 아무리 남남이라도. 형수가 나쁜 사람은 아닌데 너무한 것 같더라고.

나는 어머니가 얼마나 소중한 사람인지 몰랐어. 내가 아무리 속 썩여도 우리 엄마는 언제까지나 내 옆에 있어 줄 줄 알았어. 지금 생각하니까 얼마나 어리석은 생각이야. 어머니 생각만 나더라고. 다시 한 번 기회가 오면 어머니한테는 잘할 자신 있는데, 내가 어머니 장지도 몰라요. 살아생전 불효자였지만 돌아가셨을 때도 이런 불효가 어딨냐고.

힘들 때 어머니가 어디 계신지 알면 가고 싶어요. 특히 명절 때는 더 그렇고. 남들은 다 가는데 나는…. 다 내가 잘못한 죄라고 생각해요. 지금도 내가 그런 게, 내가 엄마 속 안 썩였으면 우리 엄마 안 돌아가셨을 텐데. 그때 형이 온다는 말만 안 했으면 엄마가 나갈 일이 없고, 나도 엄마한테 걱정 말라고, 내가 한다고 했으면 안 나갔을 텐데 … 형이랑 내가 엄마 돌아가시게 한 거야.

지금 내가 천주교 교리 공부를 하고 있어요. 이걸 하는 이유가 있어. 수유리 살 때 성당이 가까워서 버스로 몇 정거

장 안 됐어요. 내가 속을 많이 썩이니까 마음잡게 하려고 어머니가 "성호야 엄마하고 성당 한 번만 나가자고, 한 번만 나가서 니가 싫으면 안 나가도 되니까 한 번만 같이 나가자"고, 그게 소원이었어. 내가 그걸 못 들어줬어. 근데 엄마가 돌아가시자마자 우연히, 그러려고 한 것도 아닌데 이상하게 계속 천주교랑 연결이 되는 거야. 천주교 병원이나 시설에 들어가기도 하고. 어머니가 계속 연결해 주는 모양이야. 그래서 내가 교리 공부를 하는 거예요. 세례 받으려고. 12월에 세례 받아요.

거리에서

어머니가 병원에 있을 때 수유리 다방에서 형을 만난 적이 있어요. 형이 하는 말이 엄마 치료비가 몇천만 원 나와서 엄마 집을 팔았대. 내가 볼 땐 형네가 해결할 수 있는데도 자기네들이 먼저 살아야 하니까 엄마 집을 판 것 같아. 엄마 집 위치가 북한산 끼고 있고 바로 밑에 우이동하고 신설동까지 경전철 공사하고 있었거든. 그래서 집값이 무지하게 오르고 있었는데, 형이 굉장히 싸게 판 걸로 알고 있어요. 어머니가 돌아가시기 전에 "네 형이 사업한다고 엄마 집까지 어떻게할 수도 있으니까 네 명의로 해두라" 했는데, 내가 "그게 어머니 빨리 죽으라는 소리밖에 더 되냐"고 화냈어요. 지금은 내 명의로 해뒀어야 했나 싶어. 어머니 말이 다 맞더라고.

내가 어머니 집에서 살았다고 했잖아요. 근데 형이 어머니 집을 팔았다니 갈 데가 없지. 어머니가 병원에 계실 때 집을 나왔어. 처음에 형이 방 얻으라고 300만 원인가 줬어요. 그 돈으로 월세를 보증금에서 까는 식으로 일반 가정집에 살게 됐어. 근데 2년을 못 채우고 나왔어. 앞집에서 웬 여자가 매일 울었거든. 그것도 누가 죽어서 곡하는 울음소리야. 그러고 얼마 안 지나서 엄마가 돌아가셨어. 그리고 개새끼는 왜 그렇게 우는지. 개 울지, 사람 울지, 거기다 도둑까지 들었거든. 정이 뚝 떨어지더라고. 원래 미아리가 그런 동네야.

그래서 집을 나갔어. 내가 잘못한 거지. 그렇게 노숙을 시작했어요. 처음에 동네 공원에서 한 2년 있었는데 거기는 다 아는 사람들이잖아요. 챙피해서 서울역으로 온 거지. 지금 서울역에 고가+ 생겼죠? 거기 생기기 전에 다리가 있었어요. 저는 광장에 잘 안 오고 다리 위에서 박스집 지어 놓고

+ 1970년에 개통해 45년간 서울의 동서부를 잇던 서울역 고가도로를 말한다. 2000년부터 안전상의 문제를 겪다가 2017년, 보행로(서울로 7017)로 바뀌었다. 2017년 6월, 서울시가 서울시의회에 제출한 '서울특별시 서울로 7017 이용 및 관리에 관한 조례안'에는 '눕는 행위, 노숙 행위 및 구걸 행위 등 통행에 방해가 되는 행위'(13조1항 3호), '심한 소음 또는 악취가 나게 하는 등 다른 사람에게 혐오감을 주는 행위'(13조1항 6호) 등을 제한하는 내용이 담겼다. 사실상 홈리스를 쫓아내는 조치로 비판이 거세지자 서울시는 13조 1항 3호는 삭제했다. 하지만 기존의 13조 1항 6호(2020년 개정안에서는 5호)는 여전히 남아 있다.

낭떠러지에 서있는데 더 가면…

있었어요.

왜 거기 있었냐면, 우리 후배가, 거기 먼저 있던 애들이 있었어요. 거기서 3년 정도 노숙했어요. 어느 순간 노숙자가 돼 있더라고. 나도 모르게 노숙자라는 게 되더라고. 노숙자도 가만 이야기 들어보면 옛날에 괜찮게 살던 사람들이 많아요. 사연이 다 있는 사람들이에요. 현재가 중요한 거지 뭐. 과거는 아무 필요 없는 거야.

노숙할 때는 정말, 아휴 아무 생각도 안 나. 내가 그때 그 고비를 어떻게 넘겼는지. 지금 같으면 못 넘기지. 많이 힘들었어요. 아니 이건 대체 답이 안 나오는 거야. 어머니 돌아가셨지, 형 돌아가셨지, 다 돌아가시면서 집안 그지 된 거야. 노숙할 때 무슨 생각을 하겠어요. 죽고 싶은 생각 말고 더 하겠어요? 그때는 멍하게, 내가 어떻게 해야 할지 답이 안 나오는 거야.

나는 도대체 노숙자들이 왜 노숙을 하는지 몰랐거든. 딴 세상에 온 거 같아. 내가 왜 이렇게 됐지? 내가 왜 서울역에 와있지? 이 생각만 드는 거야. 그때 심정이 어땠는지 내가 말할 수가 없어. 한 번은 약 먹고 죽으려고 해봤는데 안 되더라고. 이틀 만에 깨어났나.

노숙할 땐 밥도 거의 안 먹었어요. 술만 마신 거야, 술만. 술은 내가 돈이 없더라도 어떻게든 먹게 되더라고. 피를 토해 가면서 먹었어. 바닥이 피였다니까. 정신 잃고 쓰러져서 앰뷸런스에 실려 가고. 정신 잃고 쓰러져서 그냥 영원히 눈

뜨지 않았으면 했던 게 한두 번이 아니야. 그 시절은 잠도 잘 못 잤지만 내일 아침에 눈 뜨지 말고 그냥 끝났으면 … 하는 생각을 많이 했어요. 생명이 길긴 길더라고.

병원을 오가며

어머니 돌아가시고 난 후에 계속 몸이 아팠어요. 노숙하면서 아픈 데가 계속 생겨. 그래서 10년 넘게 병원을 막 떠돌아다녔어요. 서울역에서 노숙하다가 병원에 입원했다가 다시 노숙하고…. 지금도 그렇지만 그때는 기어 다녔어요. 하도 어려운 처지니 인력소에서 일용직으로 공사장에서 일한 적 있어요. 근데 거기서 "몸도 많이 아픈 것 같은데 여기서 일하면 안 될 것 같다" 하더라고. 내가 다리가 계속 꺾여서 뭘 들지도 못했거든. 자기들도 불안한 거지. 내가 다치면 자기들한테 피해 오니까. 겨우 일 구하면 여기 가라, 저기 가라 퇴짜 맞아서 나중에는 도저히 일할 데가 없고 죽겠더라고. 힘들어서 일 구하는 거 포기했어. 나는 더는 못 하겠다. 수급이고 뭐고 모르겠고 병원을 막 돌아다닌 거야.

/병원 생활은 어땠나요?/ 아무래도 바깥보다는 병원이 좀 낫죠. 병원에 있으면 치료도 좀 받고 관리를 해주니까. 병원에 있고 싶어서 있었겠어요? 힘드니까 그렇게 있었어요. 용

인 병원에 2년 있었고, 대구에 3년 있었고, 성가복지병원에 수십 번 입원했고. 서울에 웬만한 병원, 뭐 동부시립병원, 서울의료원, 서북병원 막 갔어요. 그때도 계속 아팠어요. 병원 생활을 8, 9년 한 것 같아. 그때는 내가 돈이 있어서 입원한 게 아니라, 행려자들은 국가에서 무료로 해주더라고,[+] 가족도 없고 몸 아픈 사람들을.

지금도 많이 아파요. 오늘 아침에 일어나는데 다리를 못 펴겠더라고. 의사가 신경에 이상이 있대. 그래서 의사 선생님한테 "죽겠다고, 어떻게 낫냐" 하니까 나을 수가 없대. 신경은 한 번 손상이 가면 안 된대. 노숙할 때 진짜 몇 달 밥을 안 먹고 술 먹고 담배 피고 했어. 영양이랑 관련 있겠지. 다리에 힘이 없으니까 막 꺾여. 에스컬레이터 탈 때도 겁나요. 내가 계단에서 굴러서 많이 다쳤거든. (얼굴과 머리 쪽 흉터를 보여 주며) 여기저기, 특히 얼굴이 다 찢어지고 개판이야. 옛날에는 똑바로 걸었는데 그게 안 돼. 지금은 발 뗄 때마다 통증이 와.

+ 행려병자 의료 급여가 적용된 경우다. 생활 능력이 없거나 생활이 어려운 사람으로서 일정한 거소가 없고 경찰관서에서 무연고자로 확인된 사람 등은 의료급여법에 따라 노숙인 의료 급여와 별도로 의료 급여의 대상이 된다.

별별 사람들

맨날 어머니 품에서 자라다가 180도 완전히 다른 생활을 하니까 뭐지 이거 다른 세상인가, 뭐 저런 사람도 있나, 도대체 이해가 안 가는 게 많은 거야. 천사 같은 사람들도 많고, 정말 징그럽게 나쁜 인간들도 많고. 세상에 이런 것은 참 좋고 이런 것은 무섭구나.

서울역에 있을 때 젊은 애들이 노숙자가 누워 있으면 패고 그래. 노숙하는 사람 우습게 보는 거지. 자기 아버지뻘 되는 사람인데 말이라도 "아저씨, 고생하시네요" 하지는 않을망정 사람을 발로 막 짓밟아서 피투성이가 돼. 그래서 한동안은 서울역 옆에 있는 롯데마트 자전거 보관함 사이에서 잤어. 근데 그놈들이 내가 거기 있는지 어떻게 알고 또 내려오더라고. 경찰이 와도 못 잡아. 얼마나 빠르게 도망가는데. 한번은 그놈들이 내 옆에 살던 형 박스집에 불을 지른 거야. 겨울이라 추워서 겉을 비닐로 싸놨어. 자고 있는데 뜨겁더래. 형이 깜짝 놀라 일어났어. 그리고 그놈들을 쫓아서 잡았어. 그래서 파출소에 데려갔는데 애들이 반성도 안 하더래. 죽을 뻔했는데 말이야.

언제 또 그럴지 모르니까 잘 때 불안했어. 돌이고 뭐고 막 날라오니까. 내가 가끔 서울역 왔다 갔다 하잖아. 그때 어떻게 버텼지 싶더라고. 여기는 사람이 때리면 누가 때린지도 몰라. 맞으면 손해지. 그래서 약해 보이면 안 돼. 자기 하기

낭떠러지에 서있는데 더 가면…

나름이지만 아무래도 강해 보이면 좀 낫겠지. 나도 몸이 마르고 약해 보이니까 사람들이 힘들게 하잖아.

그리고 사기꾼이 참 많더라고. 대구에 있는 병원에 간 지 얼마 안 됐을 때 나랑 비슷한 환자가 와서 휴대폰 기계가 무료고 기본료는 만 원밖에 안 된다고 만들자는 거야. 그래서 계약했지. 근데 병원에서 누가 "야 쟤한테 당했냐?" 해서 무슨 소리냐고 하니까 저놈한테 절대로 하지 말라는 거야. 그래서 알아보니까 기계값 엄청 비싸고 기본료도 5만 원씩이야. 알고 보니 업자랑 짜고 이 새끼가 돈 받아 처먹은 거야. 나만 당한 게 아니라 병원에서도 몇 명 당했거든.

그 휴대폰 그대로 돌려주려고 전화도 안 썼어요. 1년 동안 배낭에 넣고 다니다가 배낭째 잃어버렸어. 우리 동네(양동)에도 누구한테 돈 받고 해주는 애들이 있어. 절대로 그런 거 해주면 안 되거든. 나중에 다 책임져야 해요. 이제 내가 그런 거에 안 넘어가지. 서울역에서 운동 겸 걷고 있으면 돈 줄 테니까 뭐 해달라고 접근해 오는 애들이 있어. 명의 도용 그런 거지. 말 한마디 하면 알아. 더 말할 필요도 없어요. 나한테 그런 말 하지 말고 빨리 가라고, 나는 아예 그래 버려요. 그럼 나한테 얘길 안 해. 씨알도 안 먹히니까. 옛날엔 몰랐어. 돈 받고 뭐하면 안 돼요. 아주 골치 아파요. 별별 사람들이 많더라고. 좋은 사람들도 많고, 나쁜 사람들도 많고. 근데 좋은 사람들이 조금 더 많은 것 같아.

회생

수급 신청을 해본 적 있어요. 근데 그때 빠꾸(퇴짜) 먹었어. 성가복지병원에 있을 때 수녀님이 나를 데리고 수급 신청을 했어요. 쪽방도 얻어 놨는데 구청에서 전화가 왔어. 다됐는데 내 명의로 된 차가 있대. 그 차를 다른 명의로 하던지 그렇게 하래. 내 앞으로 형 차를 해준 게 있어요. 자동차가 있으면 수급이 안 되거든. 형이 죽었으니까 나는 모르잖아요. 근데 십몇 년 동안 끌고 다닌 거야. 형이 죽었으니까 차가 끌리면 안 되잖아. 그 차가 대포차야. 난 그 차를 본 적도 없고.

이번에 법원 가서 알아봤거든요. 인천 사는 71년생 놈인데 이놈이 십몇 년을 탄 거야. 그놈이 자기 차가 아니니까 험하게 몰았는지 과태료가 날아오고. 그 과태료만 몇백만 원이야. 내가 그것 때문에 엄청 힘들었어. 며칠 전에 구치소에서 일주일 살다가 왔어요. 대포차 몰고 다닌 놈이 사고를 낸 것 같아. 그 비용을 보험회사에서 지불한 거야. 그러니까 돈을 내야 하잖아. 한 200만 원 되더라고. 근데 이 사람이 돈 안 내고 나도 안 내니까 판사가 괘씸죄로 갑자기 잡으러 왔더라고.

우리 집에 경찰이 와서 왜 왔냐고 하니까 판사 명령이 내려왔대요. 그래서 서울구치소에 갔어. 갑자기 내가 구치소 가서 집에도 안 오니까 여기 동네 사람들 다 경찰서 가고 난리가 난 거지. 구치소에 앉아 있는데 도대체 내가 뭘 잘못했길래 독방에 이렇게 앉아 있어야 하나. 내가 우리 형 보증 서 준 것밖에 잘못이 없지. 근데 그게 이렇게 말썽이 있을 줄 몰랐지.

수급 신청 실패하고 가나안 교회+에 들어갔다가 용인에 있는 병원에 2년 동안 입원했어. 그리고 대구에 있는 병원에 2년 있다가 3년 전에 서울 올라왔어. 이제 내가 혼자 버틸 힘이 없더라고. 죽을 것 같다, 그래서 동대문구청을 한번 가봤어. 내 주소지가 가나안 교회였거든. 원래 병원 옮겨 다니면 전입신고 해야 하는데 안 했어. 계속 가나안 교회 주소로 돌아다닌 거지. 혹시 차가 어떻게 됐나 했는데 직원이 자동 폐차됐대요. 10년 동안 끌고 다닌 차가 많이 망가졌을 거 아니에요. 이놈이 길거리에다가 차를 그냥 버렸대. 자기 명의로 된 것도 아니고 폐차를 못 시키잖아. 폐차를 시키면 또 돈이 들잖아. 그래서 이놈이 길에다 버린 거야. 구청 직원이 자동 폐차가 됐기 때문에 이제 내 앞으로 차가 없다고 하더라고요.

잘하면 (수급이) 될지도 모르겠다 하고 다시서기에 찾아갔어요. 내가 설명을 하니까 한번 해보자고, 될 거 같다고 하더라고. 신청하고 몸이 안 좋아서 병원에 입원했어요. 한 달정도 있다가 직원한테 수급이 됐다고 연락이 왔어. 직원이

+ 서울특별시 동대문구 전농동에 위치한 노숙인 자활 시설 '가나안 쉼터'를 말한다.

"강성호 님, 잘됐네. 됐습니다"하더라고. 얼마나 감사해요. 내가 시설에서 하도 절망감을 많이 느껴서 기대도 많이 안 했어. 나는 수급 안 됐으면 지금 죽었을지도 몰라요. 나 거의 기어 다녔어요. 걷지도 못했어. 나 좀 살려 달라고 했지. 그 직원이 도와주겠다고 최선을 다해서 된 거예요. 그게 돼서 이 정도 버티는 거예요.

"낭떠러지에 서있는데…"

수급 되고 양동 쪽방촌으로 왔어요. 이제 3년 됐어요. 서울역 노숙하면서 알게 돼서 왔죠. 수급 이거 받아 가지고 살기 힘들어요. 70만 원 정도 받는데 거기서 여기(쪽방) 방세 25만 원 주고 나머지로 생활하는 거야.

처음에는 내가 수급자인 게 적응이 안 되더라고. 사나흘 되면 없어. 방세 주고, 술 한 잔 먹고, 담배 사고 하면 없어. 식당 들어가면 밥값이 좀 비싸? 그거 몇 번 먹으면 금방 없다고. 쓸 게 뭐가 있어. 며칠 지나면 없다니까.

근데 어느 날 갑자기 이건 아니라는 생각이 들더라고. 낭떠러지에 서있는데 더 가면 내 인생 끝나는 거다. 여기서 올라가지도 내려가지도 말고 버텨 보자. 이 악물고 절약해 보자. 절약을 안 하고 살 수가 없지.

수급 다 썼다고 남한테 돈 빌려 달라는 애들이 많아요. 근데 나는 여태껏 수급 받아서 1원 한 장 빌려 달라 한 적 없어. 옷도 진짜 사입은 적이 없어. 남이 입던 거 빨아서 입고. 남한테 잘 보일 것도 없고 깨끗하게만 빨아 입으면 되지. 옷 좋은 거 입어서 뭐해. 옷이 좀 비싸야지. 잠바도 남이 입던 거 빨아 입는 거지. 그렇게 사는 거야.

여기(양동)도 절약하는 사람들은 엄청 절약해요. 쓰라고 해도 안 써. "너 죽어서 돈 싸가지고 가냐" 하면 막 웃어. 근데 어떤 사람들은 그런 게 없이 흥청망청이야. 그런 사람들은 쪼들리는 거지. 사람들에게 뭐 사달라, 돈 좀 꿔달라 그런 거지. 계속 되풀이돼. 나는 누구한테 돈 빌려 달라 안 하고, 뭐 좀 사달라고도 안 해. 없으면 없는 대로 살지 남한테 아쉬운 소리 하기 싫더라고. 자존심도 상하고. 근데 남한테 베풀지도 않아. 내가 힘드니까. 그래도 노숙하고 힘들 때보다는 낫지. 맞춰 살게 되더라고. 내가 지금까지 그 면에서는 잘하고 있어요. 남한테 아쉬운 소리 안 하고. 그나마 국가에서 도와주는 게 감사하죠.

"사람이 무서울 때가 있어"

쪽방 살면서 죽은 사람 많이 봤어요. 죽어서 나가는 사람들. 앰뷸런스 오고 하면 다 죽은 거죠. 다들 힘들게 사는 사람들인데 마음이 참 안 좋지. 몸도 안 좋은 상태에서 알아서 몸 관리를 해야 하는데 술 먹고 그러니까 그래. 과거 생각하면 뭐할 거야. 술에 장사 없어요. 나도 예전에는 술을 먹었는데 지금은 조금만 먹어도 몸이 안 좋아.

/동네 분들이랑은 어떻게 지내시나요?/ 동네 사람들이랑 안면이 있는데 별로 많이 친하진 않고요. 그런대로 지내요. 거기 별별 사람 다 있지만 저는 술 먹고 실수한 적도 없고 남한테 피해 주고 한 거 없으니까. 나도 피해 받는 거 싫고, 남한테 피해 주는 것도 싫더라고. 그냥 원만하게 지내고 있어요. 내가 싫으면 이야기 안 하면 되고 여기서 친한 사람 아니면 이야기 안 해요. 피해. 이야기해 봐야 괴로우니까. 그냥 사람 성격을 좀 구분하게 되더라고.

옛날에는 사람들 보면 좋았는데 지금은 사람이 무서울 때가 있어. 쪽방에서도 사람 때문에 힘들었어요. 어렸을 때 호랑이가 제일 무서운 줄 알았는데 이 동네 와서는 사람이 무섭더라고. 그럼 내가 피해.

나는 방 안에 잘 안 있어요. 나와도 웬만하면 쪽방촌에 안 있어요. 딴 데 가버리지. 서울역에 아무 목적도 없이 미친 놈처럼 무작정 돌아다녀요. 그게 오히려 마음이 편해. 괜히 거기 있으면 스트레스가 막 쌓이는 거야. 머리가 아프고 몸도 더 아픈 거 같아.

쪽방촌 밖에도 별별 사람 다 있어. 도저히 이해가 안 되

낭떠러지에 서있는데 더 가면…

는 걸 많이 봐서 … 나쁜 짓도 내가 하면 괜찮은데 남이 하면 지적해. 그리고 어떻게든 남 이용해서 자기만 편하면 된다는 식이야. 이기적이지. 어떻게 사람이 저럴 수가 있을까. 나도 세상을 나쁘게 살았지만 사람을 저렇게 하면 안 되는데 어떻게 남한테 못되게 하지. 사람 가리면 안 되는데 가리게 되더라고.

이사 … 또 이사

작년 말에 쪽방촌에서 쫓아낸다는 이야기를 들었어. 그리고 서서히 쫓겨나는 거 봤고. 올해(2020년) 4월에 집주인이 새벽에 갑자기 와서는 집을 비우라는 거야. 난 처음 본 사람인데 집주인이라고 하더라고. 집주인은 여기 안 살고 다른 데 살아. 관리인도 왔었는데, 관리인이 주인 편이지 우리 편 들겠어요? 주인들은 자기네들 건물 오래됐으니까 철거해야 한다고 나가라고 하더라고.

무슨 철거야. 쫓아내는 거지. 지금 여기 하나하나씩 쫓아내고 있어요. 한꺼번에 쫓아내기 힘드니까 조금씩 쫓아내는 거지. 빨리 내쫓아야 나중에 지들이 편하거든요. 급박할 때 내보내면 힘드니까 차근차근 내보내는 거야. 걔네들 수법이 한꺼번에 안 내보내고 서서히 그러더라고. 그 건물 쪽방에 있던 사람들 지금 3분의 1은 다 나갔어요.

집주인이 네다섯 번 찾아오니 집 문제 때문에 속상해서 며칠을 술만 마셨어요. 감자탕집 가서 안주 싼 거 시켜 놓고 소주 먹고. 서울역에서 하루 종일 술 마시고 돌아다니다가 새벽에 집에 들어가서 자고 그랬어요. 너무 스트레스 받고 귀찮고 신경 쓰고 싶지도 않고, 더 이상 싸우고 싶지도 않더라고. 싸울 이유도 없고. 그래서 관리인한테 이사 가겠다고 말했지. 도저히 힘들어서 이사 비용만 달라고 하고 이사한 거야.

4월 20일에 이사를 갔어. 이사 비용으로 50만 원 받았어요. 이사 비용은 사람마다 달라. 어떤 사람은 많이 받고 어떤 사람은 조금 받는데 난 제일 조금 받았어. 다른 사람들은 "야 더 개겨" 하는데 내가 죽겠다고 빨리 이사 가버린 거야. 없는 사람들 우습게 보는 거지. 필요 없으니까 나가라는 거 아냐.

양동에 3년 살았는데 이사는 다섯 번 했어요. 쪽방촌 내에서만. 두 번은 이유 없이 쫓겨났어. 관리인한테 불만이 많은 게, 재작년인가 2년 전인가, 자기네 사정 때문에 그렇다고 잠깐 다른 데 이사 갔다가 다시 오라는 거야. 그래서 (양동 내) 다른 집으로 이사 갔다가 다시 왔는데 1년 정도 살았을 때 다시 나가라는 거지. 그러니까 내가 더 열이 받는 거지. 내가 잘못해서 쫓겨난 게 아니잖아. 그 집으로 괜히 이사 간 것 같아. 좋은 기억이 없어요. 나는 여기 와서 완전히 손해를

낭떠러지에 서있는데 더 가면…

본 거지. 요새도 길에서 관리인 보면 아는 체하고 싶지 않더라고.

아무튼 거기서 살다가 이사비 받고 바로 위쪽 건물 쪽방으로 이사 갔어요. 거기서 3개월 살다가 지금 사는 집으로 왔어. 왜냐면 그 윗집엔 엄청 희한한 애들만 살았어. 정신도 좀 그런 애들이 많고 술 먹고 새벽까지 너무 시끄러워서. 내가 다리가 아픈데 옥상이라 힘들기도 하고. 그래서 도저히 안 되겠더라고. 그 집이 마지막 집이라고 생각하고 이사 간 건데 내가 힘들어서 못 있겠더라고.

임대주택

솔직히 이 동네 있고 싶진 않아. 근데 막상 또 다른 데 가도 뾰족한 수도 없고…. 임대주택 가려고도 생각했어요. 근데 거기 가면 전기세나 수도세 같은 걸 전부 자기가 내야 한다고 하더라고. 쪽방은 방세에 전기세, 수도세 다 포함돼 있어서 방값만 내면 끝이야. 주거비는 어차피 수급에서 맞춰 나오니까 크게 신경 안 써요. 그리고 여기 쪽방촌은 소문이 나서 지원해 주는 데가 여러 군데 있어요. 가끔가다가 도시락이나 생활필수품도 조금 줘서 좀 나은데 임대주택 간 사람들 이야기 들어보면 그런 게 없다는 거야. 그래서 힘들대요.

가서 아는 사람이 없는 건 적응하면 되는데 경제적으로 힘들다고 하더라고. 그래서 나도 신청할까 하다가 말았어.

그래서 여기 임대주택 못 가는 사람들이 많아요. 가고 싶어도 못 가. 경제적인 것만 해결되면 나도 벌써 갔죠. 근데 간 사람들이 열이면 열 다 경제적으로 힘들대. 임대주택 갔다가 다시 돌아오는 사람도 간혹 있더라고.

여건만 되면 벗어났죠. 근데 경제적인 게 아직까지는 힘들 것 같아요. 그래도 여기 임대주택이라도 지어 주면 좋지. 쪽방보다 나을 거 아녜요. 동네 철거되고 나면 어떻게 해야 할지 아직 생각이 확실히 정해지진 않았어요.

낭떠러지에 서있는데 더 가면…

듣고 적으며

/ 홍수경 /

강성호를 처음 만나 인터뷰에 대해 설명하고 동의를 얻을 때 그는 흥미를 느끼면서도 나중에 문제가 되진 않을지 여러 번 물으며 신중한 태도를 보였다. 인터뷰를 하는 것보다 동의서에 서명하는 것에 두려움을 느끼는 듯했다. 강성호는 형에게 명의를 빌려주면서 생긴 "나도 모르는" 자동차 때문에 수급에서 탈락했다. 대구 병원에 있을 때는 휴대폰을 무료로 개통해 주겠다는 꾐에 넘어가 큰돈을 날릴 뻔했다. 찰나의 선택이 감당할 수 없는 큰 책임으로 이어진 날들 때문에 타인에 대한 경계심은 높아질 수밖에 없었다.

강성호는 노숙을 시작하기 전 50여 년의 시간에 대해 말하지 않았다. 그의 삶의 궤적이 궁금해 여러 번 물었지만 "내가 어떻게 살아왔는지 알면 수경 씨는 나랑 대화하고 싶지 않을 것"이라고 했다. 인터뷰를 통해 유추할 수 있는 젊은 시절의 강성호는 '일하지 않고 도박을 일삼으며 어머니를 힘들게 했다'는 정도다. 그는 "지금 벌 받는 중인 것 같다"라고도 했는데, 가난한 삶이 젊었을 때 '열심히' 살지 않고 어머니 속을 썩인 것에 대한 대가라는 것이었다. 나는 끊임없이 일했지만 여전히 가난한 이 책의 다른 화자들과 달리, 세간의 기준에서 보면 노력하는 삶이 아니었던 강성호의 삶을 독자들이 어떻게 생각할지 고민이 됐다.

젊었을 때 노력을 안 했으니 가난한 거라고, 가난의 책임을 개인에게 돌리는 논리는 언뜻 자연스럽고 명쾌해 보인다. 하지만 강성호의 삶을 놓고 그렇게 단정하기는 쉽지 않다. 그는 유일한 보호막이었던 어머니가 사망하며 한순간에 홈리스가 됐다. 일자리를 찾았지만 길어진 노숙 생활로 망가진 몸을 받아 주는 곳은 좀처럼 없었다. 그렇게 그는 가난에서 벗어날 길 없이 10년간 거리와 병원을 오갔다. 그 긴 시간 동안 강성호에겐 다른 삶의 궤도로 진입할 수 있는 가능성이 부재했다.

더는 "혼자 버틸 수 없다" 생각한 순간, 강성호는 노숙인 종합지원센터를 통해 수급을 신청한다. 그리고 기적적으로 기초생활수급자가 되어 다시 버틸 힘을 얻게 된다. 이제 그는 수급비로 70만 원 조금 넘는 돈을 받아 생활한다. 거기서 방세 25만 원을 빼고 나면 결코 넉넉치 않은 살림이다. 남대문시장 생선구이를 좋아하지만, 하고 싶고 먹고 싶은 걸 최대한 참으며 절약한다. 기초생활보장법은 누구나 "건강하고 문화적인 최저 생활을 유지할 수 있어야 한다"라고 명시하고 있지만 강성호가 받는 수급비로 건강하게, 문화적으로 살기란 쉽지 않다.

3년 전 수급자가 되고 양동 쪽방촌에 온 강성호는 동네 안에서만 이사를 다섯 번 했다. 그에게 양동은 불편한 공간이다. 집주인이 새벽같이 찾아와 집을 철거한다 하고, 벽 너머에선 주민들의 술기운에 젖은 소음이 흘러든다. 아픈 다리 때문에 좌식 생활을 못 하는데 의자 놓을 공간도 없다. 그래서 강성호는 늦게까지 서울역을 돌아다니다 새벽에 들어와 몸을 누인다. 그는 거리에서 자지 않는 것만으로도 감사하다고 했다. 하지만 언제 쫓겨날지 몰라 긴장하고, 끝나지 않는 소음 때문에 약을 삼켜야 겨우 잘 수 있는 방이 편히 쉴 수 있는 집은 아니다.

　　'열심히 살지 않았으니 가난한 건 어쩔 수 없다'라는 논리는 고달픈 각각의 삶의 서사들을 납작하게 눌러 버린다. '열심'의 기준이 무엇인지 모르겠지만, 그 기준에 따른 삶을 살았건 아니건, 누구도 쫓겨나지 않고 앞으로의 시간을 상상할 권리는 주어져야 하지 않을까.

　　강성호는 "거실과 화장실이 있는 집"을 바란다. 임대주택에 가려 했지만 전기세·수도세 같은 비용을 감당할 수 없어 포기했다. 그는 이제 더는 쫓겨나지 않는 삶을 그리고 있다.

남대문로5가 622번지에 건축된 쪽방의 하나. 도로명 주소로는
후암로60길 16-21 A로 구분한다. 건물주는 붕괴 위험이 있어
공사를 위해 일시적으로 폐쇄한다고 했으나 입주민들을 퇴거
시키고 한 달 후 건물을 매각했다. 강성호도 이곳 1층에 살다 퇴
거당했다. 강남에 사는 건물주는 남아 있는 이들에게 손해배상
을 운운하며 다음과 같은 내용증명을 보내 퇴거를 종용했다.
"… 2020년 3월 20일 월세 계약 만료와 더불어 재계약이 없으
며 다른 곳으로 이주시 1개월 월세와 어느 정도의 이사비를 줄
것이다 라고 수차례 알렸지만 아직까지 이주하지 않은 귀하께
2020년 4월 20일까지 다른 곳으로 이주(퇴거)할 것을 다시 한
번 서면으로 알립니다. 만약 이주(퇴거)하지 않을 시 본인은 귀
하를 상대로 소송을 제기할 수밖에 없으며, 그러한 경우 귀하는
이주(퇴거)하지 않는 기간 동안의 차임 상당액은 물론이고 본
인에게 발생한 손해와 소송비용까지 모두 부담하게 될 수 있음
을 고지합니다."

낭떠러지에 서있는데 더 가면…

남대문로5가 616번지(후암로60길 16-13) 410호 앞, 주민이 써 놓은 글씨. 해당 주민은 2019년 12월, 서울 중구청에 보내는 의견서에 이렇게 적었다.

"수년을 노숙하며 살다 어렵게 쪽방에 들어와 산 지가 어언 20여 년이 되었습니다. 그러나 제대로 된 대책을 받아 보지 못한 우리 쪽방 사람들의 마음은 한결같습니다. 이런 상황을 헤아려 주시기를 바랄 뿐입니다."

그분들의 현재 삶을
바라봐야 해요

신종호

2019년부터 해피인 서울역 위원장으로 활동하고 있다. 매주 양동을 방문해 도시락을 전하며 주민들의 안부를 살핀다.

주민들과 함께

해피인 서울역은 길벗사랑공동체+에 소속돼 있어요. 길벗사랑공동체 본부에서 도시락을 만들면, 그걸 양동 쪽방에 방문해 나눠 드리는 일을 해요. 일주일에 서너 번 나눠 드리는데 평균 120~140명, 많으면 150명까지 드리는 것 같아요. 이 일은 해피인 서울역 개소 전부터 하던 일이에요. 저희는 단순히 도시락만 전해 드리는 게 아니라 주민들한테 따뜻한 말 한마디 더 전하려 해요. 그렇게 서로 믿을 수 있는 친구 같은 존재가 되는 것에 뜻을 두고 있습니다.

활동을 시작한 건 2019년부터예요. 제 아내가 6년 정도 길벗공동체에서 도시락을 만들어서 쪽방에 가져다주는 봉사를 하고 있었어요. 그런데 길벗 사무국장님이 아내에게 양동서 상담 봉사하면서 주민 분들과 친구가 되어 줄 분을 찾고 있다고 한 거예요. 그래서 아내가 "내가 할 수 있다, 내 남

+ 사단법인 길벗사랑공동체는 노숙인 등에게 음식 나눔 사업, 자립·자활 지원 사업, 상담 및 의료 지원 시설 연계 등을 진행하는 비영리단체다. 1999년 영등포 쪽방촌에 사랑의집을 설립하며 시작됐고, 2017년에 신림 고시촌 해피인 대학동이, 2020년에 해피인 서울역이 개소했다.

그분들의 현재 삶을 바라봐야 해요

편도 이 일을 할 수 있을 것 같다"한 거죠. 그날 아내가 집에 돌아와서는 당신이 해야 할 일이 생겼다고 하더라고요. 그렇게 활동을 시작하게 된 거죠, 하하. 원래는 식자재 배달하는 일을 했어요. 지금도 해피인 활동과 배달 일을 병행하고 있죠. 매일 새벽 2시에서 3시 사이에 일어나 일을 시작해요. 오전에 배달을 마치고 오후 3시쯤 해피인에 오는 거예요. 그렇게 일주일에 서너 번 쪽방에 올라가서 주민들을 만나 봬요. 해피인이 만들어진 초창기에는 그렇게 일을 하면서도 매일 쪽방촌에 갔어요.

　쪽방 주민들과 관계를 맺는 게 생각보다 어려웠어요. 여태껏 상처란 상처는 다 받아 본 분들이라 마음이 닫혀 있어서 아주 조그만 것에도 상처를 받아요. 유리처럼 탁 떨어트리면 깨질 수 있는 거예요. 그래도 그분들에게 한결같은 모습을 보여 주면 나중에 자기가 살아온 이야기를 하고, 저도 제가 살아온 이야기를 하면서 서로 친구가 되는 거예요. 그럼 다음에 만났을 때는 좀 더 가까워지고, 그다음에 만났을 때는 손도 잡을 수 있고, 그간 안 보였으면 어디 갔다 오셨냐고 묻고 … 그렇게 친구가 되는 건데 그게 1년이 걸릴 수도 있고 그 이상이 될 수도 있죠.

평생 일해도 가난한 사람들

어제는 정해옥 씨를 만났어요. 처음 본 분인데 방에 가니까 되게 깔끔하시더라고요. 쪽방에서 그렇게 깔끔한 집은 서른 집 가야 한 집 나올까 말까예요. 이분 이야기를 들어 보니 엄청 열심히 사셨더라고요. 지금 62세인데 젊었을 때부터 남대문, 동대문 시장에서 일하셨다고 해요. 미화원, 용역일 등 여러 일을 하면서 시장 안에서만 계속 생활한 거죠. 그렇게 평생을 열심히 일했는데도 형편이 어려워 여기 쪽방 방세가 5000원 할 때부터 살았다고 하더라고요. 30년 이상 쪽방에 계신 거죠. 계속 도시 근로자로 일했는데 지금은 코로나 때문에 일자리가 끊기고, 자활(근로)도 끊기니 살 방법이없는 거예요. 형제도 없고, 부모님도 돌아가셨는데, 뭐 때문인지 수급 요건이 안 된다고 하더라고요. 다행히 방세는 LH에서 지원해 주고 있었지만요. 식사는 어떻게 하냐고 물으니까 청량리에 있는 밥퍼(밥퍼나눔운동본부)랑 제기동 프란치스코 밥 주는 데(프란치스코의집) 가서 먹고, 또 명동에 새로 생긴 밥집(명동밥집)+에서도 먹고 … 그렇게 밥을 먹으러 다니시더라고요. 채움터(따스한채움터)는 갔더니 쫓겨났고. 코로나검사 안 받으면 안 들여보내 주니까요.

+ 천주교 서울대 교구가 서울시 중구 명동성당 근처에서 운영하는 무료 급식소.

어떤 사람들은 이분들이 내가 내는 세금으로 나라에서 수급비 다 받아 가면서 편안히 생활한다고 생각할 수도 있어요. 하지만 이분들이 그런 복지를 받을 자격이 없을까요? 주민들 대부분 몸이 아프기 전에 열심히 일하면서 살아온 분들이에요. 그렇게 열심히 살아도 좁은 쪽방에서 햇볕도 없이 지내는 게 불합리한 거죠.

물론 열심히 안 산 분들도 계시겠죠. 한 주민 분은 젊어서 사람들 돈 뺏고 쓰리(소매치기)하면서 나쁘게 살았대요. 그 사람이 한때 그렇게 살았을지 모르지만 지금은 늙고 병들어서 누구한테 죄도 못 짓고, 자기 방에서 나오지도 못하고, 화장실도 제대로 못 가고 있어요. 과거의 잘못된 행동에 대한 벌은 피할 수 없겠지만 용서를 해줘야 해요. 그리고 그분들의 현재 삶을 바라봐야 해요.

어떤 사람들은 "아프리카에 가면 밥 한 끼도 못 먹고 굶어 죽는 사람들도 있는데 이들(쪽방 주민들)을 도와야 하냐" 하기도 해요. 저는 그럼 한번 주민들을 만나 보라고 해요. 우리도 일을 못 하고 도움을 받지 않으면 움직일 수 없는 순간이 올 거예요. 지금 쪽방에 살거나 노숙하는 분들은 누군가의 도움이 필요해요. 정부에서 주는 그 최소한의 생활비로는 살 수 없어요. 그분들도 우리 사회의 구성원이고 다는 누릴 수 없어도 인간답게 살 수 있어야죠.

격차

　자활근로 하면서 다시 일어나신 분들도 있어요. 서울역에서 오랫동안 노숙하다가 길벗공동체와 인연이 닿아 평화의집+에 머문 분인데요. 지금은 따로 방을 얻어서 계세요. 오전에는 길벗공동체에서 봉사하고, 오후에는 동부 이천동에 있는 교회에서 직장을 가져서 일하시고.

　그렇지만 이렇게 다시 일어나는 건 너무 어려운 일이에요. 평화의집에서 살다 퇴소할 때가 되면 다시 여기(양동)로 돌아오는 경우도 있죠. 쪽방 생활에서 벗어나질 못하는 거예요. 심지어 노숙하던 분들의 경우, 쪽방에 들어오고도 방 안에서 생활하는 게 힘드니까 다시 밖으로 나가는 경우도 있어요. 사람들이 생각하기엔 좁은 방이더라도 비바람을 피할 공간이 있는 게 나을 것 같지만, 오히려 밖이 더 편한 분도 있는 거죠. 쪽방이 우리가 생각하는 일반적인 주거 환경이 안 되잖아요. 주민들은 그 환경에 적응해서 있는 것뿐이지 사람들한테 쪽방에 두 시간만 있다 나오라고 집어넣으면 대개가 못 버틸 거예요.

　요즘 코로나 때문에 마스크를 쓰고 다니잖아요. 마스크를 쓰고 쪽방에 갔다 오면 마스크에서 쪽방 냄새가 나요. 하

+ 길벗공동체가 운영하는 노숙인 그룹홈으로 2년간 무상으로 거주할 수 있다.

그분들의 현재 삶을 바라봐야 해요

루가 지나도 그 냄새가 안 빠져요. 쪽방에 다녀오면 그 마스크는 다시 못 써요. 뭐라고 표현해야 할까 … 쪽방에서만 느껴지는 냄새가 있어요. 사람들의 온갖 것이 섞인 냄새죠. 오래된 집 냄새, 주민들 한 분 한 분의 냄새 같은 것들. 쪽방 냄새는 하루아침에 만들어지지 않아요. 환기가 안 되는 환경이다 보니 겹겹이 누적된 냄새죠. 쪽방 냄새라고밖에 표현을 못 하겠어요. 쪽방 냄새는 제가 쪽방 안에 있을 때는 못 느끼고, 거기를 벗어나면 나요. 저는 계속 올라가다 보니 쪽방 냄새가 싫지는 않아요. 하지만 처음 쪽방을 처음 방문하거나 가끔 오시는 분들은 어렵게 느끼지 않을까 싶네요.

안타까운 건 집주인과 관리인은 쪽방 주민이 이런 환경에서 생활하는 게 당연하다고 생각하는 거예요. 열악한 방을 내주고 그 대가로 (허공에 큰 동그라미를 그리며) 이만큼의 월세를 받는 게 굳어진 거죠. 그 사람들한테 "당신들은 주민에게 너무 쪼만한 방을 주고, 제대로 된 화장실 같은 것도 없이 폭리를 취한다" 말하면 집주인·관리인은 납득을 못 할 거예요. 자기들이 내주는 방이 월세만큼의 가치가 있다고 생각해요. 우리가 보기엔 말이 안 되잖아요. 쪽방 분들하고 관리인, 집주인 간 생각의 격차가 너무 큰 거죠.

빈곤한 노년의 삶들

작년 겨울에 안성식 할아버지를 만났어요. 당시 연세가 90세였으니 아마 쪽방에서 제일 고령이었을 거예요. 이분이 기억에 남는 건 방문을 열었는데 하 … 너무 참혹한 거예요. 방을 보고 먼저 옆에 있던 아내를 못 들어오게 했어요. 할아버지가 다리에 힘이 없어서 화장실에 못 가니 바지에 똥오줌을 다 싸고, 바닥엔 똥이 다 묻어 있는 거예요. 또 어떻게 그 방에 쥐가 들어왔더라고요. 그게 돌아다니고 있고…. 그때가 오후 5시 좀 지나고 있었는데 겨울이라 벌써 깜깜해지기 시작한 거예요. 저도 이걸 어떻게 해야 할지 어쩔 줄 모르겠더라고요. 일단 방문 앞에 있던 오물을 좀 치웠죠.

그러고 나서 보니 이분은 여기 계시면 돌아가시겠다는 생각이 드는 거예요. 한겨울에 방도 냉골이고 여기선 아무것도 안 되겠더라고요. 제일 먼저 그 집 관리인이자 집주인인 아주머니를 찾았어요. 근데 그분이 암에 걸려서 병원에 있다는 거예요. 집 관리가 안 되는 거죠.

그래서 쪽방 상담소에 가서 이분 사정을 전했어요. 그러고선 쪽방 상담소 바로 위에 있는 통장님한테도 이야기했어요. 근데 방법이 없는 거예요. 통장님이랑 상담소 이야기는 한결같았어요. "안성식 할아버지는 쪽방에 계실 게 아니라 시설에 가야 하는데 본인이 거부한다. 그래서 자기들도 어쩔 수 없다." 그래도 방법을 찾아야 하지 않나 해서 아는 분들한테 다 이야기했는데 방법이 없대요. 제가 볼 때 당장 거처를 옮기지 않으면 그 상태로 일주일도 못 사실 것 같았어요. 그런데도 그날 제가 어떻게 해드릴 방법이 없어서 해피인 봉사자들한테 연락했어요. 쪽방에 이런 분이 있는데 우리가 아니면 누구도 도와줄 사람이 없다.

그렇게 다음날 이불이랑 대야랑 이것저것 준비해 그 방을 청소하러 갔어요. 근데 할아버지가 하루 만에 요양병원으로 간 거예요. 제가 막 항의하니 쪽방 상담소에서 그 집을 가본 거죠. 근데 자기들도 이런 상태일 줄은 몰랐던 거예요. 할아버지는 시설에 안 가려고 했는데 통장님이 일종의 '거짓말'을 했대요. 할아버지한테 시설에 안 가면 수급비가 끊긴다고 말한 거죠. 그래서 할아버지는 경기도 양주에 있는 요양병원으로 가셨어요.

제가 자주 찾아뵙는 성상현이라는 분도 시설에 들어가기 싫어하세요. (휴대폰 사진첩을 보여 주며) 이분이에요. 웃으시라고 하고 사진을 찍었어요, 하하. 이분을 처음 만났을 땐 방 밖으로 자주 나오셨어요. 그런데 언젠가부터 당신 몸이 불편하고 의지가 점점 사라지면서 자기 방을 떠나길 싫어해요. 그래도 거기 주인아주머니한테 부탁하면 이런저런 물품들을 대신 사다 주셔요. 물론 돈 받고요. 저희도 자주 가서 이야기를 나누고. 근데 그 집이 팔려서 내년 상반기에 나가셔야 해요.

이분 같은 경우는 다리가 불편해서 방 얻는 것도 조건이 있어요. 화장실하고 제일 가까워야 하고 1층이어야 하거든요. 계단이 하나라도 있으면 안 돼요. 거기다 돌봐 줄 사람도 필요하고. 그래서 저희도 참 고민이에요. 지금으로서는 시설로 가는 방법밖에 없는데 본인이 거절하니 방법이 없죠.

쪽방 분들은 시설에 가면 '나는 이제 모든 게 끝'이라고 생각하세요. 우리가 유아기, 청년기, 중년기, 노년기, 마지막에 죽는 것처럼 이분들은 쪽방에 있다 시설로 가게 되면 그곳이 나의 마지막이라고 생각하시는 거죠. 그 자체로 두려움을 느끼시는 것 같아요. 제가 알기론 안성식 할아버지, 성상현 님 두 분 다 시설 경험이 있어요. 그래서 더 싫어하시는 것 같아요. 대부분이 죽어도 쪽방에서 죽지 시설로 간다고는 안 하셔요. 그런데 여기 있으면 당장 밥 한 끼도 먹기 어려운 지경이니….

강제 퇴거 이후

지금 성상현 님이 사는 집은 직전에 살던 집이 팔리며 쫓겨 나온 거예요. 원래 살던 집에서 쫓겨나 급하게 방을 얻었는데, 거기서도 쫓겨나서 지금 사는 집으로 온 거죠. 근데 또 내년 상반기에 나가야 하고….

급하게 구한 집에서 지금 사는 집으로 오는 과정에 문제가 있었어요. 쪽방이 20개 넘게 모여 있는 건물이 팔린 거예요. 그때 벌써 두세 명이 집주인한테 많지 않은 돈을 받고 이사를 한 상태였고요. 집주인이 다 나가라 하니까 주민들 간에 다툼이 발생했어요. 집주인이 당장 나가면 방세 두 달 감면해 주고 60만 원을 준다 한 거죠. 그러니까 몇 명이 나가고, 남은 주민들은 여기서 더 나가면 힘이 약해진다, 이사 안가고 버티면 60만 원이 아니라 150만 원, 200만 원도 받을수 있다고 한 거예요. 그런 문제로 주민들 간에 계속 다투니까 성상현 씨가 저희한테 이사 가고 싶다 하더라고요.

그래서 이사를 도우러 갔는데 주민들이 못 나가게 막았어요. 이삿짐 싸다 말고 성상현 씨하고 주민들 간에 고성이 오가면서 막 싸우고…. 성상현 씨가 "난 버티기 힘들고, 맨날 다투는 소리도 싫고, 돈도 싫고, 손해를 보더라도 가겠다" 했고요. 그렇게 지금 있는 집으로 온 거죠. 강제 퇴거 때문에 주민들 간에 사이가 안 좋아졌어요. 어떤 분들은 주인하고 가까운 분도 있고, 어떤 분은 논란 쌓이는 것 자체가 정신적으로 너무 힘들고 싫은 분도 있어요. 또 끝까지 버티자고 하는 분도 있고요.

지금(2021년 10월) 양동에 계시는 분이 200명이 채 안 돼요. 제가 여기 온 2019년에는 400분 정도 계셨는데 반으로 준 거죠. 쪽방들이 문을 닫으면서 주민들이 쫓겨났으니까요. 퇴거 이후에 양동 주민들이 동자동 쪽방으로 많이 가셨어요. 다시 원래 노숙하던 곳으로 가신 분들도 있고. 사실 쪽방에 계신다고 해서 노숙하는 분들이랑 차이가 있는 건 아니에요. 여기 계시는 분들 95퍼센트 이상이 노숙을 경험한 분들이거든요. 그리고 쪽방에 있다가도 어느 날 보면 서울역에 계시고요. 저희가 잘 알던 분도 얼마 전에 보니까 서울역에서 술 먹고 고래고래 소리를 지르고 있더라고요. 그래도 그렇게 소리친다는 것은 살아 있다는 거예요. 살 힘이 있으니 그런 것인데, 어느 순간 안 보이면 이분이 요양병원에 가셨나 생각해요. 그러면 그나마 다행인데, 또 거리로 쫓겨나서서 노숙을 하는 거예요. 쪽방 분들이 갈 곳이 없어요. 방에서 쫓겨나면 그분들이 갈 곳이 어디 있겠어요.

쪽방촌 주민의 마지막

양동은 … 좀 뭐랄까 … 같은 쪽방촌이라 해도 많은 부분에서 더 열악해요. 동자동 사랑방+처럼 조금이나마 주민들이 모여서 뭔가를 할 수 있는 조직이 있으면 좋을 것 같아요. 주민들 간에 정이나 끈끈함을 나눌 수 있는 구심점이 있으면 좋을 텐데 그런 게 없는 게 아쉽더라고요. 양동 주민들

+ 동자동 쪽방촌의 주민 자치 모임.

은 서로 단절돼 있어요. 쪽방에 오래 살아도 자기 옆방하고 한마디도 하지 않는 분들은 1년 내내 안 하거든요.

한번은 인기척이 있는 방문을 두드린 적 있어요. 근데 분명 안에서 사람 목소리가 나는데 문을 안 열어 주는 거예요. 원래 제가 문을 잘 안 여는데 무슨 상황인가 싶어 문을 열었어요. 한 분이 벽에 바짝 붙어서 막 이야기를 하고 있더라고요. 제가 그분에게 "형제님"하고 불렀어요. 그러니까 저를 이렇게(뚫어지게) 보더라고요. 그래서 저희를 소개하면서 도시락을 드리니까 "고맙습니다" 하시더라고요. 그리고 선 다시 벽 보고 이야기를 하시는 거예요. 그분이 기억에 남아요. 쪽방에 가면 정신 질환이 있는 분들이 많아요. 내가 만약에 그 사람하고 좀 더 일찍 알고 대화할 수 있었다면 벽 보고 이야기하는 일은 없지 않았을까 하는 생각이 들더라고요.

쪽방 주민들은 80, 90세가 아니라 50대만 되면 언제 죽을지 몰라요. 빠르면 40대에 돌아가시기도 하고…. 70대까지 살다가 돌아가셨으면 여기 기준으론 장수한 거예요. 여기 계시는 분들은 대부분 50, 60대에 돌아가셔요. 근데 방에서 뒤늦게 발견되는 경우가 많아요. 누군가 관심을 두고 아직 숨을 쉴 때 방문을 열어 살펴보면 그 사람이 살 수 있는데, 숨을 안 쉴 때까지 모르는 거죠. 3일이고 4일이고 방문이 닫혀 있고, 심하면 (사체) 썩는 냄새가 나서 사망 소식을 아는 경우도 있어요.

쪽방 주민들은 옆방에서 누가 죽어도 크게 관심을 두지

않아요. 자기와 관련되지 않는 이상 그냥 누가 죽었나 보다 하는 거죠. 그래서 같이 장례식장에 가자고 해도 일면식도 없는 사람한테 왜 가냐는 식으로 시큰둥해요. 그러면서도 다음에 내 차례가 오겠다는 불안감이 있죠. 동자동 사랑방에서는 주민들끼리 장례를 챙기고 있어요. 같은 공간에서 살았던 사람의 마지막 가는 길에 절도 하고 납골도 뿌려 드리면서 서로를 기억하면 좋죠. 올해(2021년 6월) 양동에도 쪽방 주민회가 생겨서 공영 장례를 함께 지낼 수 있게 된 건 참 다행이죠.

그분들의 현재 삶을 바라봐야 해요

2020년 겨울, 1월부터 3월까지 양동 쪽방촌 주민들이 매주 한 명꼴로 돌아가셨다. 그들 중 한 명을 제외한 모두가 유족이 없 거나 알 수 없는(혹은 장례를 거부한) '무연고 사망자'여서 서울 시 공영 장례로 장례를 치렀다. 주민 모임의 '장례 위원'으로 대 부분의 공영 장례에 참석해 온 장영철은 2021년 10월 15일, 파 주 '무연고 추모의집'에서 진행된 '무연고 사망자 합동 추모 위 령제'에서 다음과 같이 추모사를 읽었다.

"하도 어렵게 사니 가족이 있어도 오지 않고 그냥 무연고자로 돌아가시는 경우가 많은 것 같습니다. 가족들이 와서 시신을 인 수하면 장례 치를 비용이 발생하니 더더욱 안 오는 것 같습니 다. 그게 참 안타깝습니다. 가난이 연고를 끊는다는 걸 주민들 장례를 보면서 알게 됩니다. 우리가 할 수 있는 것은 돌아가신 분들에게 정성으로 술 한 잔 올려 드리고 마지막 가시는 길을 안내해 드리는 것뿐입니다."

산골 장소인 서울시립승화원 유택동산에 놓인 양동 주민 김○
○의 유골함. 사인은 "영양실조로 인한 심부전"이었다.

그분들의 현재 삶을 바라봐야 해요

떠나고 그럴 때가
제일 섭섭해요

이동현

1976년, 충남의 시골에서 나고 자랐다. "동네에서 유일하게 양복 입고 다니던 사람이 교회 목사라서" 신학교에 진학했다. 도시빈민 선교회 동아리에서 주거 빈곤 현장 활동을 시작했다. 2002년부터 노숙인 인권 공동 실천단, 전국 실직 노숙자 대책 종교시민단체 협의회, 노숙인 복지와 인권을 실천하는 사람들('홈리스행동'의 전신) 세 조직에 적을 두며 활동해 왔다. 현재는 홈리스행동에 상근 중이다.

발을 들이다

대학에서 수업보다는 도시빈민선교회 동아리 활동을 더 열심히 했어요. 당시(1995년) 도시 빈민 운동은 달동네 재개발 문제를 중심으로 했는데, 관악산 아래 시흥2동 달동네에서 공부방에 참여했죠. 그리고 봉천9동, 구로, (송파구) 거여동 이렇게 여러 공부방을 거쳤어요. 동네가 재개발로 철거되면 공부방도 와해되는 경험들이 반복됐죠.

사실 공부방에서 아이들에게 지식을 전달한다는 건 외피였고 세입자인 부모들을 만나 주거권 투쟁을 조직하는 게 목적이었는데 다 실패했죠. 그게 어디 그렇게 호락호락하겠어요. 나중에 김대중 정부에서 공부방은 지역 아동 센터로 제도화됐어요. 학습 지원이나 탁아 같은 서비스 영역이 된 거죠. 공부방이 갖고 있던 문제의식들은 다 사라지고…. 하지만 아직도 공부방연합회 소속으로 몇 개 단체가 있을 거예요.

아무튼 그렇게 IMF가 지나고 공부방도 제도화된 상황에서, 이제 어떤 빈민, 어떤 빈곤 형태에 집중해야 하나 생각했죠. 그때가 2002년 월드컵 때였어요. 당시 서울의 거리 홈리스를 지방의 청소년 수련원으로 보내려는 시도가 있었죠.

떠나고 그럴 때가 제일 섭섭해요

저희는 강제적인 집단 이주라고 봤어요. 거기 대응하는 활동
으로 몇몇 시민사회 단체들을 중심으로 '월드컵 대책 노숙인
인권 공동 실천단'(이하 '실천단')이 꾸려졌어요. 도시빈민선교
회는 그 창립 단체 중 하나였고요. 그러면서 철거 지역에서
거리 홈리스로 초점을 달리하게 된 거죠. 쪽방은 거리 홈리
스들이 이전하는 주거지로 '발견'되면서 자연스럽게 활동의
공간이 되었고요. 대학 때부터 지금까지 '주거 빈곤' 현장에
서 활동한 거예요.

함께한다는 것

　　대학 졸업 후에도 계속 운동을 하고 싶었고, 2002년 9
월부터 전실노협(전국실직노숙자대책종교·시민단체협의회)에서 상
근을 했어요. 동시에 전실노협, 노숙인복지와인권을실천하
는사람들(이하 '노실사'), 실천단 이렇게 세 조직에 문어발처럼
적을 두고 활동했어요.
　　당시에는 홈리스 주거 정책이 전무한 상태였어요. 노실
사는 '노실사 사랑방'이라는 것을 만들었죠. 홈리스가 이용하
는 하숙집이라고 생각하면 돼요. 노실사 사무실이 영등포에
있었거든요. 주변에 쪽방촌이 크게 있기도 했고요. 홈리스에
게 주거 정책이 필요하고 실천적인 형태로서 가능하다는 실

례를 보여 주기 위해서 선배들이 유료 숙박소를 만드는 거예요. 노실사 사무실 한 켠에 공간을 마련해서 월 12만 원부터 17만 원까지 월세를 받았는데, 밥이랑 생필품까지 다 포함돼 있었어요.+ 그때 물가를 생각해도 꽤 저렴한 편이었죠.

사실 사랑방에서 밥을 제공한다고는 했지만 상근자들이 돌아가면서 밥을 했어요. 당연히 제대로 안 됐죠. (웃음) 재정이 열악하다 보니까 쌀이 없어서 밀가루로 수제비 해먹고 그랬대요. 세끼를 해먹어야 하니까 나중에는 저도 사무실에서 몇 달 살면서 밥을 했어요. 노실사 문헌준 대표는 집 보증금 빼서 사랑방에 넣고, 다른 선배 집행위원들도 개인 돈을 많이 출혈해서 유지했어요.

사랑방을 만들고 홍보를 시작했더니 금방 방이 찼대요. 그러고는 순환이 안 됐죠. 개소 당시엔 생각 못 했던 일이었대요. 어쨌든 다른 데보다 조건이 좋잖아요. 쪽방 월세 정도에 밥이랑 생필품이 제공되니까 빈방이 전혀 안 나고 처음 들어온 분이 계속 있게 된 거죠. 유남북 아저씨, 희봉 아저씨, 학식 아저씨, 지금은 김포 사는 똥파리 형, 림보 님, 그다음에 지금은 돌아가신 송주상 형…. 그때 있던 분들은 돌아가시지 않은 이상 대부분 계속 관계를 하고 있어요. 당시 활

+ 과거 하숙집으로 사용하던 곳에 세를 든 노실사 사무실의 구조를 조금 변경해 1~2평 정도 되는 방을 7개가량 만들었고, 사무실 겸 식당으로 5평 정도 되는 공간을 사용했다. 칸막이는 나무로 만들어져 방음은 고시원보다 조금 나은 정도였다.

동의 주력이 여기 사랑방에 살던 분들이었죠. 사랑방에서 숙식하는 것 말고도 같이 살다 보니까 이런 저런 활동도 자연스레 같이 하게 됐어요.

똥파리 형이 되게 웃긴 게 노숙하다 사랑방에 들어오고, 그러다 2016년에 결혼했어요. 우리 주변에 결혼해 사는 사람은 진짜 흔치 않잖아요. 그 형이 결혼하기 전에 노가다 하면서 한 달에 그래도 200(만 원) 넘게 벌었어요. 일도 엄청 열심히 하고 저금도 엄청 많이 하고. 그러면서도 정기적으로 노숙을 했어요. 노숙하는 감각을 잊어버리면 안 된다나? 엄청 골 때려요. 언제든 생활이 어려워져 노숙을 할 수 있으니 대비하자는 취지인 거죠. 한 달에 한 번 정도 김포에서 영등포까지 오토바이 타고 와서 급식 먹고 거리에서 자요. 본인은 고아라는데 가족은 있는 것 같았어요. 하지만 아주 어릴 때부터 고아처럼 살아온 거죠. 사랑방에서 같이 산 남북 아저씨도 그렇고, 림보 님도 그렇고, 주상이 형도 그렇고 … 우리가 '가족'이라고 하긴 좀 그렇지만, 어쨌든 친한 사이잖아요. 친한 사람들이 하는 활동에 참여하고 계속 같이해 온 거예요.

이분들이 처음 활동을 하게 된 건 의식화돼서라기보다는 고마움, 정 이런 거 아니었을까 싶어요. "쟤가 나 수급 신청하는 거 도와줬으니까" 이런 식으로요. 똥파리 형이 늘 얘기하는 게 "노실사 안 만났으면 나 아직도 노숙할 거야" 그러시거든요. 무슨 진보적인 이념이 있어서 활동을 같이 한

건 아닐 거예요. 한번은 사랑방 분 중 한 분이 대선에서 권영
길 후보를 찍었어요. 유세 때 악수를 해줬다면서. 악수했으
니까 손 안 씻을 거라고 그랬는데, 원래 씻는 거 안 좋아하면
서…. 아무튼 그런 것처럼요.

림보 형도 마찬가지죠. 이명박 시장 때 노숙인 일자리를
처음 시작했거든요.+ 나중에 대선에서 이명박을 찍어서 우
리가 매국노라고 엄청 욕했어요. 적어도 우리한테 찍었단 얘
기는 하지 말아야지. 근데 림보 형은 자기한테 일자리 줬다
는 이유로 찍은 거예요. 당사자가 운동을 시작하는 건 보은,
아니면 '나랑 가까운 사람들이 하는 일이니까 옳은 일일 거
야'라고 믿고 시작하는, 그런 게 크지 않을까 싶어요.

노실사 사랑방 말고도 개인적으로 같이 산 분이 몇 분
있었어요. 2002~05년 사이였을 텐데, 실천단 하면서 남산
에서 노숙하던 아저씨 한 분을 만났거든요. 그땐 임시 주거
지원이니 임대주택이니 이런 제도가 아예 없을 때라서 "제
옥탑방에서 같이 사실래요?" 하고 같이 살게 됐죠. 옥탑이지
만 방이 조금 넓어서 둘이 충분히 잘 수 있고, 낮에는 제가

+ 2006년 2월, 이명박 서울시장은 '노숙인 일자리 갖기 프로젝트'를
  시작했다(2006년 2월 6일 1차 사업을 시작으로, 5월 8일 3차 사업까지
  진행되었다). 이 사업은 홈리스들에게 건설·상수도·지하철 등 시 직영사업 현장
  일자리를 제공하고, 임금의 절반을 서울시에서 분담하는 방식으로 운영되었다.
  그러나 해당 일자리 참여자들에게 기존 노동자들과 다른 작업복을 지급하거나
  '쉼터 근로자' 등의 호칭을 사용하는 등의 차별이 있었고, 고용의 지속성을
  유지하지 못했으며, 임금체불 문제도 불거졌다.

떠나고 그럴 때가 제일 섭섭해요

출근하니까 크게 불편하지는 않을 거라고 저는 생각했던 거죠. 그분이 밥 당번을 했어요. 주방 보조 일을 하셨던 분이거든요. 단무지 무침을 주로 하셨죠. 그렇게 한 달이 좀 안 됐나 … 어느 날 제가 모아 둔 동전이랑 아끼는 등산화를 신고 가셨더라고요. 제가 돈 벌면 술 사먹는 데 다 쓰고 반찬값을 많이 안 드려서 스트레스 받으신 게 아닐까 싶어요. 그분은 숙련된 요리사는 아니고 보조 정도였던 것 같고, 그래서 요리사 자리가 아니라 건설 일용직 알아볼 거라 그러셨거든요. 등산화를 신고 간 건 그래서일 거예요. 모아 둔 돈도 동전이라 만 원도 안 됐을 테지만, 그래도 좀 섭섭했죠. 같이 산다 했을 때 그분한테 에너지와 시간을 많이 썼어야 되는데 너무 생각이 짧았던 것 같아요. 아마 그분도 불편했겠죠. 같이 얘기도 많이 하고 그래야 했는데….

아무튼 노실사는 사랑방을 기반으로 홈리스에게 집이 필요하다는 이런저런 제안을 했어요. 2006년부터 "매입 임대주택 300호 시범 사업"이 시작되고 지금의 "주거 취약 계층 주거 지원 사업"으로 자리를 잡았죠. 그 이후 사랑방 형태는 더 이상 유효하지 않다고 판단해 2009년에 공간을 다 털어 버렸어요. 사랑방을 해체하고 정리한 공간에서는 주말 배움터 수업도 진행하고 기자 학교, 홈리스뉴스 편집부 이런 것들을 좀 했어요. 그리고 일단 일상적으로 사람들이 와서 있을 수 있게 하는 공간을 만들었죠. 사랑방 할 때는 앉을 자리도 없었거든요. 그렇게 2010년, 홈리스행동이 만들어졌어요.

초창기에는 노실사 사랑방에서 생활하던 분들 중심으로 가다가 홈리스야학도 하고, 홈리스 인권지킴이 활동도 하면서 같이 활동하는 당사자 분들이 많이 늘어났죠. 하지만 우리가 동자동 사례처럼 특정 지역을 기반으로 한 건 아니에요.

떠나도 반경 1킬로미터

이 책의 화자들을 섭외하려고 하루 날 잡고 양동을 돌았어요. 기본적으로는 모임에 왔던 분들이에요. 2020년 여름부터 홈리스 주거팀에서 길거리 사랑방이라고, 개발 진행 상황을 공유하고 사전 퇴거 조치에 대응하는 주민 모임을 꾸렸거든요. 매주 수요일 양동 공터에 천막 치고 진행했죠. 총 여섯 번 하고, 코로나로 집합 금지령이 내려지면서 못 하게 됐어요. 쪽방 관리자들이 훼방을 많이 놔서 이게 주민들을 모이게 하는 좋은 방법은 아니겠다 싶기도 해서 지금은 중단한 상태에요. 그래도 그때 만나서 전화번호도 교환하고 관계를 이어 가고 있는 분들이 꽤 있죠.

사실 제가 2019년에 양동에서 활동 시작하면서부터 개인적으로 양동 주민들이 살아온 이야기를 남겨야겠다 마음먹으면서 유심히 봐둔 분들이 몇 분 계세요. 글을 쓴다면 이 동네를 떠난 사람도 두세 명 정도 꼭 담아야지 생각했어요.

나가서 살아 봐야 고만고만하거든요. 떠났다 다시 돌아오신 분들도 있고요. 쪽방민에서 유랑민을 만드는 이런 상황들에 대해 써야겠다고 생각했죠. 지금껏 쪽방이 재개발돼 나가야 했던 사람들이 옮겨 간 삶들을 보면, 아주 잘해 봐야 수평 이동이에요. 고시원이나 여인숙처럼 쪽방과 같은 수준의 거처로 가는 거예요. 더 엄밀히 말하면 자기가 원하는 지역으로 간 게 아니기 때문에 수평 이동이라고 하기도 어렵죠. 이렇게 되지 않으려면 쪽방 주민들이 그동안 여기 살면서 마을을 일궈 온 노고와 권리를 인정하고 살던 자리에 주거 공간이 마련돼야 해요. 이분들도 그걸 원하고요.

2020년 서울시 쪽방 실태 조사를 보면, "살던 곳에 있고 싶다"는 응답이 가장 높은 지역이 여기 남대문 쪽방 주민들이에요. 50퍼센트 정도 됐어요. 2019년에는 홈리스 주거팀에서 70명 정도 양동 주민을 대상으로 설문조사를 한 적도 있어요. 계속 머물고 싶어 하는 이유로는 "아는 사람이 있고 동네가 익숙해서"라는 응답이 제일 높았어요. 동네가 익숙하다는 게 뭘까. 생업과도 관련 있을 거고, 사람이 익숙해서이기도 하겠죠. 물질적 선호라기보다 '관계'에 대한 선호 같았어요. '관계'에 대한 욕구가 그곳에서 살고 싶은 이유니, 지금 사는 그곳에 같은 사람들과 있되 주거 환경을 개선하는 게 가장 좋은 방안인 거죠.

저는 주민들이 안 나갈 수 있게 하는 것부터 해야 된다고 생각해요. 집주인들이 상속을 받았다느니, 이제 쪽방 말고 다른 사업을 할 거라느니, 벽에 금이 갔다느니 하는 이런 저런 이유들을 대면서 나가라고 하잖아요. 속내는 법적으로 보장돼 있는 세입자 대책을 안 해주려는 재개발 예비 조치에 요. 주거 이전비, 이사비 같은 걸 줘야 하는데 그런 보상받을 자격을 없애려는 거죠. 저희는 양동 주민들 찾아다니면서 "이사를 가더라도 개발 구역 안에서 이사를 가져라" 이렇게 얘기하기도 했는데 많이들 떠나셨어요. 그래 봐야 근처로 가신 분들이 많지만요.

제가 처음으로 쪽방 철거 대응에 함께했던 게 (2003년 10월) 녹지를 조성한다면서 영등포 쪽방촌 일부가 철거됐을 때였어요. 노실사에서 그걸 반대하는 활동을 했는데 결과적으로 막진 못했어요. 이미 철거가 가시화되던 시기라 좀 늦은 측면이 있었고, 기자 회견이나 하는 정도의 활동이었지, 주민들을 조직하고 동력을 쌓아 올리는 싸움은 하지 못했죠. 쪽방이 철거된 자리에는 나무만 심고 주민 대책은 전혀 없이 끝났어요.

철거 2년 후 『한겨레 21』이 추적해 보니 대부분의 주민들이 반경 1킬로미터 내로 이주했다는 결과가 나왔어요.[+] 거리 노숙으로 되돌아간 분도 있고, 월세가 오른 다른 쪽방으로 가기도 하고 일부는 돌아가시기도 하고요.

+ 「쪽방 사람들 가도 가도 반경 1킬로미터」, 『한겨레21』(2005/05/10).

쪽방은 도시계획 시설 사업 말고도 도시환경 정비 사업으로 굉장히 많이 없어졌어요.+ 지금 대형 빌딩이 쭉 들어서 있는 남대문로5가 같은 경우도 원래는 쪽방촌이었는데 2005년에 민간 재개발로 빌딩이 들어섰고, 2008년에 동자 4구역도 주상복합건물들이 지어졌어요. 현재 LH용산 특별 본부도 그 안에 들어와 있죠. 연세빌딩 뒤에도 2016년부터 빌딩이 들어섰고요. 이렇게 쪽방 개발은 주로 빌딩을 만드는 사업으로 진행됐어요. 대부분 교통 요지 노른자 땅에 슬럼으로 존재했으니까요. 개발 과정에서 임대주택 공급 같은 건 안중에도 없었죠. 당시에도 지금 양동과 마찬가지로 개발이 아니라 "쪽방 운영을 그만할 거다" "안전 등급이 D가 나왔으니 나가라" 이런 핑계로 주민을 내보냈거든요. 영등포에서 저희가 개입했을 때는 이미 주민들이 많이 나간 상태였고, 철거가 임박한 단계여서 굉장히 힘들었고, 사실 성과도 전혀 없었어요. 그래서 2019년에 여기 양동 쪽방이 또 그렇게 개발된다는 공고를 보고 이번에는 빨리 대응해야겠다는 생각이 들었죠.

+ 도시계획 시설 사업은 주차장, 녹지, 학교, 문화·체육 시설 등 기반 시설들을 국토계획법이 정한 도시 관리 계획의 규정된 절차를 통해 조성하거나 개량·관리하는 것을 말한다. 도시환경 정비 사업은 도시정비법에 따라 도시 기능의 회복이나 상권 활성화 등이 필요한 지역에서 도시환경을 개선하기 위해 시행했던 사업이다. 현재는 주거 환경과 도시환경 개선 사업을 포괄하는 '재개발 사업'으로 통합되었다.

구역 지정이나 정비 계획 수립 내지 변경을 위한 공람 공고를 할 때 주민 의견을 받게 돼 있어요. 그런데 벽에 방을 붙여서 알린다든지 문자로 통보한다든지 그런 방식이 아니에요. 양동도 마찬가지였죠. 인터넷에만 올리는 방식이라 주민들은 알 길이 없는 거예요. 양동 재개발 계획 변경 공람 공고가 떴을 때가 2019년 11월이었어요. 저희가 천막 쳐놓고 주민들한데 의견 받고 있으니까 쪽방 상담소 직원이 "왜 하필 이렇게 추운 날 와서 하시냐" 그러더라고요. 공고가 이미 났고 의견 수렴 기간이 정해져 있는데 춥고 말고가 무슨 상관이겠어요. 쪽방 상담소 직원조차 그 지역 개발에 대해 전혀 모르고 있는 거죠. 심지어 의견서 제출 마지막 날 5시에 의견 수렴을 위한 주민 모임을 한다고 방을 붙였더라고요. 구청 공무원들이 6시까지 일하는데 5시에 주민 모아서 언제 정리하고 문서 만들어서 의견서를 내겠어요. 정말 시늉만 하는 거죠. 아무튼 저희는 그때부터 양동에 개입하기 시작해서 이번에는 주민들이 재정착하는 결과를 만들어 내기 위해서 활동하고 있어요.

떠난 사람들/621번지

저는 지금 양동에 살고 계시는 분들보다, 양동을 떠난

사람들 이야기를 하고 싶었어요. 621번지에 은철 아저씨라고 있었거든요. 본명은 따로 있지만 그냥 서로 부르기 편하게 그렇게 불러요. 아저씨가 저한테 그렇게 소개하기도 했고요. 실천단에서 쪽방 아웃리치 할 때 만났으니까 15~20년 가까이 됐네요. 처음 만났을 땐 40세 중반이었으니까 은철 아저씨도 지금 60세 초반 정도일 거예요. 그동안 양동에서 쭉 사셨어요. 파주 문산 쪽으로 건설 일용 노동을 많이 나갔는데, 문산 가는 기차를 타려고 서울역 가까운 데 터를 잡은 거죠. 그러다 몸이 많이 안 좋아져서 근래 몇 년은 기초생활수급자로 사셨고 고물 리어카도 끌었어요.

은철 아저씨가 살았던 621번지는 원래 주인 할머니가 직접 관리를 했어요. 그러다 할머니가 아파서 요양병원에 입원한 후에는 아무도 관리를 안 하고 월세만 받아 가는 형태로 운영돼서 은철 아저씨가 청소도 다 하셨거든요. 월세 내면서 쪽방 관리까지 한 거예요. 굉장히 오래 살아온 애착 있는 집이기 때문에 그렇게 하신 거죠. 고물을 하시니까 티비 같은 거 좀 쌩쌩한 거 있으면 리어카에 싣고 와서 없는 방에 넣어 놓기도 하고요.

근데 그 할머니의 딸이 집주인이 되면서 "전입신고 돼 있는 사람은 3월 말까지, 그렇지 않은 사람은 3월 20일까지 나가라" 안내문을 붙였어요. 2020년 3월 초였을 거예요. 은철 아저씨는 그 건물에 마지막으로 남은 주민 중 한 분이었어요. 결국 나간 이후로는 전화 연락도 안 되더라고요. 다른 분 통해 듣기로는 중림동 여인숙에 사신다고. 원래도 그쪽에 고물 수집하러 많이 다니시긴 했어요. 만나면 연락 좀 달라고 얘기 전했는데 아직 연락은 없네요. 걱정은 뭐 별로 안 돼요. 어차피 멀리 못 가시니까요. 자기가 어딜 가겠나 이런 생각이죠. (웃음) 은철 아저씨는 쪽방에 들어갔다 거리 노숙도 하는 불안정한 생활을 반복했어요.

여기 621번지 쪽방 계단은, 모서리가 완전히 원이에요. 원래 모서리가 직각이어야 하잖아요. 근데 너무 오래 밟고 다니니 닳고 닳아 그렇게 돼버린 거예요. 계단이 미끄럼틀처럼 될 때까지 관리를 안 한 거죠. 621번지 주인 할머니도 그렇고 또 다른 쪽방 건물 주인도 80대 후반, 90대 초반 그래요. 621번지 주인 할머니가 요양원에 들어가면서 자식들이 건물을 물려받았는데 월세는 계속 받아 가면서 집 관리는 전혀 안 하고 있었고 그 관리는 거기 사는 사람들이 한 거죠. 은철 아저씨랑 쪽방 사람들이요.

여기 살던 문○○ 아저씨는 이 계단을 내려오다 미끄러져서 머리를 크게 다치셨어요. 그래서 독립생활을 못 하게 되자 은평의마을이라는 시설로 들어가게 됐어요. 근데 이분은 양지마을+에서 탈출하신 분이거든요. 국가 대상으로 집

+ 충청남도 연기군에 위치한 사회복지법인 천성원 산하의 노숙인 재활 시설. 1998년 7월 인권운동사랑방과 언론 보도로 납치와 강제 노역 등을 일삼았던 시설의 실상이 드러났다.

단 소송해서 승소하시기도 했고요. 어쨌든 그 후에 쪽방으로 오신 건데, 다시 시설로 들어가야 한다는 소식을 듣고는 같이 양지마을에서 탈출하셨던 동료분이 엄청 뭐라 그러셨어요. "얘도 그렇고, 나도 그렇고, 양지마을이란 데서 탈출해서 소송도 했는데, 다시 시설에 보내는 게 말이 되냐"… 그 말이 정말 맞죠.

문○○ 아저씨는 혼자 쪽방에서 못 사니까 정말 답이 없는 거예요. 은평의마을에서 결국 요양병원으로 가셨죠. 동료분이 면회도 자주 하고, 외출해서 밥도 같이 먹고 하셨대요. 이게 2013년 말 얘기니까 거의 10년 가까이 된 일이에요. 저도 처음에는 몇 달에 한 번 면회를 가다가 몇 년에 한 번 가게 되고 … 이따금 전화를 했는데, 작년에 보니까 아예 병원 자체가 없어졌어요. 그렇게 연락이 끊어졌죠. 만약 홈리스행동이 사회복지 서비스 기관이고 활동가 한 명당 당사자 몇 명을 사례 관리하는 식이었다면 문○○ 아저씨와도 계속 연락을 했을 텐데…. (한숨)

만약에 그때 지원 주택+ 같은 제도가 있었다면 어땠을까 싶어요. 사회복지사가 일정 공간에 상주하면서 자주 찾아뵙는 식으로요. 그랬다면 그렇게 시설이 지긋지긋하게 싫은 사

+ 육체적·정신적 돌봄이 필요한 주거 취약자(65세 이상, 장애인, 노숙인, 정신질환자 등)가 독립적이고 안정된 생활을 유지할 수 있도록 주거와 함께 '주거 유지 지원 서비스'가 제공되는 임대주택을 말한다. 17개 광역시도 중 서울시에서만 2019년부터 시행되고 있다.

람을 다시 시설에 넣고, 말이 병원이지 통제도 더 심한 그런 곳에서 살다가 관계가 끊어지는 일은 없었을 텐데….

떠난 사람들/615번지

이석기 님이 사라지고 난 뒤 옆방에 사는 분을 몇 번 찾아가서 물어봤어요. 아파서 여의도 성모병원 가셨다 하더라고요. 퇴원한 이후에 교회로 가셨고요. 그 과정에서 석기 님이 뭔가 판단을 하셨을 텐데, '내가 병치레하면서 혼자 살 수 있을까' 이렇게 생각한 게 아닐까 싶어요. 본인이 가장 정답이라고 생각했던 게 교회에 의탁하는 방법이었나 봐요. 내가 쪽방에서 내 공간 유지하면서 사는 게 호사지, 아마 이런 생각을 하지 않으셨을까….

요양보호 서비스가 있긴 하죠. 하지만 사실 쪽방에 요양보호사가 와서 서비스하는 걸 보면 그냥 문 밖에 서서 얘기하는 정도거든요. 들어가서 뭔가 할 수 없을 만큼 방이 좁으니까요. 그런 공간에서 내 몸을 간수 못 하는 상황이 됐을 때 힘들겠다는 생각을 석기 님은 하셨을 거고 그래서 선택을 하신 것 같아요. 이 작업을 하면서 친해진 사람들이라도 내가 현재 갖고 있는 어려움을 해결해 주진 못할 거라는 생각을 했을 것 같고 실제로도 저희가 당장 뭘 하진 못했겠죠. 그래

떠나고 그럴 때가 제일 섭섭해요

서 저는 그런 선택을 할 수밖에 없었겠구나 … 생각해요.

쪽방이라는 물리적 공간이 너무 열악해서 활동 지원이라든지 요양보호라든지 돌봄 지원 같은 서비스가 있어도 제대로 이루어질 수가 없어요. 그래서 쪽방에서 혼자 생활하기 어려운 이들이 할 수 있는 선택은 요양병원 같은 시설밖에 없는 거죠. 다른 분들도 유사한 선택을 많이 하는 것 같아요. 만약 제대로 된 주거 공간이 있다면 재가 요양 등급을 받고 요양보호사가 파견 와서 일을 하고 생활할 수 있겠죠. 그런데 쪽방은 공간을 떠나는 것 외에는 방법이 없는 것 같아요.

떠난 사람들/579번지

양동 건물이 부동산 개발 회사들에 팔리고 하면서 사람들을 야금야금 다 내몰기 시작한 게 2020년 즈음이에요. 2019년 9, 10월 기준으로 400명 정도가 살고 계셨는데 2021년 1~3월 기준으로는 230명에 불과해요. 2년도 채 안 돼 절반 가까이로 줄어든 거죠.

2020년 3월에, 여기 1층에 구멍가게 있는 집 있잖아요, 그 집이 그 건물 주민들한테 2020년 6월 말까지 나가라는 내용증명을 보냈어요. 사는 사람들한테 나가겠다는 서명도 받고 그랬죠. 그래서 거기 계신 분들이랑 대응 모임도 하고,

기자회견도 했어요. 그때 만난 분이 김○○ 님이랑 백○○ 님이에요. 두 분 모두 50대 중반 정도인데, 서로 친하고 같이 움직였어요. 김 씨는 배움도 길지 않고 그래서 주로 백 씨가 이야기를 많이 하셨죠. 백 씨는 기자회견 후 579번지 주민 대표로 면담 요청서도 접수했어요. 저는 내심 백○○ 님은 드물게 대학도 나오셨고 절대 못 나간다고 강경하게 말씀하셔서 앞으로 주민 모임에서 주도적 역할을 할 분이라 생각했죠. 근데 기자회견 끝나고 얼마 안 돼 연락도 안 받고, 방에 가보니 짐도 다 빼셨더라고요. 그때 속으로 '도대체 얼마를 받고 나갔길래 이래' 생각했어요. 기자회견에서 발언도 하고 의견서 접수도 했으니 돈 좀 더 쥐어 줘서 내보냈겠네 이런 생각을 저 혼자 한 거죠.

그러고 반년쯤 지났나 … 김○○ 님을 마주쳤어요. 서울역 밑에 조그만 노점에서 커피 드시고 계시더라고요. 반가웠죠. 그때 보상은 어떻게 받았냐니까 특별히 보상 받은 건 없고 두 달 치 방세 안 낸 거, 그게 전부였다는 거예요. 원래 개발 사업에서 이주 보상은 이사비랑 주거 이전비가 나오게 돼 있거든요. 금액도 대략 정해져 있어요.+ 거기에 비하면 통상 집주인들이 선심 쓰듯 깎아 주는 월세 두 달 치는 새 발의 피 수준인데, 많은 분들이 그것만 받고 쫓겨나는 거죠. 개발

+ 이 책 10-11쪽의 "재개발 시 세입자 대책" 참조.

이 본격화되기 전에 이런저런 핑계를 대서 그냥 내보내는 거 예요.

김○○ 님은 기자회견 이후로 아파서 병원에 한 달 정도 입원하셨대요. 퇴원 후에는 저희 사무실 뒤 ○○고시원 있죠? 거기 들어가셨대요. 백○○ 님은 을지로에 건물 관리직으로 취직하셨다가 코로나로 해고되고 지금 영등포 쪽 노숙인 시설에서 특별 자활근로하고 계신다 하고요. 아까 은철 아저씨도 그렇고 백 씨나 김 씨도 그렇고 다 고만고만한 고시원, 여인숙으로 가신 거죠. 친숙한 지역을 떠난데다 주거 상황은 전혀 좋아지지 않았고 이사비조차 받지 못하고 내몰린 거죠. 사실 양동을 나가 봤자 여기서 주거 대책 못 받으면 집 같은 집에서 살기가 굉장히 어려워요.

관리자

쪽방 관리자들이 참 얼마나 모진지…. 작년에 퇴거 시작되고 주민 대응 모임을 만들려고 가가호호 방문 중이었는데 관리자가 자꾸 와가지고 못 들어가게 하는 거예요. 아무튼 579번지 한 방에 갔는데 젊은 분이 계시더라고요. 장○○ 님이라고 특이하게 달세를 내는 게 아니라 주 단위로 5만 원씩 세를 낸다고 하더라고요. 왜 그렇게 내시냐니까 일주일에 한 번씩 노가다 하시며 방세를 내신대요. 자세히 보니 몸 반쪽이 거의 다 마비된 상태인 거예요. 일하다가 저릿저릿하고 그런대요. 그런 상태로 일하면 진짜 사고 나거든요. 바로 그 자리에서 데리고 나와서 서울역 다시서기 진료소를 갔죠.

진료 의뢰서를 끊으려고 하는데 그분이 지인의 건강보험에 피부양자 자격으로 들어가 있는 거예요. 초면이라 내막은 물어보지 못했는데, 그러면 서울시에서 노숙인 의료 지원하는 진료 의뢰서를 안 끊어주거든요. 어찌됐든 이분은 진료가 필요하니까 세대를 분리해서 지역 건강보험으로 바꿔야 되는 상황이었죠. 관리자한테 전화해서 세대 분리를 해야 되니까 전입신고 하게 계약서 좀 써달라 하니까 고래고래 소리를 ⋯ "아저씨가 뭔데" 하면서 못 써주겠다고 하더니 전화를 딱 끊는 거예요. 와, 뭐 이런 사람이 다 있나 싶었죠.

그러고 사흘 지나서 다시서기에서 전화가 온 거예요. 그분이 119에 실려 갔다고요. 쓰러진 거예요. 강북삼성병원 응급실에 갔더니 의식이 전혀 없어요. 내인성 뇌출혈이라고. 환자 머리맡에서 의사가 '소생 가능성 없다' 이러는 거예요. 당사자가 그 말 들으면 없던 병도 생기겠네, 싶었죠. 아무튼 강북삼성병원은 노숙인 진료 지원이 안 되니까 서울의료원이나 노숙인 진료 지원이 되는 데를 알아봤죠. 그러면서 입원하신 동안 쓸 물건들을 좀 챙기러 방에 갔더니 그새 짐을 다 빼버렸더라고요. 와, 진짜⋯. 제가 그 동네에서 헤집고 다니는 게 싫었겠죠. 퇴거시키는 중인데 거기다 전입신고 하겠다는 것도 싫고. 근데 어쨌든 매주 방세를 내고 있는 거잖아요. 결국 장○○ 님은 요양병원으로 가셨어요.

떠난 사람들/622-4번지

건물마다 부동산 개발 회사에 팔리고, 살고 있던 사람들 내보내고, 건물 입구가 널빤지로 막힌 채 방치되고…. 이렇게 퇴거가 계속되고 있어요. 2020년 4월 당시 622-4번지 2층에는 작은 방 사시는 분과 석길 님, 1층에 또 두 분 이렇게 총 네 명이 건물에 남아 있는 상황이었어요. '2층 작은 방'이라고 부르는 건, 여기 방문이 진짜 작거든요. 가로 60, 세로 90(센티미터)이나 될까 싶어요. 기어서 들어가야 되는 문이에요.

그 방에 살던 분은 걷지를 못했어요. 화장실은 1층에만 있으니까 기어 다니면서 사용하신 거죠. 술 먹고 싶으면 석길 님한테 술 좀 사다 달라 졸라서 석길 님이 "넌 먹으면 안 돼" 실랑이를 하시기도 했죠. 아무튼 그분도 퇴거하라고 한 그날, 요양병원에 들어가셨어요. "갈 데 없으니까 병원 가야죠" 하면서요.

2019년부터 지금까지 여길 떠난 200명이 다 이런 식으로 가셨을 거예요. 인근 쪽방이나 고시원, 아니면 요양병원으로 가거나죠. 저희가 2021년 1월 말부터 3월 중순까지 양동에서만 열 명 장례를 치렀으니까 거의 일주일에 한 명씩 돌아가신 건데, 이렇게 돌아가신 분도 사실 굉장히 많을 거고요. 지금 남아 있는 분들이라도 비자발적으로 이주하는 일은 없게 하고 싶어요.

1층 두 분도 다 나갔는데, 석길 님은 마지막까지 그 건물에서 버텼어요. 그동안 집주인인지 집주인 아들인지 모르겠는데, 진짜 끈질기게 석길 님을 찾아왔어요. 방까지 술을 들고 찾아와서 먹고 먹이면서 설득을 했대요. 나가 달라고. 내 상황 좀 봐달라고. 그러니까 석길 님이 — 이분도 참 무던해요 — 건물주가 힘들다는데 어떡하겠냐고 저한테 그러는 거예요. 어쩌면 그 건물에서 끝까지 혼자 버틸 순 없을 거라 판단하셨을 수도 있고요.

임대주택 같은 선택지들은 다 알려 드려야겠다 싶어서 '주거 취약 계층 주거 지원 사업'이란 걸 알려 드리고 같이 신청했죠. 어쨌든 저는 퇴거에 같이 대응하면서 재정착을 요구하는 게 맞다고 생각하지만 너무 먼 얘기라고 생각하는 분도 있을 테니까요. 비교적 빠르게 임대주택으로 갈 수 있는 이런 제도가 있는데, 쪽방 주민들이 아예 모르기도 하고, 임대주택 종류가 워낙 복잡하니까 정확한 정보를 제공하는 게 중요하다고 저는 생각했어요.

신청하고 몇 달을 기다렸더니 선정돼서 임대주택 후보군이 나왔어요. 애초에 이분은 관악에 오래 산 경험이 있어서 관악구에 있는 임대주택을 먼저 보러 갔죠. 그런데 막상 가보니 똑바로 설 수도 없는 산꼭대기 비탈에 있는 거예요. 이분은 다리가 좋지 않거든요. 60세가 넘기도 했고요. 거기서 살 수도 없고, 다시 관악구에 괜찮은 임대주택이 나오길 기다리려면 몇 개월을 기다려야 하고, 근데 당장 쪽방에서 퇴거당할 분이니 시간 여유도 없고 해서 어쩔 수 없이 후보군에 있던 구로구 개봉동 집으로 들어갔죠.

그나마 제일 큰 집이라서 갔는데 전혀 연이 없던 곳이니 고립될 수밖에 없죠. 구로 지역에 있는 주거복지센터 통해서 중년 모임에 참여하도록 연계해 드렸는데 코로나 때문에 그 모임 자체를 안 하는 거예요. 석길 님은 지금 그냥 방에만 있어요. 가끔 전화해서 물어보면 5분 거리 구멍가게에 가서 두 시간 정도 사람들 다니는 거 구경하고 집에 오는 게 일과라고, 담배 한 대 피우면서 커피 한 잔 하신다고, 그러더라구요. 한 달 전에 통화했을 때는 군산으로 가고 싶대요. 왜냐고 물으니 너무 적적해서 여긴 못 있겠고 옛날에 군산에서 일했던 적이 있는데 그때 좋았다고 군산에 가신다는 기예요. 거기 가본들 그때처럼 살 수 있겠냐, 가봐야 여기랑 똑같지 않겠냐 해도 군산으로 가겠다, 집 좀 빼달라 하시더라고요.

사실 석길 님은 이주 과정에 대해 깊게 생각하진 않으셨을 거예요. 임대주택이라는 게 있다, 보증금 없어도 된다 하니까 "그럼 나 할라요!" 이렇게 진행된 경우였죠. 저는 이제야 '아, 진짜 하면 안 되는 거였구나' 하는 생각이 들어요. 그냥 양동에 계시게 하고 그 안에서 이사 가게 할 걸… 커뮤니티가 없으니까 정말 견디기 힘드실 거예요.

아무튼 그 이후로는 저도 무서워서 전화도 못 해보고 있어요. 동자동에 계신 한 분은 다른 지역 임대주택 가셨다가 못 살고 돌아가셨어요. 자살이었죠. 그분은 시도 쓰시던 분이었는데…. 또 양동에서 이사 나가셨다가 몇 달 전에 다시 돌아온 분도 계세요. 사실 다른 지역에서 살기가 참 어려운 거예요.

주거 취약 계층 주거 지원 사업의 문제가, 이렇게 자기가 원하는 지역에 갈 수 없다는 거예요. 원치 않는 지역으로 보내는 방식이 아니라 살던 지역에 임대주택 만들어 주는 게 정말 필요한 거죠.

이따금 "난 갈 데가 있어", "난 여기 사람들이랑 달라" 이렇게 말씀하시는 분들도 있긴 해요. 그게 사실일 수도 있겠지만, 자기 보호 기제 같은 게 아닌가 하는 생각도 들어요. 과연 그분들이 생각하는 그곳으로, 그분들이 말하는 그 사람들과 같이 사는 관계로 돌아갈 가능성이 얼마나 있을까 싶어요. 문형국 님 맞은편 방에 사셨던 홍 씨 아저씨도 그랬거든요. 2년 전인가 처음 봤는데 그때부터 지금까지 "내가 양평에 집이 있고, 같이 일하던 사람이 계속 거기로 오라고 해서 곧 갈 거다. 건설 기능 자격증이 있어서 충분히 돈을 벌 수 있고, 이 동네 곧 뜰 거다" 이렇게 계속 이야기를 하셔요. 근데 아직 거기 사시거든요.

떠나고 그럴 때가 제일 섭섭해요

힘들지만 같이 할 일

세금 문제 같은 게 제일 힘들어요. 체납 세금 같은 건 지금 제도로 방법이 없으니까요. 동자동에 계신 분인데, 같이 공영 장례 가는 길이었어요. 명의 도용을 주제로 얘기하다가 본인 명의 도용 문제가 해결 안 됐다는 얘기가 나왔고, 저는 그냥 맞장구치고 있었는데, 저한테 "아저씨가 하다 말지 않았냐" 이러시더라고요. 봉고차 안에서 모두 그 화제에 집중하고 있었는데, 그때 뭐랄까 … 몸 둘 바를 모르겠더라고요. 화도 나고 화끈거리기도 하고. 우리가 당사자 분들을 공무원한테 모시고 갔을 때 그 공무원이 제도를 제대로 모르거나 보수적으로 적용하거나 성의 없거나 하면 되게 화가 나거든요. 근데 내가 딱 그런 사람 취급을 당한 거예요. 사실 제 능력 밖이라고 생각해요. 현재 제도로는 안 되는 거잖아요. 섭섭한 마음은 물론 들었지만요.

되게 꼬여 있는 문제들도 있어요. 육십 평생을 무호적자로 사신 분이 있었어요. 그러니까 얼마나 설움을 겪었겠어요. 근데 호적 성본을 만들려면 이 사람이 한국에서 살고 있었다는 근거들을 찾아서 가져가야 해요. 그래서 같이 고생하면서 그런 조각들을 모아서 가족 관계 창설하고 수급자 되고 하신 분들이 있죠. 근데 어느 날 연락이 끊겨요. 굉장히 어렵게 같이 뭔가를 했는데 그러면 좀 상처를 많이 받긴 해요.

그런데 이분 같은 경우는 저에게 약간 미안한 마음이 있어서 연락을 못 한 경우였어요. 우연히 서울역 지하도에서 만났는데 조건부 수급자가 된 거예요. 아직 65세가 안 돼서. 그래서 일을 해야 하는데 정말 쉬운 일도 못 하는 거예요. 한 번도 정식으로 노동을 해본 적이 없는 분이거든요. 교도소에서만 30년을 사신 분이라. 완전히 누범으로. 어릴 적부터 월급도 제대로 안 주는 심부름 일 같은 거 하다가 물건 훔치고, 이런 일들이 습성 범죄가 되면서 8년씩 보호감호 처분 받고 그러면서 교도소에서 30년을 보낸 거죠. 그래서 아주 쉬운 자활근로 같은 것도 힘들어 해요. 다른 사람과 어울려 일해본 경험이 없어서 엄청 긴장하고, 그러다 보니 실수를 연발해서 동료들에게 미움을 사고….

그분이 중앙 지하도 청소 일을 했어요. 그것도 같이 하는 일이니까 잘 못 하면 동료들이 쪼고 그러니까 진땀 뻘뻘 흘리면서 어쩔 줄 모르는 거예요. 자기가 생각해도 너무 바보 같은 거죠. 그래서 그것도 제대로 못 하고 사업단을 계속 옮겨 다니고, 그러다 수급에서 탈락될 위기가 온 거예요. 고민을 하면서도 미안하니까 우리한테 연락을 못 하시고…. 아무튼 이렇게 뭔가 같이 열심히 하다가 떠나고 그럴 때가 제일 섭섭해요.

쪽방 주민들은 무기력하게 지내 온 기간이 되게 길고, 자존감도 굉장히 낮은 분들이 많아요. 그런 분들이 건물주를 상대로, 정책이나 행정을 문제 삼아 싸워 이긴다고 상상하기는 굉장히 힘든 일이죠. 주민 모임에 대한 입장들도 보면 양가적이에요. 어떻게 하면 사람들이 잘 모일 수 있을까 고민하고 "회원 가입을 더 받으려면 아침 말고 다른 시간에 찾아가야겠지?" 이러시다가도 "모이겠냐, 어차피 맨날 술이나 먹고, 모여 봤자 이상한 소리나 한다" 이렇게도 생각하시는 거죠.

사실 사람을 모은다는 건 어려운 일이에요. 그렇게 말씀하시면 저는 계몽적인 얘기나 하면서 성과를 말하죠. (웃음) 그래도 우리가 대응하면서 재정착안이 나온 게 아니냐 하면서요. 영구 임대주택을 짓겠다는 결정은 우리가 1년 개입하면서 발전시킨 부분이 아니냐고 말씀드리면 '그래도 모여서 하면 뭔가 되긴 하는구나' 느끼시는 것 같아요. 그래서 지난 주민 모임 때 앞으로 주민 모임을 어떻게 꾸려 갈까 계획을 짜는데 주민들이 먼저 나서서 "네 명씩 짝을 지어서 오전반 오후반 1인 시위를 하자. 혼자 시위하면 경찰이 왔을 때 대응을 잘 못 한다" 이렇게 구체적인 제안도 좀 하시고 … 조금씩 변하는 것 같아요.

미래

가끔 가난한 사람들이 왜 도심에 살아야 하냐, 이렇게 생각하는 분들이 있어요. 근데 가난한 이들일수록 도심에 있어야 먹고살 수가 있어요. 또 오래 살던 곳, 익숙한 관계들이 있는 곳이기 때문에 떠날 수 없는 측면도 있고요.

양동에 임대주택이 지어진다면 고층 빌딩 형태가 되겠죠. 저층에서 수평적으로 교류할 수 있는 공간을 공급하는 게 제일 좋을 것 같은데, 이건 우리 사회 부동산 욕망에 비춰 봤을 때 절대 불가능하겠죠.

지금 쪽방들을 보면 높아 봤자 3, 4층이에요. 그래서 공터 같은 데로 나와 이야기도 하고 놀기도 하고 술도 먹고 그럴 수 있는 거죠. 문이 잠금장치가 잘 안 돼 있어서 방범에 취약한 문제가 있긴 하지만, 그래서 이웃이 쉽게 들여다볼 수 있는 게 장점이 되는 경우도 있어요. 장영철 님이 앞 방분 돌아가신 걸 알게 된 것도 문이 열려 있어서잖아요. 문 앞에 물을 끼얹어 놨길래 한소리 하려고 들여다보다가 돌아가신 시신을 발견한 거죠.

어쨌든 지금 쪽방은 구조적 열악함 때문에 오히려 교류가 가능한 측면이 있어요. 안에서 문을 잠그면 열어 볼 수 없는 아파트 형태로 높이 쌓이게 된다면, 고립이 강화될 수밖에 없죠. 그래서 사람들이 문 열고 나와서 얘기할 수 있는 광장 같은 공간이 반드시 만들어져야 돼요. 또 주민들이 서비스 수혜자로만 존재해서는 안 되고 자치적으로 운영하는 동네가 되어야죠. 동자동만 가봐도 쪽방 상담소가 우람하게 지어져 있지만 우리 공간이라 생각하는 주민들은 정말 없거든요. 동자동 사랑방이나 주민 협동회처럼 주인으로서 마을 운영에 참여하는 식이 될 필요가 있어요.

양동은 주상 복합 빌딩을 지어서 임대주택을 공급할 계획을 갖고 있잖아요. 주거 시설은 쪽방 주민들 임대주택만 지으니까 그분들이 입주자 대표로서 아파트를 운영하고 주도적인 역할을 하는 게 맞겠죠. 양동이라는 지역의 정치적 관계를 보면, 건물주들이 최상위 포식자이고 그 밑에 ― 그들 표현대로라면 ― "보증금도 없는 것들"이 발언권이나 정치력을 전혀 인정받지 못했죠. 쪽방 상담소도 사실 서울시에서 위탁받아서 법인이 운영하는 거고 서비스 제공하는 거지, 거기 위원회 구조가 있어서 주민이 들어가서 발언한다든지 이런 건 전혀 아니잖아요. 만약 이후에도 그렇게 된다면 집은 좋아질지라도 수직적인 삶이 주는 단절, 폐쇄성 같은 건 더 심해질 거예요.

그래서 더 기술적으로 사람들이 자꾸 밖으로 나올 수 있는 장치들을 많이 만들고, 주민들이 주체로서 동네를 운영할 수 있게 원리를 세우는 게 굉장히 중요할 것 같아요. 커뮤니티 공간이 중요해요. 소유자가 없는 공유 공간이 반드시 있어야 되고요. 또 개발 부지에 복지시설이 들어갈 예정인데, 지금 쪽방 상담소처럼 말고, 입주자 대표 회의를 만들어서 거기서 쪽방 상담소 운영 기관도 선정하고 그러는 게 좋을 것 같아요. 집만 좋아진다고 그냥 모든 게 좋아지진 않을 거예요.

© 홍서현

후암로60길 16-5와 16-25 사이의 모습. 쪽방촌은 길이 좁고 복잡한데다 화재가 빈번해 소방당국은 색으로 구분된 임의 번호를 부여함으로써 화재 시 소방 인력 출동에 유용하도록 했다. 화재신고3길 왼편으로는 3~4층의 고층 쪽방이 우측으로는 단층~2, 3층의 저층 쪽방이 위치한다.

떠나고 그럴 때가 제일 섭섭해요

© 홍서현

양동 쪽방촌 한가운데에 위치한 '화재신고 3길'에서 바라보이는
힐튼호텔 건물. 쪽방촌에서 호텔로 이어지는 길은 없다.

ⓒ 홍서현

남대문경찰서를 왼편에 두고 올라가면 보이는 남대문로5가 619번지(후암로60길 16-7) 건물. 2019년 9월 30일에 한 개발사에 팔렸는데, 건물이 팔리기 몇 달 전에 주민들을 내보냈다. 건물 꼭대기에 걸린 현수막에는 "남산 게스트 하우스 리모델링 12월 오픈 예정"이라고 적혀 있다. 같은 건물 아래쪽에 걸린 현수막에는 주민들을 내보내기 위해 '인테리어 공사'를 명분으로 내걸었다.

남대문로5가 621번지(후암로60길 16-27) 내부. 건물주는 2020년 3월 31일까지 모든 입주민들에게 퇴거할 것을 요구했고 일정에 맞춰 퇴거는 완료되었다. 건물주는 공지문을 통해 "2020년 3월 31일로 모든 퇴거를 마치고 4월부터 리모델링 공사를 들어가게 되었습니다. 새로운 모습으로 거듭나는 것이오니 양해"를 부탁한다고 했다. 그러나 해당 건물의 리모델링은 없었고 2021년 8월 7일, 전면 폐쇄되었다.

남대문로5가 622-4번지(후암로60길 16-21 A동 2층)에 위치한 쪽방. 문의 높이가 1미터도 되지 않아 몸을 반으로 접어야 출입할 수 있으며 지붕의 높이도 마찬가지여서 방안에서도 몸을 세울 수 없다.

이 방에 거주하던 60대 박 씨는 38년간 '은평의마을'이라는 노숙인 요양 시설에서 생활하다 양동 쪽방에 들어온 터였으나 계단에서 굴러 떨어져 고관절이 부러지는 바람에 1층에만 있는 화장실을 이용하지 못하고 방에서 용변까지 해결하며 살았다.

건물주의 퇴거 요청 이후 그는 2020년 4월 13일, 4년간의 쪽방 생활을 마치고 다시 춘천의 한 요양병원으로 이사인지 입원인지 모를 이주를 했다.

떠나고 그럴 때가 제일 섭섭해요

ⓒ 이은기

2021년 4월 16일, 김기철 님이 병원 가는 길에 동행한 이동현 활동가.

이동현~이재임

우리네 삶의
실타래를 붙들고

/ 최현숙 /

1

2019년 10월, 서울시가 "양동 도시정비형 재개발구역 정비 계획 변경안"을 가결하면서 재개발을 위한 주민 쫓아내기가 막바지 기승을 부리기 시작했다. 쪽방 관리인들이 앞장서 언제 건물이 무너질지 모른다고도 했고, 두 달 치 방값이라도 받을 수 있을 때 나가라고도 했다. 동네 주민이 아닌 것이 뻔한 젊은이들에게도 의심의 눈초리를 드러내며 어디서 온 사람이냐 캐물었다.

양동 재개발 건이 시급하게 진행되면서, 우리는 우선 양동 쪽방촌을 오랫동안 지키며 살아온 이들의 이야기를 듣는 '구술 생애사' 작업을 해보기로 했다. 활동가들은 이미 『쪽방 신문』을 돌리며 재개발과 관련한 소식을 전하고 주민들의 의견을 들으며 대응하고 있었다. 막 찍어 낸 『쪽방 신문』을 들고 칸칸의 방에서 만난 얼굴들, 문화제에서 뽕짝을 부르겠다는 아저씨에게 먼저 찾아가 묵은 양복과 구두를 챙겨 드린 손길들, 모 관리자가 모 주민을 쫓아내려 한다는 첩보에 일단 달려간 발길들, 무연고 사망자가 생기면 부고를 붙이고 영정으로 쓸 사진을 물색해 주민들과 함께 가자는 제안을 한 말들이 있었던 것이다. 그래서 더는 구술사 작업을 늦출 수 없었다. 홈리스 자신의 입으로 자기 경험과 생애 기억을 말하도록 돕고, 그간 겪어 온 다양한 어려움들(빈곤, 탈가정, 관계 단절, 질병, 중독, 노숙, 범죄, 낙인, 자괴 등)이 개인적 문제가 아닌 사회적 문제임을 드러내며, 홈리스 당사자가 직접 자신들을 규정하는 국가·자본·사회의 관점과 정책에 대항하는 서사를 생산하도록 한다는 것이 우리의 목적이었다.

활동가들에겐 그간 홈리스행동 활동을 하며 만나 온 다양한 홈리스들도 있었다. 상임·비상임 활동가들과 자원 활동가들을 중심으로 서울역과 용산역에서 노숙 중인 사람들을 주 1, 2회 아웃리치 활동을 통해 만나고 있었고, 동자동과 양동의 쪽방 주민들과는 여러 활동 과정에서 비교적 관계가 돈독했으며, 영등포역 쪽방 주민들과도 각종 실태 조사 사업을 통해 만나고 있었다. 그렇게 모인 홈리스행동 '아랫마을 야학'의 교사들과 빈곤사회연대 활동가 등 11명이 이 책의 청자가 되었다.

인터뷰 과정에선 물론 난관이 많았다. (활동가 2인과 여성

화자 이양순을 제외하고는) 대부분이 장년층 남성들(2021년 현재 60~76세)로 이루어진 화자들과 대체로 20·30대 여성들로 이루어진 청자들 사이에는 돈독한 관계가 형성돼 있지 않았고, 사회문화적 차이도 컸다. 연령과 성별, 문화적 배경과 삶의 터전의 차이로 인해 화자의 말과 청자의 질문은 서로 미끄러지곤 했다. '못 배운' 화자들 사이의 흔하고 뻔한 이야기를 '많이 배운' 청자들이 이해하기 어려워 사료나 논문을 뒤적거리거나 (홈리스들과 오랫동안 관계를 쌓아 온) 활동가들에게 해독을 청하기도 했다. 화자가 미처 '말로' 만들어 내지 못한 경험과 판단을 청자가 짐작하고 넘겨짚어야 하는 경우도 많았고, 더 물어야 할 질문들 역시 나중을 기약하며 묻어 둘 수밖에 없는 경우도 있었다.

또 화자들은 빈곤에 대한 사회의 낙인을 깊숙이 내면화하고 있어 자신은 물론 다른 홈리스들을 비하하기도 했고, 시민으로서 행사할 수 있는 당연한 권리를 두고도 '시혜 받는 자'의 염치없어 하는 태도를 보이기도 했다. 연도와 장소, 사람과 상황에 대해 헷갈리거나 희미해진 기억들은, 기록으로 남길 것인가 말 것인가, 남긴다면 어떻게 남길 것인가를 고민하게 했다. 단순한 '팩트'뿐만 아니라 화자의 '처지'와 '맥락'에 주목해야 하지만, 그조차 충분히 알아내기 어려운 경우가 많았다. 하지만 우리에게 무엇보다 중요한 것은 "지금 화자가 어떻게 말하는가"였고, 다음과 다다음 말들은 함께하는 시간과 관계, 사회 변화 속에서 더 찾고 꺼내고 나눌 일로 남겨 두었다.

2

빈부를 수치화하는 등급과 통계 좌표상에 자신이 어디에 위치하는지 정확히 점 찍을 수 있는 사람은 없을 것이다. 부가 그렇듯 빈곤 역시 구체적인 삶이자 내력이며 외연만이 아닌 내면의 어떠함이다. 홈리스의 삶은 생애 내내 꽁무니에 붙은 채 끊어지지 않고 길어지기만 하는 서사의 실타래다. 온갖 처지와 맥락이 쌓이고 뒤엉킨 채 어쨌든 살아 내느라, 법과 규범도, 윤리와 상식도, 이성과 담론도 쓰잘 데 없어지는 다른 생태계다.

쪽방 사람들은 대부분 출생부터 빈곤했다. 가족 말고는 어떤 발판도 없는 사회에서 어쩌다 보니 '없는 집'에 태어났다. 가정 폭력과 못 배움, 배고픔을 견디다 못해 일찌감치 가족에서 떨어져 나왔다. 엄마를 찾아 쓰레빠만 신고 일주일을 걸어 서울에 왔다. 아동 보호소를 전전하다 넝마주이가 됐고, 머슴살이도 하고 신발 공장도 다니고 도금 공장도 다녔다. 원양어선도 탔고, 중동의 건설 현장에서 노가다도 뛰었다. 싸고 힘든 밥벌이를 찾아 정처 없이 떠돌며 일하느라 몸과 마음이 차차 망가졌다. 노가다를 하며 도로와 빌딩, 댐과

발전소를 지었고, 농장과 새우잡이 배, 염전에서 일하며 우리네 먹거리를 만들었다. 그러다가 몸이 망가져 리어카나 끌며 재활용품을 모으다가 비싼 승용차를 긁는 바람에 그 수리비로 그간 모아 둔 돈을 다 써버리기도 했다. 내내 가족을 꾸리지 못하거나 꾸렸던 가족도 해체되거나 단절됐다.

늙고 가난한 사람들은 위장과 간과 폐와 심장의 고장들이 낯빛에 확연히 드러나고, 뼈 빠지게 해온 막노동으로 관절과 허리가 일찌감치 망가지며, 검게 썩거나 다 빠져 버린 치아로 입과 얼굴이 일그러지고 발음도 샌다. 정보 부족이나 판단 미숙으로 돈 몇 푼에 신분증을 내줬다가 명의 범죄에 엮여 감옥살이도 했고, 듣도 보도 못한 채무를 죽을 때까지 짊어지고 다닌다. 카드 발급을 남발한 국가의 금융정책으로 금융회사들이 돈을 버는 밑바닥에서, 핸드폰 구입을 강권한 국가의 정보 통신 정책으로 핸드폰 회사들이 돈을 버는 밑바닥에서, 몰라서 속고 알고도 속으며 갈수록 수렁은 더 깊어졌다. 병원 장사꾼들이 수급자들을 유인 입원시켜 국민건강보험 재정을 축내는 동안, 정신병원과 요양병원에 갇혀 뭔지도 모를 약을 들이키며 살기도 했지만, 그 김에 밥과 방이 생겨 차라리 좋기도 했다.

사람들은 안전과 질서를 들먹이며 쫓아내고 쓸어 내지만, 살아 있는 한 홈리스들은 어쨌든 다시 모인다. 사람들은 윤리와 상식에 인간성까지 들먹이며 비난하고 혐오하다 기껏해야 동정이나 베풀지만, 홈리스들은 새벽 3시부터 줄을

서는 한이 있어도 주린 배를 채우고 교회 꼬지와 구걸을 해서라도 필요한 돈을 모은다. 온갖 풍파를 아무런 보호막 없이 견뎌 내며 휘청거리다 헛딛을 때마다 붙잡을 줄도 밟고 일어설 발판도 없이 추락했고 그즈음에서 누구는 먼저 가거나 죽음을 선택했지만, 산 사람은 아직 버티면서 자괴와 분노를 쌓아 간다.

3

자신의 빈곤과 가족의 해체를 증빙하고, 이를 위한 온갖 서류들과 모멸감을 견디고 나면 국가로부터 '극빈층' '근로 능력 없음' 판정을 받아 기초생활수급자가 될 수 있다. 그 이전 어디서부터 시작된 세상과의 분리는, 쪽방촌 수급자라는 신분으로 다시 한 번 확연히 갈린다. 정부와 기업의 금융정책, 부동산 정책, 복지 정책에 휘둘리고 밀려나다 겨우 얻어 낸 수급비 중 가장 비싼 항목인 주거 지원비를, 매달 20일이면 집주인에게 꼬박꼬박 쥐어 준다. 선거철이면 득달같이 찾아와 사진을 찍어 대는 정치인들과 재개발 소식에 몰려들어 돈을 뽑아 대는 부동산 개발업자들 사이에서, 양동 주민들은 그들이 거쳐 왔고 여차하면 다시 돌아갈지도 모를 서울역 '노숙인 광장'을 마주보며 살고 있다.

314
최현숙

가진 자들과 빼앗는 사람들 틈바구니에서 빼앗기고 싸우고 버티며 살다 2년 전 63세에 난생처음 방 한 칸을 얻은 이석기는, "나 혼자 그냥 딱 요만큼이면 된다"를 거듭 강조한다. 형제들에게 폐 끼칠까 싶어 연락을 끊고 살다 보니 보고 싶은 마음도 걱정하는 마음도 없어져 속 편하단다. 남은 생에 대한 상상력과 욕망도 1.5평 방 한 칸과 쪽방촌 언저리에 머물러 있다. 다른 곳은 아는 사람도 없고 복지 혜택마저 줄어들까 봐, 쫓겨나도 서울역 주변을 떠날 엄두를 못 낸다. 어느 날 이석기가 갑자기 사라지고 연락도 끊겨 모두들 마음이 무너졌는데, 또 어느 날 문득 돌아왔다. 그의 사라짐과 돌아옴 사이에는 대체 어떤 불안과 외로움, 궁여지책들이 엉겨 있을지 우리는 모두 헤아리지 못한다.

누구도 자신의 출생 조건을 선택할 수 없다. 따라서 어떤 부모에게서 태어나는가에 따라 생애 많은 것들이 이미 결정되는 사회는 근본적으로 불공정하다. 이 불공정이 한 사람의 시작부터 끝까지 이어지고, 끝을 넘어 다음 세대까지 대물림되고 있다. 그런 점에서 빈곤한 사람들 대부분이 평생 이어진 가난과 고난의 원인을 "부모 잘못 만나서"나 "내 팔자가 그래서"라고 말하는 것은, 지극히 현실적인 판단이다. 가부장적 가족 중심주의와 신자유주의 패러다임이 뒤집어지지 않는 한 갈수록 더 그럴 것이다. 공동체라 부를 만한 것이 없는 불공정하고 비정한 각자도생의 사회에서 살아남느라 아귀다툼하는 한, 우리도 그 레일 위를 달릴 수밖에 없다.

출생부터 추락한 삶이었든 살다가 실족했든, 경제적으로 추락한 사람들이 모여 사는 동네가 쪽방촌이다. 추락한 자리에서도 삶은 이어지고 사회도 만들어진다. 추락을 거듭하면서 이제는 경쟁 사회로 돌아갈 능력도, 건강도, 관계도, 의지도 모두 잃었다. 쪽방촌은 신자유주의와 가부장적 가족주의의 바깥에 만들어진 마을이다. 한 평 남짓 쪽방의 월세 27만 원이 타워팰리스의 평당 월세보다 비싸든 말든, 그들은 수급비 78만 원에서 방값을 최우선으로 빼놓는다. 정부의 부동산 정책과 복지 정책, 그리고 법을 근거로 건물주들과 부동산 개발업자들이 쪽방촌에서 돈을 긁어모으는 경로다. 그리고 시민들 대부분은 1인 가구 최대 기초생활수급비 78만 원이 국가와 시민사회의 혼란을 막기 위해 치러야 할 최소한의 비용이라 여긴다(물론 그것조차 아까워하는 사람들도 있다).

대부분의 쪽방 주민들은 가부장적 신자유주의 사회에서 밀려나, 현재는 가부장도 노동자도 아니다. 어떤 집을 원하느냐는 질문에 돌아온 답들은 그래서 더없이 단출하고 슬프다. "이 마을에서 이대로 모여 살기를 바란다." "재개발을 해야 한다면, 서울시가 기존 주민들을 위한 임대 아파트를 지어 주면 좋겠다." "샤워장을 겸한 화장실이 딸려 있고 부엌이 있으면 된다." "내 방 하나와 친구가 찾아오면 이야기 나눌 방, 그거면 족하다."

'빈곤은 게으름 때문'이라는 낙인에 대항하듯 화자들 대부분은 지난 시절 악조건 속에서도 얼마나 열심히 일했는가를 말하고 있다. 이는 실제 자기 삶에 대한 증언이자 모든 화자들의 당연한 자기 합리화다. 하지만 무엇보다 반갑고 각별했던 건 세간의 눈으로 보기엔 평생 '열심'이었던 적 없는 강성호의 구술이었다. "젊어서 열심히 살지 않은 것"에 대한 후회가 따라붙은 그의 말에 그래서 구태여 이견을 전한다. 돈과 가족을 위해 매진한 무작정한 열심들의 합이 지금의 가부장적 신자유주의 사회를 만들었고, 그 맨 끝 가장자리에 이제는 경제력도, 경쟁력도 회복 불가능한 사람들이 모여 살고 있다. 그래서 쪽방촌을 가리켜 소위 '사각지대'死角地帶라고 한다. 현실의 궁지를 드러내는 말이다. 하지만 한편으로 나는 그 덕분에 '다른 사회'가 가능하다고 생각한다. 미래와 희망 따위 없이 지금 당장을 살고 나누는 "대피소 속 사람들"이야말로 진정 인간다운 길과 사회를 보여 준다.

일하면서 돈 좀 모은 거 … 친구들도 사주고, 동생들도 사주고, 농장 댕기던 사람도 같이 술 한 잔 먹고 … 원래 그러던 데입니다. 내가 (일을) 갔다 오고 나면 내가 누구한테 돈 주다시피, 그 사람이 갔다 오면 내한테 돈도 주고 먹을 것도 사주고, 그래가 다 씁니다. … 농촌 품앗이처럼 생각하면 맞죠. 내가 놀게 되면 다른 친구가 내한테 돈도 주고, 맛있는 것도 사주니까요. … 그래가 일하고 싶으면 일하고, 놀고 싶으면 놀고, 벌어 오면 다른 사람들이랑 같이 쓰고(91-92).

우리는 이와 같은 김강태의 구술에서 '그래서 노숙을 벗어나지 못하는 김강태'를 볼 것인가? '빈곤해도 함께 먹고 챙기며 사는 김강태들'을 볼 것인가?

이번에는 밀려나지 않겠다는 아우성들의 힘으로 2021년 10월, 재개발 지역 내 임대주택 건설 결정을 받아 냈다. 그 다행을 발판으로 이 마을에서 돈과 가족을 넘는 사람다운 사회의 시작이 가능할 수 있도록 모두 함께 최선을 다하기를 기대한다. 이를 위해서는 당국과 개발업자들이 앞으로 진행해 나갈 과정들을 주시해야 하고, 그에 대한 주민들의 생각을 모아 당당하게 발언해야 하며, 필요하다면 또 싸워야 한다. 이번에 받아 낸 합의를 넘어, 그 합의를 대가로 우리 사회는 얻거나 잃은 것은 무엇인지 알아야 하며, 다른 가난한 마을 사람들과 거리 사람들이 어떻게 쫓겨나고 혹은 어떻게 버티며 살고 있는지 알아내 함께 연대해야 한다. 그러니 싸움은 각자의 안에서 시작해 바깥으로 여전히 치열하게 이어져야 한다.

최현숙

2021년 10월 29일,
빌딩숲 사이로 보이는 양동 쪽방촌 모습 ⓒ 이재임